讲原理　做真账　自学也会做会计

初学会计　无师自通

会计实务速成

王善禄　著

山东大学出版社

前 言

这是一本完全与众不同的会计教材。对于会计问题，其他会计教材可能只讲其然，不讲其所以然，而这本书不仅讲其然，而且还讲其所以然；其他教材可能只讲这个账就是这么做，这本书更多的是讲为什么这么做。看其他会计教材，没有老师讲解，初学者可能很难弄懂；看这本书，不用老师讲解，初学者就能自己搞明白并知道怎么做。所以，这本书也可以说是为那些没有条件进课堂、没有条件跟着老师学习，非常想自学学会做会计的朋友们写的。当然，如果有老师讲解，再阅读一下这本教材，对会计问题的理解一定会产生非常有效的启发作用。

讲道理，做真账。相信自学都能学会做会计。

作者

2016 年 10 月

目　录

第一章

会计对象

第一节　会计是什么

一、会计是什么

会计就是“记账、算账和报账”。你记、你算、你报的是什么？就是企业发生的经济活动的发展过程及结果。比如你的企业有现金，你就要记它的月初数是多少？本月增加了多少？本月减少了多少？月末还剩下了多少？月末编制资产负债表的时候，把它的期末数列示在报表上就可以了。比如你的企业设置了收入类账户和费用类账户，平时把收入和费用的发生额记下来，到了月末，按照收入减费用得利润的原则，在利润表上把各种利润是多少算清楚就可以了。

平时计来算去是手段，月末编制会计报告才是目的。

而报表也不复杂，作为一般企业来讲，就是一张资产负债表、一张利润表和一张现金流量表。作为企业的业主也罢，管理者也罢，其实最关心企业的就是两个问题：一个是企业的财务状况（我叫它健康状况），一个是企业的利润情况。一个企业就如同一个人，一个人的各种生理指标很正常，这个人就很健康，他的工作能力就强，挣钱就多；如果不健康了，工作能力就下降，挣钱就少了；身体状况再恶化，就丧失工作能力，不仅不能挣钱了，而且还要吃药打针只花不挣；再恶化，人就没了，一切都无从指望了。同样，一个企业也是这样，财务状况好，盈利能力就强，盈利多；财务状况差，盈利能力就弱，盈利少；再差，就亏损了；再差，就破产了。盈利归业主，管理者的报酬也要看效益，所以大家都希望看到一个财务状况良好的企业，都不愿意看着自己的企业破产。月末这个时候，企业的财务状况到底怎么样，我们会计就用资产负债表展示给企业业主和管理者看，帮助他们了解企业，发现问题解决问题，以便使企业一直保持一种良好的财务状态。至于实际的盈利情况，业主和管理者更为关心。一个月下来，到底挣了多少钱，钱是怎么挣来的？赔了，赔了多少，到底怎么赔的？我们会计就用利润表向业主和管理者回答这些至关重要的问题。提交会计报表就是报账，提交了会计报告，会计工作就结束了。至于对财务报告进行分析，并从中“找到问题解决问题”，那是专职的管理者的任务。当然如果我们的会计人员也能参与到对企业直接的管理活动中去会更好。其实从“谁更了解企业的财务状况”这个角度看，会计人员更有资格在企业管理中享有话语权。如果真能这样，那会计的工作就不仅仅是“记账、算账和报账”了，会计工作真就是企业一项非常重要的管理活动了。

二、会计的对象是谁

你如果用过摄像机，谁是摄像机的对象？摄像机所摄录的景物就是摄像机的对象。会计的对象当然就是会计所记所算所报的内容了。比如你的企业有原材料，随着经济业务的发生，原材料就处于不断的增减变动之中，会计就去记录这些变化，于是，原材料就成了会计工作的对象。你的企业还有该偿还但是还没有偿还的欠供应商的货款，我们叫它“应付账款”，随着经济业务的发生，这些债务也是处于增减变动之中，买了材料没付款，这个债务增加，付款了，这个债务减少，会计工作就是随时跟踪它并通过自己独特的语言把它的发展变化记录下来，这个时候，应付账款就成了会计的一个工作对象。简言之，会计的工作对象就是企业的经济活动，因为会计反映这些经济活动时使用的语言是货币，所以我们又把这些经济活动叫企业的资金运动，因此又可以说会计对象就是企业的资金运动。工业企业和商品流通企业的资金运动过程有所不同，工业企业的资金运动过程分为供应、生产和销售三个阶段，然后再循环；商品流通企业只有供应和销售两个阶段，然后再循环。

第二节　会计六要素

如果我们把会计反映的对象按照不同的经济特征作进一步的分类，可以把它分成六大类，即资产、负债、所有者权益、收入、费用和利润。正是这六类会计要素的发展变化构成了一场整体的资金运动。会计所记所算所报的就是会计六要素的变动及其结果。

一、资产

资产指企业过去的交易或事项形成的、为企业拥有或控制的、预期会给企业带来经济利益的资源。

简言之，资产就是企业的资源。正是这些资源在未来的生产经营活动中不断地为企业创造经济利益。比如库存现金，就是企业一项非常重要的资源，预期会给企业带来经济利益，因为有现金，所以你才可以买到原材料，有了原材料，你才可以生产，才能有完工产品，然后才能有销售，然后才能有收入，然后从收入中获取利润。试想如果没有先前的现金，哪有后来的利润？再如原材料，也是企业一项很重要的资源，在未来的生产经营过程中给企业带来经济利益，因为有原材料你才可以进行产品生产、才能有完工产品、才能有销售，然后有收入，并从收入中获得利润。企业的利润均是通过不同的收入实现的。我们就将这些帮助我们在未来的生产经营中获得经济利益的东西叫作企业的资源，但是在会计上不叫它资源，而是叫它资产。资产最重要的特征就是能给企业带来经济利益，如果一项资产不能再给企业带来经济利益了，就不能再把它当作是企业的资产来记录和反映了。比如有一笔应收账款，事实证明已经无法收回了，继续反映在资产负债表里就会虚增企业资产了，就应该立即把它注销。

二、负债

负债指企业过去的交易或事项形成的、预期会导致经济利益流出企业的现实义务。

负债，就是企业的债务。我们个人有债务，比如买房子借了银行多少钱，后来又借了多少，后来又还了多少，最后还有多少没还？借了朋友多少，还了多少，还有多少没还？就要随时记录并定期地算一算，做到心中有数，何况企业呢！作为企业，你是不欠银行的借款还是不欠供应商的货款，还是不欠工人的工资，还是不欠税务部门的税费？只要还欠着没还，就是债务，当然要记要算并定期向企业业主和管理当局报告。比如企业经常从供应商那里买材料，货款是欠了又还还了又欠，于是会计就要记明白：月初的时候欠这个单位多少货款，本月还了多少，又欠了多少，到月末还有多少没还。这个月末尚未偿还数很重要，企业业主尤其是管理当局一定要知道。会计怎么办呢？到资产负债表中“应付账款”项目期末数一栏报告一下就可以了。让他们知道在众多债务之中，企业欠供应商的货款还有多少没还，至于什么时候还，还多少，则是由企业管理人员去处理了。只要是债务就必须偿还，这是债务的基本属性。债务一旦偿还，势必会导致经济利益流出企业。

三、所有者权益

所有者权益是指企业资产扣除负债后的剩余权益。

这个概念看起来有些抽象。其实也简单，例如：几年前张三、李四各投资 10 万元创办了一个公司，后来公司要注销，张三、李四就要分析财产。先看看资产有多少？库存现金、原材料、固定资产等等，加起来共 100 万元；负债有多少？应付账款、应付职工薪酬、应交税费等等，加起来共 30 万元。那么，真正属于张三李四可以分配的财产有多少？

$$1\ 000\ 000-300\ 000=700\ 000(元)$$

其中 100 万元叫资产；30 万元叫负债；70 万元，我们称它为“净资产”。张三和李四只对净资产拥有所有权。我们就称这个“净资产”叫所有者权益。业主在自己的企业里有多少钱是属于自己的，这个数并非是企业的全部资产，应该是资产减去负债后的余额。所以，业主在企业里的权益是可以计算的。即：资产－负债＝净资产，或者：资产－负债＝所有者权益。

再举例：一个企业的业主叫王五，某一天，这个企业的全部资产是 200 万元，负债是 80 万元，问：王五于这一天在企业里的权益是多少钱？

$$2\ 000\ 000-800\ 000=1\ 200\ 000(元)$$

看上去这个企业的资产倒是不少，但真正属于王五的只有 120 万元。这 120 万元就叫所有者权益。

上述三类会计要素，资产、负债和所有者权益，我们发现它们之间存在着一个简单的数学关系，即无论在哪个时点上，我们把企业的全部资产加起来，把负债全部加起来，再把全部所有者权益加起来，我们发现：资产永远等于负债加所有者权益。

即：资产＝负债＋所有者权益

这就是会计学说中常常提到的会计恒等式。在会计学说里，恒等式有两个，这是其一。我们需要了解这个等式，因为它很重要。一是，它是我们编制两大月报告之一资产负债表的理论依据；二是，可以帮助我们建立一个良好的会计工作思维方式；三是，我们可以利用它做检查我们平时记账正确与否的标准。但是，前提是，我们必须弄明白，资产为什么恒等于负债和所有者权益之和。

这个等式首先描述了资产的形成过程，或者说企业用于创造经济效益的资产是怎么来的。资产的来源无所谓就是两种途径：或者来自于业主权益，或者是来自于负债。过去，我们把它叫作“资金占用＝资金来源”，更能直白地说明等式两边的关系。

下面，我们来看看等式的恒等关系。以F公司为例，公司业主是张三、李四。最初张三、李四决定每人投资10万元创办F公司，开始只有意向，未进入实际操作程序，F公司并不存在。所以既无所有者权益，也没有负债，也无资产。等式表现为：

资产＝负债＋所有者权益

0 ＝ 0 ＋ 0

这是等式的原始状态。

之后，公司创立了，公司发生的每一笔经济业务，都不会破坏这个等式的恒等关系。

1. 创办公司的工作进入程序。张三、李四先申请一个商号，取名F公司，并以F公司为户名在农业银行开立临时存款户，并存入20万元。然后从银行取得存款单据，持该单据去某会计师事务所取得验资报告，然后经过工商局、质监局与税务局的资格审查后，向公司颁发三证三码合一的营业执照，持营业执照去银行申请公司基本存款户，基本存款户生效后，出纳将本公司临时存款户注销，并将临时账户中的20万元存款转入基本存款户。经济业务发生，我们来看这个经济业务对会计恒等式的影响：银行存款是公司的资产，资产增加了20万元，同时，业主在公司的投入资本，我们叫它实收资本，也增加了20万元，负债保持不变，等式两边同时增加20万元。

资产＝负债＋使用者权益

＋200 000＝/＋200 000

等式保持平衡。

2. 20万元是公司的自有资金，管理当局认为企业资金很紧张，因为至少在本年之内还无法生产产品进行销售，但是费用会不断发生，例如人工工资、水电费、通信费、招待费、产品研制费、技术咨询费等，所以，决定从甲公司借入部分资金使用，所借5万元存入银行基本存款户。双方商定该借款分5个月偿还。业务发生后，我们来看它对等式的影响：5万元存入银行，银行存款增加，资产也随之增加了5万元。从另一个方面看，钱是从甲公司借来的，我们把这种从其他单位或个人借入的尚未偿还的借款通过其他应付款核算。其他应付款是一项负债。其他应付款增加，负债由此增加5万元，所有者权益保持不变。等式两边同时以5万元增加。

资产＝负债＋使用者权益
＋50 000＝＋ 50 000 ＋ /

等式依然平衡。

3. 公司用银行存款购买一台设备，支出8万元，该设备交付使用。经济业务发生，我们来看对会计等式的影响：机器设备是公司的资产，设备的增加使得公司资产增加了8万元。同时，银行存款却减少了8万元，也就是另一项资产减少了8万元。等式左边，也就是资产里边出现了一增一减的变化，资产总额保持不变。该业务对负债和所有者权益没有影响。

资产＝负债＋使用者权益
＋ 80 000 － 80 000＝ / ＋ /

等式还是平衡。

4. 借款到期，公司用银行存款偿还甲公司借款1万元。经济业务发生，我们来看对等式的影响：用银行存款还了借款，银行存款减少，资产减少了1万元；同时，因为偿还了1万元，所以其他应付款这项债务减少，负债减少了1万元。这项业务和所有者权益没关系。等式两边同时以1万元减少。

资产＝负债＋使用者权益
－10 000＝－10 000＋ /

等式依旧平衡。

5. 公司决定将2万元盈余公积（一项所有者权益）转为业主对公司的投资。按照决定，会计需对有关账务进行调整，一方面是所有者权益中的盈余公积会减少2万元，而另一项所有者权益实收资本会增加2万元。这项业务与资产和负债没关系，只是造成所有者权益内部出现了等额的一增一减的变化，所有者权益总额没有变化。

资产＝负债＋使用者权益
/＝/＋（＋20 000－20 000）

等式还是平衡。

6. 用现金支付职工工资8 000元。我们来看对等式的影响：用现金支付工资，现金减少了8 000元，整个资产也会跟着减少了8 000元。工资已经支付，公司所欠职工的薪酬这种债务也会随之减少8 000元，整个负债也为此减少了8 000元。该业务与所有者权益无关。等式两边同时以8 000元减少：

资产＝负债＋使用者权益

－8 000＝－8 000＋/

等式平衡。

7. 因市场规模萎缩，经工商部门批准，张三收回投资5万元，公司转账退还张三。我们来看这笔业务对等式的影响：以银行存款退还张三资本金，银行存款减少了5万元，整个资产也会跟着减少5万元。同时，张三在公司里叫作实收资本的权益也减少了5万元，整个所有者权益也为之减少了5万元。该业务和负债无关。等式两边同时以5万元减少。

资产＝负债＋使用者权益

－50 000＝ /＋(－ 50 000)

等式照旧平衡。

8. 因经营困难，到期所欠甲公司借款4万元无法偿还，经与甲公司商量，转成甲公司对公司的投资。经济业务发生，我们来看这笔业务对等式的影响：转成投资，公司的借款就不用偿还了，其他应付款这种债务减少了4万元，整个负债减少了4万元；同时，甲公司成为了公司的业主，甲公司在公司叫作实收资本的权益增加了4万元，整个所有者权益也为此增加了4万元。该业务不涉及资产，只是在等式的右边出现了所有者权益和负债之间等额的一增一减的变化，等式右边的总额没有变化。

资产＝负债＋使用者权益

/＝(－40 000)＋(＋ 40 000)

等式仍然平衡。

9. 经工商部门批准，张三将剩余投资5万元全部收回，因公司资金紧张，该款项无法立即归还张三，双方约定公司暂借使用，年底归还。经济业务发生，我们来看这笔业务对等式的影响：张三的资本金退出公司，张三在公司的实收资本减少了5万元，所有者权益也会跟着减少5万元；又因为资本金并没有实际还给张三，自此算作公司借用了张三5万元，或相当于公司从张三处借用了5万元，其他应付款这种债务增加了5万元，整个负债也为此增加了了5万元。该业务和资产无关。等式右边出现了负债和所有者权益之间一增一减的变化，等式右边的总额没有变化。

资产＝负债＋使用者权益

/＝(＋50 000)＋(－ 50 000)

等式还是平衡。

涉及资产、负债和所有者权益的经济业务的变化类型无非就是上边的九种情况，现归纳如下：

资产、负债和所有者权益经济业务变化类型

序号	变化类型	
1	一项资产增加	一项所有者权益增加
2	一项资产增加	一项负债增加
3	一项资产增加	一项资产减少
4	一项负债增加	一项负债减少
5	一项所有者权益增加	一项所有者权益减少
6	一项资产减少	一项负债减少
7	一项资产减少	一项所有者权益减少
8	一项负债增加	一项所有者权益减少
9	一项所有者权益增加	一项负债减少

我们看到，不管哪种变化，都不影响会计等式的平衡，所以，我们又称这个等式叫会计恒等式。现在你再观察资产负债表，你会看到一张正确的资产负债表总是左边的资产之和等于右边的负债和所有者权益之和：

资 产 负 债 表

单位名称：　　2016 年×月×日　　单位：元

资产	年初数	期末数	负债和所有者权益	年初数	期末数
流动资产：			负债：		
货币资金		29 000.00	短期借款		30 000.00
交易性金融资产		45 000.00	应付票据		20 000.00
应收票据		26 000.00	应付账款		23 000.00
应收账款		16 000.00	应付职工薪酬		59 000.00
其他应收款		10 000.00	应交税费		2 000.00
存货		212 000.00	应付股利		10 000.00
流动资产合计		338 000.00	其他应付款		9 000.00
固定资产：			负债合计		586 000.00
固定资产原价		698 000.00	所有者权益：		
减：累计折旧		30 000.00	实收资本		300 000.00
固定资产合计		668 000.00	资本公积		20 000.00
非流动资产合计		668 000.00	盈余公积		40 000.00
			未分配利润		60 000.00
			所有者权益合计		42 0000.00
资产总计		1 006 000.00	负债和所有者权益总计		1 006 000.00

我们说这个等式是我们编制资产负债表的理论依据，也可以说我们正是利用了这个等式才可以编制资产负债表。

我们在利用会计语言来记录经济业务时，总是本着“有来就有去，来去必相等”的原则，至少使用两个或两个以上的账户同时记账才能完整的反映一笔业务的来龙去脉。这也是我们做会计的一种考虑问题的特殊的思维方式，即当我们分析经济业务做凭证的时候，叫做“看两头”或者叫“记两头”。比如第一笔业务：这头是银行存款增加了，另一头是实收资本增加了；第二笔业务：这头是银行存款减少了，那头是固定资产增加了。不会有经济业务的发生只是引起一个会计要素的变动的情况。

最后，当一个月的经济业务全部做好凭证登记入账后，我们怎样知道中间有没有差错。一旦出现差错，就会导致账户中出现不实的财务信息，我们将这些不实的信息写到会计报表里不仅会误导企业业主，而且还会导致管理者根据错误的信息在企业管理上作出错误的决定。那怎么知道记账中间有没有差错，我们就是利用这个等式编制一张试算平衡表，先试算一下，经过记账以后，变化了的资产还等于不等于变化了以后的负债加所有者权益，如果相等，说明我们记账基本没错，可以结账并编制会计报告了。如果不相等，一定是记账有记错的地方。要找错、改错，然后才能结账并出具会计报告。所以，我们又说这个会计恒等式又是检查我们记账正确与否的有效的标准工具。

四、收入

收入是指企业在日常活动中形成的、会导致所有者权益增加的、与所有者投入资本无关的经济利益的总流入。

简单地说，收入就是企业经济利益的总流入。比如昨天企业销售了一件商品，收到货款 1 880 元，这 1 880 元的经济利益流入，就叫“收入”。今天又销售了两件商品，货款共 3 760 元，但是没收到货款，只收到客户留下的一张欠条，也叫“收入”。都是经济利益的流入，只是表现形式不同，前者流入企业的是货币资金，后者流入的是债权。经济利益流入的主要表现形式是企业货币资金或者是债权的增加，有时候也会表现为负债的减少。另外注意，并非所有的经济利益流入都是收入。比如企业从某银行借款 8 万元存入银行存款户，即有 8 万元经济利益流入企业，也使得企业的货币资金增加，但是，它不是收入，它是一项负债，因为它的增加没有导致所有者权益增加。也并非凡是导致所有者权益增加的经济利益的流入都是收入，比如，业主张三对企业追加投资 9 万元，我们既看到了经济利益的流入，又看到了企业的货币资金的增加，是所有者权益的直接增加，不是收入。收入可以分成营业收入和营业外收入，真正的营业收入应该是当这个收入发生的时候会有费用连带发生，同时使企业的利润增加。记录营业收入的目的是为了计算利润，所以营业收入的计量与确认就非常重要。当发现出现或满足下列条件时：

1. 企业已将商品所有权上的主要风险和报酬转移给购货方。

2. 企业既没有保留通常与所有权相联系的继续管理权，也没有对已售出的商品实施控制。

3. 与交易相关的经济利润能够流入企业。

4. 收入的金额能够可靠地计量。

5. 相关的已发生或即将发生的成本能够可靠地计量。

即可确认收入已经实现,并让它参与到当期的利润核算中去。

至于营业外收入则不受上述条件的限制。营业外收入是一种无成本费用的经济利益的净流入,又叫作"利得",就像是天上掉馅饼一样,会平增企业利润,也是收入,只是不经常发生而已,虽然我们希望它经常发生。

五、费用

费用是指企业日常活动中发生的、会导致所有者权益减少的、与向所有者分配利润无关的经济利益的总流出。

费用的发生和营业收入的实现是相关联的,费用和收入是一对具有因果关系的会计要素,费用一旦发生,往往会带来收入。收入一旦发生,往往会产生费用。费用发生的主要表现形式是资产的被消耗。例如企业有库存商品一件,价值是 1 000 元,商品售出,获得收入 1 500 元。当商品已经销售并获得 1 500 元收入的时候,费用同时发生:我们发现原来的那件库存商品没有了,1 000 元的资产被消耗掉了,这个被消耗掉的 1 000 元资产便转化成费用了,成为支持实现收入 1 500 元的一个前提。所以我们又说费用和收入是因果关系,费用是因,收入是果。当然,也并非所有的经济利益的流出都是费用,比如用银行存款偿还了银行借款 10 万元,这种经济利益的流出不能算费用,因为它没有导致所有者权益减少,只有那些经济利益流出同时带来收入并同时导致企业利润降低的最终导致所有者权益减少的,才是费用。例如上例在偿还了借款本金 10 000 元同时还付给银行利息 500 元,正是这个经济利益的流出使企业获得了 10 000 元借款的使用权并支持了同期相关收入的实现,又因为它的发生而使同期利润降低,这就是费用,要参与当期的利润核算并成为当期利润的一个减项。当然还要注意,也并非所有导致所有者权益减少的都是费用,比如向所有者分配利润,也会导致所有者在企业中的权益减少,但不是费用。

至于营业外支出,则不受费用和收入因果关系的影响。营业外支出是一种无伴随收入发生的净损失。就像是自己走在路上,钱包不知什么时候丢了,钱没了,却什么也没有得到一样,就这么平白无故地把利润损失掉了,而且,营业外支出这种费用的发生,多数还不可控制,不仅难以预料,而且还会随时地发生,虽然我们不希望它经常发生。

六、利润

利润是指企业在一定会计期间的经营成果。

经营成果又是什么?经营成果就是收入减去费用后的余额。也可以说,利润就是收入减去费用后的余额。一定会计期间是什么意思?若你把企业一年的收入加起来减去一年的费用,算得的利润就是一个会计年度的利润,若你把一个月的收入加起来减去一个月的费用,算得的就是一个月的利润。这个利润是多长时间的利润,主要看你怎么算了。企业利润的被关注度最高。业主关心是因为获取利润是业主创办企业的目的;管理者关心,利润不仅是他的工作成就,而且还可以从中有所分享;税务部门关心,若企业有利润，他就可以征收企业所得税；潜在的投资者关心，该企业的利润大小及分配情况会成为他是否予以投资的参考因素之一。因为利益相关方有对该类财务信息的必然需求，所以，会计需要尽快报出本月的利润赚取情况，报告的方式是编制利润表。编制利润表的重点在于计算企业赚取的营业利润是多少、赚取的利润总额是多少以及这些利润是如何赚取的。

上述三类会计要素，收入、费用和利润又构成了第二个会计恒等式，即：

收入－费用＝利润

这个等式不需要证明，我们就是把收入减掉费用后的余额叫利润。利润是否需要做进一步的分类并设置账户进行核算？不要了。但是我们需要了解以下公式，因为我们强调过，设置收入类账户和费用类账户目的是为了计算利润，利润是一个大的概念，在工作中，我们为了从不同的角度看待和分析企业的经济效益，我们把利润进行了分类，分别从营业利润、利润总额和净利润的角度对企业的经济效益进行分析。三个利润指标的计算公式如下：

1. 营业利润＝营业收入－营业成本－营业税金及附加－销售费用－管理费用－财务费用＋投资收益

其中，营业收入＝主营业务收入＋其他业务收入

营业成本＝主营业务成本＋其他业务成本

营业利润专指企业在正常的营业活动中赚取的利润。利润的计算是基于收入减费用。营业利润的计算是基于营业收入减营业成本。在计算营业利润的时候，要先将与其有着直接关系的营业成本和营业税金及附加减掉。但是这样算出来的并非就是营业利润。因为在实现营业利润的过程中，你无法缺少销售部门的工作支持，销售费用基本都是为实现营业利润而发生的，所以，销售费用要在营业利润中得到补偿。另外，管理部门的费用说到底也是为实现营业利润而发生，所以，管理费用也应该从营业利润中扣除。财务费用同样如此。最后，我们还不要忘了将营业活动过程中所获取的投资收益加进来，这样算出来的才是营业利润。

2. 利润总额＝营业利润＋营业外收入－营业外支出

利润总额，我们又称作"总利润"。如果我们在营业利润的基础上再把营业利润中未包括的收入和费用合进来，这个利润就是全部利润，即利润总额。

3. 净利润＝利润总额－所得税费用

所得税费用是计算出利润总额之后才能确定的费用。也可以把它叫作一个会计期间的最后一个费用。利润总额减掉当期的所得税费用之后的余额，我们叫它税后利润，也就是净利润。将净利润算出来以后，就可以进行利润分配了。

当我们第一次接触利润表的时候，感觉它比较复杂。现在，我们弄明白了这三个公式，反过来再看利润表，才发现它实际上很简单。利润表是动态地反映每个月利润赚取结果及其过程的会计报告。我们在这个报告中要依次报告企业的营业利润、利润总额和净利润是多少。依据第一个公式，先将营业利润算出来，然后以营业利润为基础，依据第二个公式，算出利润总额，然后再以利润总额为基础，再算出净利润是多少。

所以,“收入－费用＝利润”,这个等式,又成为了我们编制利润表的理论依据。

利 润 表

单位:元　　　　2016 年×月　　　　会计报告第×号

项　目	本期余额	上期余额
一、营业收入	670 000.00	
减:营业成本	440 000.00	
营业税金及附加	20 000.00	
销售费用	30 000.00	
管理费用	25 000.00	
财务费用	400.00	
资产减值损失		
加:公允价值变动收益		
投资收益	30 600.00	
二、营业利润	75 200.00	
加:营业外收入	800.00	
减:营业外支出	200.00	
三、利润总额	75 800.00	
减:所得税费用	18 950.00	
四、净利润	56 850.00	
五、每股收益		
(一)基本每股收益		
(二)稀释每股收益		

整个一张利润表就是根据“不同的收入减不同的费用,得不同的利润”,这样一个道理编制出来的。

从上述两张资产负债表和利润表看,会计操作实际上很简单,就是设置账户,对会计六要素在每个月的变动情况尤其是变动结果,在格式化的资产负债表和利润表加以报告,以便让企业业主和管理当局以及相关权益人了解企业的财务状况和损益情况而已。

第三节　会计科目

了解会计科目很重要,我们把了解会计科目叫作认门户。发生什么经济业务,应该走哪个科目,这个不能错! 如果出错,一错就会错两个。

比如你买进来的是原材料,结果你把它记到周转材料里了,库存材料增加了,你没记，结果原材料账户出现账实不符；周转材料没增加，你记了增加，周转材料账户也出现账实不符。一个记账错误会至少导致两个账户出现问题。发生什么经济业务通过什么科目来核算要清清楚楚。这是做会计的基本素质，因此，你首先要认门户，即学习会计科目。知道资产、负债、所有者权益、收入和费用又可以分成那些类别，以便于我们设置账户，对它们进行分门别类的核算。会计科目很多，有一些一般企业用不到，所以，本书只讲一些常用的。

会计六要素就是会计工作跟踪反映的对象。会计所记所算所报，除了会计六要素，就没有别的了。但是，明白了会计六要素的概念，并不能保证实现对会计六要素的核算。比如说今天发生了一项经济业务，导致了企业资产的增加，哪项资产增加了？今天还发生了一项经济业务，导致企业的债务减少了，哪项债务减少了？所以，我们要有效的对会计六要素进行核算和反映，还需要对每一类会计要素作进一步的分类，给分出的每一类取一个名字，这就是会计科目。由于利润属于所有者权益，完全可以在所有者权益里边加以核算和反映，所以，会计科目仅就资产、负债、所有者权益、收入和费用进行分类就可以了。

一、资产类

1. 库存现金

库存现金指企业的各种库存现金。也就是指企业存放在本企业由出纳保管与管理着的各种货币资金。不管是人民币还是美元，还是其他币种的货币，只要是存放在本企业的，都是企业的库存现金。

2. 银行存款

银行存款指企业存放在银行或其他金融机构中的各种货币资金。

不管企业的钱是存在农业银行还是工商银行，是存在基本存款户上的还是存在临时存款户上的、不管是存的是人民币还是美元还是其他币种的货币，都叫银行存款。库存现金和银行存款相同之处都是企业的货币资金，不同之处是存放地点不同，放在本企业的叫库存现金，存在银行的叫银行存款。

3. 其他货币资金

其他货币资金指企业除了库存现金和银行存款之外的其他形式的各种货币资金。包括外埠存款、银行汇票存款、信用卡存款、存出投资款等，这些货币资金既有别于库存现金，又有别于银行存款，归为一类称作其他货币资金。

4. 交易性金融资产

交易性金融资产指企业持有的以公允价值计量且其变动计入当期损益的金融资产。包括企业为交易目的购入的股票、债券、基金等，也就是企业购入的准备随时变现的各种投资产品，也就是我们过去常说的短期投资，不过把你手头持有的各种股票、债券、基金等叫交易性金融资产更合适。因为这些金融资产持有的目的就是为了“见好就收”，一旦价格合适，立马出手，以赚取售价和成本价之间的价差而获利。

5. 应收票据

应收票据指企业因销售商品、提供劳务等而收到的商业汇票。也可以说是企业因赊销商品或劳务等而从客户那里收到的、还未到期的、尚未兑现的商业汇票。商业汇票既可以由付款人签发，也可以由收款人签发，须由付款人保证到期无条件兑付。付款人既可以是相对债务人，也可以由付款人向银行申请，经银行同意由银行先行代付然后付款人再将款项归还银行的，前一种叫商业承兑汇票，后一种叫银行承兑汇票，两者不仅承兑人不同，而且企业收回款项的风险也不同。商业汇票是一种远期支付方式，最长时间为6个月。当企业拿到商业汇票的时候，还收不到货款，只是产生了一笔索回有关款项的权利。例如今天公司收到商业汇票一张，面额是3万元，为期3个月，虽然款项会在3个月之后收回，但是从今天开始，就意味着公司产生了一项向付款人索回3万元货款的权利，我们就说我们拥有了应收票据这种资产3万元。如果我们把库存现金、银行存款和其他货币资金叫作货币资金类的资产，应收票据则是属于债权类的资产。

6. 应收账款

应收账款是指企业因销售商品、提供劳务等应向购货单位或接受劳务的单位收取的款项。

也可以这么说，企业因对外赊销了商品或劳务形成的应收回但还没有收回的货款。例如今天销售给客户商品一批，货款6万元，客户未付款，只留下了一张欠条，我们就可以说我们有了一笔应收账款6万元。你会问：都是客户欠的钱，为什么前边那个叫应收票据，这个叫应收账款？实际上，应收账款也是企业债权类的资产，只是和应收票据的存在形式不同而已，当收到付款方交来的是商业汇票时，我们就称这笔债权叫“应收票据”，当付款方交来的是欠条时或企业到银行办理完了委托收款手续时，我们就称这笔债权叫“应收账款”。正如货币资金一样，放在企业称作“库存现金”，放在银行称作“银行存款”。而应收票据和应收账款只是存在形式不同而已。

7. 预付账款

预付账款指企业按照购销合同的约定预先付给供应单位的货款。

比如今天按照合同约定，企业向供应商预付了货款2万元，我们就说企业有了一笔预付账款。预付账款也是企业的债权，同应收账款和应收票据是一样的，都表示企业自此之后有了一项向客户索回有关款项的权利，只是索回的方式不同。应收票据和应收账款索回的是货币资金，而预付账款索回的是货。另外，预付账款的存在形式也有别于前二者，往往以对方收到预付货款时开具的单位款项往来收款单据为存在依据。

8. 其他应收款

其他应收款指企业除了应收票据、应收账款、预付账款、应收股利、应收利息、长期应收款等经营活动以外的其他各种应收的、暂付的款项。

其他应收款也是企业的债权，同其他债权类账户不同的是这个账户核算的内容比较杂乱，可以称呼它为债权类的“垃圾桶”，即其他债权类账户不核算的债权一律放到这个其他应收款里处理。实际上，在企业的经济活动发展过程中会产生很多形式的债权，如果逐一设置账户进行核算，会计工作将变得不胜其烦，所以，我们只就那些经常发生而且比较重要的债权例如应收票据、应收账款、预付账款等划分出来进行单独的核算，将剩余的那些乱七八糟的、发生频率低、且数额不大的债权归为一类，通过其他应收款来核算。判断一笔债权是否属于其他应收款，我们可采用“排除法”，即发现其他债权类的账户均不予核算它的时候，它就只能由其他应收款核算。

比如现金要做到日清月结，可以随时清查，结果今天在进行现金清查时发现现金短款 10 元钱，应有出纳赔偿。于是从今天开始，企业就产生了一笔债权，即从某出纳那里索回 10 元钱的权利。债权既然发生就要记账，计入应收票据？是出纳因欠单位的货款开来了一张 10 元钱的商业汇票吗？不是。是应收账款吗？是出纳因欠单位的货款留下了一张欠货款 10 元钱的欠条吗？不是。是预付账款吗？不是。既然其他账户都不予核算，其实是均不符合其他账户核算的内容，那就只能放到其他应收款里处理了。再比如，企业为租用外单位的设备，向外单位交纳 1 000 元钱押金。钱已经交给对方，但是等企业把机器连同租金还给他，押金还是要收回来的。因为押金的所有权依然在企业这里。现在把钱交给对方，同样意味着企业从此产生了一笔债权，也要记账。我们分析一下看看，也只能放在其他应收款里处理。其实，其他应收款同上述债权最大的不同在于，上述债权都是由于商品交易所发生的债权，或者与企业的商品交易有关，而其他应收款核算的都是非商品交易或一般事项所产生的债权，所以这类债权多发生在经营活动之外。其他应收款本身分两种情况：第一种情况是应收的，例如刚才我们谈到的出纳所欠企业的 10 元钱；第二种情况是暂付的，例如刚讲到的押金问题。不管是自今日起应收回的，还是今天暂付出去的且将来再收回来的，都是公司债权的增加。

9. 材料采购和在途物资

企业经常购买材料，不管是否支付了货款，只要有足够的证据证明该材料的所有权已经转归企业，那么这些材料就是企业的材料了。由于发货时间与运输问题，企业经常会有在途材料存在。这些在途的材料隔一段时间会运达企业验收入库，变成库存材料。对库存材料的核算我们有两种方法可以选择：实际成本法和计划成本法。当企业使用计划成本法对库存材料进行计价核算时，那么前边的在途材料我们就称它为材料采购；当企业使用实际成本法对库存材料进行计价核算时，那么前边的在途材料我们就称它为在途物资。不管是材料采购还是在途物资，指的都是所采购的材料的实际成本。

所以我们给材料采购的定义是：企业采用计划成本进行材料日常核算而购入材料的采购成本。我们给在途物资的定义是：企业采用实际成本进行材料日常核算，货款已付尚未验收入库的购入材料或商品的采购成本。

所谓采购成本主要包括材料的买价、运杂费、运输途中的合理损耗、入库前的拣选费用、发生的保险费以及应负担的税费等。

10. 原材料

原材料指企业库存的各种材料。

作为生产企业而言，原材料即企业从外边购入的、验收在材料仓库的、将来加工产品用的、并且会成为将来所加工的产品成本中最主要的组成部分的材料，我们称它为原材料。例如企业是一家家具生产企业，库存材料中不仅有木料，而且还有油漆、钉子、滑轮、锁头和把手等等，其中木料是原材料，其他的则成为辅助材料。如果辅助材料较多，在所加工的产品生产成本中所占的比例也比较大，可以设置一个和原材料一样的一级科目“辅助材料”来进行核算，如果不多，一般视作原材料，在原材料中设置二级科目核算就行了。所以一般讲，原材料包括了原料及主要材料、辅助材料、外购半成品（外购件）、修理用备件（备品备件）、包装材料、燃料等。

11. 制造费用和生产成本

其实这两个科目都是资产类的科目，为了突出产品生产成本的核算特点，我们把它从资产类里独立出来，叫“成本类”。工业企业的生产车间为生产产品每天都在消耗着大量资产，包括原材料、现金（人工工资、水电费等）、固定资产等，我们俗称这些被消耗掉的资产叫“生产费用”，但是这个“费用”与我们会计六要素中的“费用”是完全不同的。六要素中的“费用”是真的被消耗掉了，而生产费用只不过是这些资产由一种形式的资产转化成了另外一种资产，即最终经过生产成本转化成了库存商品，所以，虽然我们称呼它“生产费用”，实际上它们仍然是资产，只不过是变换成另一种存在形式而已。

生产成本指的是工业企业为加工生产产品而发生的全部生产费用，这些生产费用最终转化成所加工产品的全部成本。

制造费用则是企业生产部门为生产产品而发生的各项间接费用。

制造费用是生产成本重要的组成部分，包括车间发生的一般机物料消耗、管理人员工资和福利费、办公费、修理费、水电费、劳保费、废品损失、折旧费、季节性停产和机器修理期间的停工损失费等。这些间接费用在会计上叫它制造费用。到月末，这些费用都要转入生产成本中去，由此，生产成本才能完全反映企业所加工的产品的实际成本。

12. 库存商品

库存商品是指企业库存的各种商品的实际成本（或进价）或计划成本（或售价），包括库存产成品、外购商品、存放在门市部准备出售的商品、发出展览的商品以及寄存在外的商品等。

若企业对库存商品的计价使用的是实际成本法，则库存商品所反映的就是库存商品的实际成本；企业对库存商品的计价使用的是计划成本法，则库存商品所反映的就是库存商品的计划成本。商品流通企业和工业企业库存商品的来源不同，前者是购入的，后者是自己生产的。就生产企业而言，库存商品就是车间加工完毕的、合乎技术要求的、验收入成品库的、有待于销售的各种完工产品。库存商品最大的特点是就在于从技术层面上看已经完成了全部技术处理并等待销售。库存商品是企业非常重要的经济资源，绝大多数资产均以不同的形式经制造费用和生产成本最终转化到库存商品的价值之中，企业又以销售库存商品来获得企业的主要收入，从而获得利润。

13. 周转材料

周转材料是指企业能够多次使用，并可基本保持原来的形态而逐渐转移其价值的各种周转材料的计划成本或实际成本。包括包装物、低值易耗品以及企业的钢模板、木模板和脚手架等。若企业对周转材料的计价使用的是实际成本法，则周转材料所反映的就是它的实际成本；企业对周转材料的计价使用的是计划成本法，则周转材料所反映的就是它的计划成本。

14. 长期股权投资

企业持有的采用成本法和权益法核算的长期股权投资。

包括企业购入的并准备长期持有的股票或其他形式的股权性质的投资。投资可以使用货币资金,也可以使用其他形式的资产,例如固定资产或无形资产。长期股权投资和交易性金融资产中购入的股票差不多,但是主观愿望不同,前者或是为了控制某企业的决策权或是为了资金积累,而后者是为了在随时的变现中获取利润。

15. 固定资产

固定资产是指企业为生产产品、提供劳务或让渡资产使用权而持有的、使用年限超过一年的、单位价值较高的有形资产。

固定资产具备如下特征:(1)一般为生产产品和经营管理而持有;(2)固定资产具有某种实物形态,例房屋、机器设备、运输工具等,并且在使用过程中保持不变;(3)使用年限预计在1年以上;(4)单位价值较高,一般应在2000元以上。

规模较小的商品流通企业可能没有固定资产,房子是租的,电脑是几百块钱的旧货、桌椅板凳加起来还不到1 000元钱。但是工业企业没有固定资产是难以想象的。多数企业的厂房、机器设备、运输工具和通信器材等都是自行购置的。这些东西是企业生产和管理的必要前提,而且,在资产里边占据着非常重要的位置。因为一个企业固定资产的多少,反映着一个企业的生产规模并同时代表着它的生产能力的高低。我们常常自己和自己比,看看今年的生产规模比去年的生产规模大了多少,当然我们希望我们的生产规模越大越好。我们也会拿自己和别人比,看看谁的生产规模大、盈利能力强,具体看什么?看固定资产的多少。一个具有1 000万元固定资产的企业,显然比一个只有100万元固定资产的企业的生产规模大、生产能力高。同时,今年是150万元固定资产而去年是100万元固定资产的企业是一个成长性的企业,正常情况下,我们说这个企业是一个发展良好的企业。当然,固定资产也并非越多越好,单纯追求固定资产规模会导致生产能力过剩,影响利润。企业设备的利用率及充分发挥它的产能是我们在固定资产管理上最应该着眼的地方。

16. 累计折旧

累计折旧是指企业固定资产因为磨损所减少的价值的累计发生额。

固定资产价值的减少分两种情况:一是因固定资产退出企业而导致的企业所拥有的固定资产价值的减少;二是因为不断地使用所产生的磨损而导致的价值的减少。累计折旧核算的是后一部分。随着磨损的不断加深,固定资产的价值也会随之降低是一个基本事实。例如一台价值为10万元的设备,预计可使用5年,假如未来净残值为零,且开机使用的时间比较平均,则大致可以认为每过1年,其价值就会减少20%,即2万元。第一年初的时候,它的价值是10万元,到第一年末的时候,它的价值就只有8万元了,第二年末的时候,它的价值只剩余6万元了。以此类推,到第五年末做报废处理的时候,其价值就归零了。我们把每年的这个减少数叫作“累计折旧”。

累计折旧的多少取决于设备的原始价值的大小、预计使用年限的长短、报废时的净残值以及使用的累计折旧的计算方法。计算累计折旧主要是为了体现:(1)固定资产的新旧程度;(2)固定资产的剩余价值;(3)购置成本的分摊。例如上述设备,第四年末的时候,其原始价值仍然是10万元,但是累计折旧已经达到8万元,我们就可以认为这台设备只有两成新了,从理论上说,其生产能力也只有原来的20%了。

同时,根据谁收益谁承担的原则,哪个部门使用了这台设备,其价值减少的那一部分作为费用,也应该由相应的账户分摊。假如设备是车间用来加工产品的,则每年的2万元的费用最终应分摊到产品成本中去;假如设备是管理部门使用的,这个费用应该分摊到管理费用中去。所以,累计折旧还意味着其固定资产的原始价值中已经转移到其他会计要素中的那一部分。

17. 长期待摊费用

长期待摊费用是指企业已经发生但应由本期和以后各期负担的分摊期限在1年以上的各项费用。

长期待摊费用,从形式上看是费用,实质上看是企业资产,所以也可以表达为:企业已经付出但其效益将延至一年以上并随着时间的推移将逐步被消耗掉的各种资产。比如一次性向某汽车租赁公司支付了18个月的汽车租赁费5 400元,并从今天开始获得了该公司一辆汽车的18个月的使用权。站在今天说,这5 400元的所有权还应该是归企业的,但1个月后,企业消费了1个月的使用权,同时,企业也将丧失掉5 400元之中的1/18的现金所有权。以此类推,18个月后,这项资产将全部耗尽。当然,这些资产在逐步消耗掉的同时,企业也同时得到了这辆汽车使用过程中所产生的全部效益。

二、负债类

1. 短期借款

短期借款是指企业从银行或其他金融机构借入的偿还期不超过一年(含一年)的借款。

比如今天公司从工商银行借入5万元,存入公司银行存款户。公司需在5个月内偿还,我们就说公司有了一笔短期借款。短期借款这种债务有两个特点,一是专指从银行或其他金融机构借入的(从其他单位和个人手中借入的不核算);二是偿还期不超过12个月。短期借款往往是因为企业流动资金不足而举借,金额较小,使用时间短,但利息较高。

2. 应付票据

应付票据是指企业因购买商品而开出的商业汇票。

它与应收票据只有一字之差,但是性质却截然相反,一个是企业的债权,一个是企业的债务。应收票据反过来发生就是应付票据。今天公司从供应商那里购买商品4万元。立即付款,我们感觉不合适,打欠条,对方不放心,于是应供应商的要求,我们签发并承兑商业汇票给他。若为期6个月,6个月后,银行就会把我们的钱划转给对方。但是,现在还没给,从商业汇票的签发日开始,就意味着公司产生了一笔债务,因为这种债务的存在形式是商业汇票,我们就称它应付票据。不管我们签发给他的是商业承兑汇票还是银行承兑汇票。

3. 应付账款

应付账款是指企业因购买商品或接受劳务等应向供应单位支付的款项。

应付账款与应收账款也是一字之差,性质同样不同。应收账款反过来发生就是应付账款。应付账款也是企业欠供应商的货款,和应付票据所指向的债务是一样的,不同的是存在形式不同,应付票据是我们出具了商业汇票,应付账款是我们给供应商出具了欠条。

4. 预收账款

预收账款是指企业按照购货合同的规定向购货单位预收的款项。

根据与某公司的约定,我们将向对方提供10万元的商品,而对方也必须在合同生效的3天内向我们预付60%的货款。今天企业收到了这笔预收款6万元,我们把这个预收的6万元叫作预收账款。千万不要认为钱到手了,钱就是企业的钱了,只要还没有向对方提供等价于6万元的商品,实际上这个钱还是客户的钱,这钱的所有权还是属于客户的。拿了客户的钱,就等于是欠着客户的钱,是企业负债的增加。这个负债什么时候减少或者是消失呢?那就看企业什么时候向对方提供了商品和提供了多少商品了。

5. 应付职工薪酬

应付职工薪酬是指企业应付给职工的工资总额、应为职工支付的五险一金和各种职工福利。主要包括基本工资、奖金、津贴、五险一金和各种职工福利。

这可是每个企业都有的债务,是企业管理者非常需要了解的信息。职工工资一般都是在月末计算。有的职工是计时工资,有的职工是计件工资,只有到月末职工的劳动结束了,才能够根据他们的工作记录核算每个人的工资。比如5月份的工资算出来了(实际上你可能到6月2日才算出了5月份的应付工资),应该发工资5.8万元,但是月末你能发得下去吗?你没发,就意味着企业从5月31日开始,欠了自己的职工5.8万元,是企业负债的增加。这个债务什么时候减少了?企业什么时候把工资发了,把职工的五险一金为职工交上了,这个债务就减少了。

6. 应交税费

应交税费是指企业按照税法的规定计算出的但尚未交纳的各种税费。主要包括增值税、消费税、城建税、企业所得税、资源税、土地增值税、房产税、土地使用税、教育费附加和矿产资源补偿费等。

如果企业生产销售的是应纳增值税产品就要交增值税,若生产的是消费品,在交纳了增值税后还要交纳消费税。然后再按照本期企业所交增值税和消费税之和乘7%(或5%或1%)交纳城建税,这些税属于流转税,一般企业都要交的。然后再按照本期企业增值税和消费税之和的3%计算交纳教育费附加。这些税费只有等到月末企业商品流转过程结束才能够计算出来,包括企业所得税,也是要等待月末企业的经济活动结束进行了利润核算后才能知道应该交纳多少所得税,所以这些税费都是在次月完成交纳(一般次月10日以前)。等月末算出来了,比如5月份该交税费3.6万元,企业没交,也就意味着从5月31日开始,企业欠了税务部门税费3.6万元,这是一项债务,我们就称这个计算出来了但是还没有交纳的 3.6 万元叫应交税费。

7. 应付利息

应付利息是指企业按照合同约定应支付的利息。包括吸收存款、分期付息到期还本的长期借款、企业债券等应支付的利息。

例如,公司目前有一笔从农业银行借入的尚未偿还的借款,5 月份新增利息 400 元,而这 400 元利息并不需要立即偿还,而是根据约定和后两个月的利息一块偿还,那么,我们就称这个 400 元叫应付利息,它是一项应该支付但是目前又没有实际支付的款项,因此是企业的一项债务。

8. 应付股利

应付股利是指企业按照董事会、股东大会或类似权力机构的决定应向所有者支付的现金股利或利润。

每到年末,企业会进行利润决算。若全年收入为 250 万元,全年的费用(不含企业所得税费用)160 万元,则全年利润总额就 90 万元。90 万元中有些收入可能已经交过企业所得税了,把它减出来,有些费用超过了税前列支,把因此减少的利润加回去,经过这样一个调整,就可以知道应交纳企业所得税的利润是多少,我们叫它应纳税所得额。应纳税的所得额乘以企业适合的所得税税率,就可以算出企业年度所得税费用是多少。假如经过这样的调整后,应纳税的所得额是 100 万元,所得税税率是 25%,则年度所得税费用就是 25 万元。利润总额 90 万元减掉所得税费用 25 万元后就是企业的税后利润,即净利润 65 万元。算出净利润后,就可以进行利润分配了。分配的第一步是按照净利润的 10%提取盈余公积,提取盈余公积的目的是为了企业将来若发生亏损时用来弥补亏损的。盈余公积的所有权归业主。提取盈余公积后的剩余利润,所有者就可以进行分配了。所有者可以分配的利润是 65 万减掉 6.5 万元的盈余公积之后,剩余的净利润是 58.5 万元。企业所有者是张三和李四,每人投资 10 万元,他们既可以按照投资比例,每人分得 29.25 万元的净利润,也可以决定分配多少留下多少。从有利于企业发展来进行分配,分走一些留下一些的方法对企业将来的发展会更为有利,因为留存收益可以进一步增强企业的发展动力,让企业有更多的支配资金来进行生产经营,留下的利润,我们叫它未分配利润,其所有权仍然归所有者而且随时可以进行分配。分配方案由董事会或股东大会或有决策权的机构作出。比如决策机构最终决定从 58.5 万元的净利润中拿出 30 万元进行分配,我们将这个 30 万元叫“应付股利”。因为从决定向所有者分配这些利润到实际支付,由于受到企业是否有足够的货币资金来支付利润或是因复杂的股权登记需要一定的时日,所以从决定向所有者分配 30 万元利润到实际支付,总是会有一段时间的间隔,从决定向所有者分配利润 30 万元开始,就意味着这个 30 万元的所有权转给了所有者个人,在没有实际支付以前,成为了企业的一项负债,一笔应支付而未支付的款项。如果该企业是一个股份制企业,这笔 30 万元的债务我们就叫它应付股利,如果是非股份制企业,我们就叫它应付利润。

9. 其他应付款

其他应付款是指企业除应付票据、应付账款、预收账款、应付职工薪酬、应付股利、应付利息、应交税费、长期应付款等经营活动以外的其他各项应付、暂收的款项。

在这里，不要和其他应收款弄混了。虽然一字之差，性质却截然不同。其他应付款也是企业的债务，同其他负债类账户不同之处在于它核算的债务比较复杂。所以，我们也可以称呼它是负债类的“垃圾桶”，即其他负债类账户不予核算的内容一律放到其他应付款里处理。实际上，在企业的经济活动发展过程中会产生很多形式的债务，如果逐一设置账户进行核算，会计工作将变得不胜其烦。所以，我们只就那些经常发生而且比较重要的债务例如应付票据、应付账款、预受账款等划分出来进行单独的核算，将剩余的那些乱七八糟的、发生频率低、且数额不大的债务归为一类，通过其他应付款来核算。其他应付款同上述债务最大的不同在于，上述债务都是由于商品交易所发生的债务，或者与企业的商品交易有关，而其他应付款核算的都是非商品交易或一般事项所产生的债务，所以这类债权多发生在经营活动之外。判断一笔债务是否属于其他应付款，我们也可以采用“排除法”，即发现其他债务类的账户均不予核算它的时候，它就只能属于其他应付款核算了。一般属于其他应付款核算的负债主要有应付的经营性租用的固定资产或包装物的租金、待领的工资、出租本企业的固定资产或包装物收取的押金、从个人或单位借用的款项等。前两例属于应付的，后两例属于暂收的。不管是自今日起应支付的，还是今天暂收的且将来再还回去，都是企业债务的增加。

10. 长期借款

长期借款是指公司向银行或其他金融机构借入的期限在 1 年以上(不含 1 年)的各项借款。

长期借款和短期借款相比，一样的地方都是核算从银行借入的款项，不一样的地方是偿还期不同，一个是一年内的，一个是超过一年的。另外，举借的目的也有所不同，长期借款一般多为购建固定资产，且金额较大，偿还期较长。还有，在核算上，长期借款比短期借款的核算要复杂得多。

三、所有者权益类

1. 实收资本

实收资本是指企业按照企业章程和国家法律法规的规定从所有者那里收到的资本金。

它既是企业开始经营的基础，也是保障企业相对权益人的权益的基本前提。所以资本金已经投入企业，不允许未经工商部门的批准擅自抽回。属于正常收回的，需向工商部门报批。所以，该项所有者权益平时变动不大。

2. 资本公积

资本公积是指企业收到投资者出资超出其在注册资本或股本中所占的份额以及直接计入所有者权益的利得和损失等。

前者如股票溢价，后者如接受非现金捐赠。这类所有者权益较少发生，平时变动也较少。

3. 盈余公积

盈余公积是指企业从净利润中提取的盈余公积。

在讲负债类应付股利的时候我们已经讲过盈余公积。留在企业的盈余公积仍然归所有者所有,但是不能分配,主要用来弥补企业将来可能发生的亏损。盈余公积除了弥补亏损外,还可以弥补职工福利费的不足、用于利润分配或者转增资本。

4. 本年利润

本年利润是指企业每月乃至每年赚取的净利润(或发生的净亏损)。

它是由每个会计期间的收入与费用的多少来决定的。从内容上看,它体现的是未分配利润。

5. 利润分配

利润分配是指企业利润的分配(或亏损的弥补)和历年分配(或弥补)后的积存余额。

积存余额也是一个未分配利润数,与本年利润的余额相加,即为所有者在企业中的全部未分配利润。

四、收入类

企业的日常经营活动会给企业带来收入。根据这些日常经营活动的重要性和内容的不同,我们把它划分为主营业务收入、其他业务收入和投资收益等。当然,营业活动之外也有收入发生,这种收入我们叫它“营业外收入”。

1. 主营业务收入

主营业务收入是指企业在销售商品、提供劳务及让渡资产使用权的日常活动中产生的收入。

制造业和商品流通业的收入主要是通过销售商品获得,服务业主要是通过提供劳务而获得。但是并非只要是销售商品或提供劳务所获得收入都是主营业务收入,只有那些主要的营业活动中的销售行为带来的收入才叫主营业务收入。企业全部经营活动中哪些是主要的营业活动?如果你是个计算机生产企业,生产和销售计算机就是你的主要营业活动;如果你是个销售空调的企业,销售空调就是你的主要营业活动。作为企业,你不能随便经营,只能按照企业营业执照上的“经营范围”来经营,所以企业经营范围之中的营业活动所带来的收入就叫主营业务收入。从另一个角度理解,凡符合一下关键词语的就是主营业务收入:营业执照中规定的、主要经营的、日常活动中产生的、经常性的、我们获得收入时主要依赖的、在收入中所占比重最大的。主营业务收入所占企业全部收入比重最大,所以对企业的利润的影响也就最大,是我们最关注的收入。

2. 其他业务收入

其他业务收入是指企业除主营业务收入以外的其他销售或其他业务的收入。

有些业务不在“营业范围”之内,但是企业还是可以做的,比如工业企业销售材料了,进行技术转让了,为其他企业代购代销了,出租包装物了,出租无形资产了,提供运输服务了,及提供其他非工业性劳务了,等等,也会给企业带来经济利益的流入,但是,显然这些不是企业的主要营业活动,属于主营业务之外,“捎带着”做的,所以,我们叫它其他业务收入。凡是符合以下关键词语的都应该是其他业务收入：主营业务之外的、虽然也属日常活动中产生的但并非经常发生的、在企业获得收入上非依赖性的、对企业利润形成影响不大的。其他业务收入在企业的收入中所占比重小，对企业利润的影响不是很大，并非企业最关注的。

3. 公允价值变动损溢

公允价值变动损溢是指在持有对外投资时因市场行情的变动而使企业所持有的股票或债券等出现的增值或者是贬值。

因投资而产生的收益分两种情况，一种是已经实现的，比如持有股票时收到的股利或持有债券时收到利息，或者是出售时产生的售价和成本价之间的价差；一种是理论上的收益，是指因市场行情的变动而使企业所持有的股票或债券的出现的增值或者是贬值。比如今天买进的10万元的股票，持有至月末其市价已经达到12万元，或者跌至7万元，不管是增值的2万元还是损失的3万元，只要股票或者是债券没有售出，这样的增值或是损失也仅仅是理论上。已实现的收益由下述的投资收益科目核算，而公允价值变动损溢科目仅仅核算后者，即理论上的收益或损失。

4. 投资收益

投资收益核算的是公司在对外投资过程中已经实现的收益(或者损失)。

公司进行的短期或长期投资都是为了获得投资收益。持有这些投资赚取投资收益的途径主要有：股票和债券出售时所取得的成本价和销售价之间的价差、持有股票时分得的红利或持有债券时分得的利息，以及股票债券等买入卖出时产生的手续费和税费等。我们把这些因投资而获得收益叫“投资收益”。随着投资产品越来越丰富、金融市场越来越规范、公司所有者之间的相互渗透越来越紧密，用投资去获得利益增加公司利润将成为越来越多的公司经营中的重要选项。

5. 营业外收入

营业外收入是指企业发生的与其日常活动无直接关系的各项利得。

营业外收入的最大的特点就是与企业的日常经营活动没有任何关系。比如3年前公司从张三那里购买了5 000元的原材料，但是未付款，张三3年以来也未索要。今天公司主动去偿还货款的时候，发现张三已经在3年前就去世了，而且没有债权债务的继承者。这笔本该属于张三的款项，只因为债权者的消失而归公司所有。这也是经济利益流入企业，但是这个经济利益的流入与日常经营活动没有任何关系。具体说，这个叫无法支付的应付账款，属于营业外收入。营业外收入并不是企业通过经营而产生的，不需要企业付出任何代价，实际上是经济利益的净流入。所以，以下这些都属于营业外收入：非流动资产盘盈利得、非货币性资产交换利得、债务重组利得、罚没利得、政府补助利得以及刚才例举的确实无法支付而按规定程序经批准后转作营业外收入的应付款项等。凡符合以下关键词语的应该是企业的营业外收入：非经营性的、偶然发生的、无成本费用的、无法复制的、一般对利润影响不大的收入。

五、费用类

1. 主营业务成本

主营业务成本是指企业因销售商品、提供劳务或让渡资产使用权等日常活动中发生的实际成本。

主营业务成本与主营业务收入有着直接的因果关系。即，如果发生主营业务收入，则一定会发生主营业务成本。比如企业销售了一件商品，收到货款 2 500 元，而其制造成本是 2 000 元，当企业获得主营业务收入 2 500 元的同时，一定会有库存商品一件其价值是 2 000 元流出企业，原来 2 000 元的资产被消耗掉了，变成了支持收入 2 500 元实现的费用，它是主营业务收入实现的前提，我们就把这个被消耗掉的资产叫作主营业务成本。主营业务成本主要表现为库存商品的消耗。

2. 其他业务成本

其他业务成本是指企业除了主要业务成本之外的其他销售或其他业务所发生的实际支出。

其他业务成本与其他业务收入有着直接的因果关系，即：如果发生了其他业务收入，则一定会发生其他业务成本。比如公司销售了材料 1 公斤，收到货款 80 元，而这 1 公斤材料的购入成本就是 50 元。当公司获得其他业务收入 80 元的同时，同时会有原材料 50 元被消耗掉，我们就称被消耗掉的原材料 50 元叫其他业务成本。实际上，在其他业务收入实现的同时都会有费用随之发生。技术转让、包装物出租、提供非工业性劳务，都是有费用跟随发生的。没有其他业务成本的发生为前提，就不可能实现其他业务收入所来的经济利益的流入。

3. 营业税金及附加

营业税金及附加是指企业按照税法的规定计算的税金和附加。

营业税金及附加是一项费用，并与主营业务收入和其他业务收入有着直接的因果关系。比如因实现产品销售收入或实现劳务收入而发生的消费税、以增值税和消费税为计税基础计算的城建税和教育费附加等。这些税费交纳时都会消耗掉企业的资产。这些费用在月末不一定实际支出，但是，因为和收入存在着因果关系，按照权责发生制，都要计算并按当期费用处理，参与当期的利润核算。

4. 销售费用

销售费用是指为组织销售本企业产品而发生的费用。

销售费用有两个特点，一是这些费用多发生在销售部门；二是均与组织和销售本企业产品有关。销售费用包括销售部门（含销售网点、售后服务网点等）人员的工资和福利费、保险费、包装费、展览费和广告费、商品维修费、预计产品质量保证损失、运输费、装卸费、业务费、折旧费等经营费用。

5. 管理费用

管理费用是指为组织和管理企业生产经营所发生的管理费用。

管理费用有两个特点，一是这些费用多发生在行政管理部门，二是均与企业的组织和管理工作有关。管理费用包括公司的董事会和行政管理部门在企业的经营管理中发生的或者应由公司统一负担的公司经费(包括行政管理部门职工薪酬、修理费、物料消耗、低值易耗品摊销、办公费和差旅费等)、工会经费、董事会费(包括董事会成员津贴、会议费和差旅费等)、聘请中介机构费、咨询费(含顾问费)、诉讼费、业务招待费、房产税、车船使用税、土地使用税、印花税、技术转让费、矿产资源补偿费、研究费用、排污费等。

6. 财务费用

财务费用是指企业为筹集和使用生产经营所需资金等而发生的有关费用。

财务费用包括筹资费用、利息支出(减利息收入)、汇兑差额以及资金往来所产生的手续费等,还包括企业发生的现金折扣或收到的现金折扣等。

销售费用、管理费用和财务费用,在会计上,号称三大"期间费用",因为这些期间费用的发生与产品生产没有直接关系,只与企业的经营管理有关,因而它们与主营业务收入和其他业务收入只存在着间接的因果关系。

7. 营业外支出

营业外支出是指企业发生的与其经营活动无直接关系的各项净损失。

营业外支出最大的特点就是这种费用的发生与正常的经营活动没有任何关系。比如处置非流动资产损失、非货币性资产交换损失、债务重组损失、罚款支出、捐赠支出、非常损失、捐赠支出等。营业外支出的基本特征是非经营性的、有些是难以控制的、偶然发生的、不产生收入的、属于营业外的非常项目。营业外支出和营业外收入之间没有因果关系。当发生营业外收入的时候,不会给企业造成营业外支出;当发生营业外支出的时候,也不会给企业带来"营业外收入"。因为供货推迟,企业今天从供应商那里收到违约金 500 元,叫"营业外收入",但是并没有相关费用发生;因为奉献爱心,企业今天向希望工程捐赠 5 000 元,叫"营业外支出",但是并没有带来营业外收入。有时候,企业一个月发生的都是营业外收入,另一个月发生的可能都是营业外支出。它们独立发生,彼此没有任何关系。在计算出的营业利润的基础上加营业外收入、减营业外支出,可以知道利润总额是多少。

8. 所得税费用

企业根据所得税准则确认的应从当期利润总额中扣除的所得税费用。

从原则上讲,企业所得税应该一月一算一交,先计算本月的利润总额,然后调整出应纳所得税所得额,乘以企业执行的所得税税率,就可以知道应该交纳多少企业所得税了。所得税费用也是每个会计期间确认的最后一个费用。所得税费用与企业的收入没关系,只与当期利润有关系。利润总额减掉所得税费用,剩余部分叫"净利润"。

第二章

会计账户

第一节 账户格式

科目是一类会计要素的名称，如果你的企业有这一类会计要素，你就要设置一个账户对它进行核算。所谓账户就是核算会计科目所指向的会计要素增减变动的手段。它具有一定的格式并按规定记账核算。账户最基本的格式是分成了左右两栏。一个账户分成了左右两栏，就具备了反映这个账户所核算的内容增减变动的功能。如果我们规定一栏记它的增加，那么，另一栏就记它的减少。

左栏	右栏	余额

比如企业有库存现金，常有现金收支业务的发生，如果我们约定收到现金，记录在账户的左边，那么，支出现金就应该记在账户的右边。

例：企业收到货款现金 200 元，其账户记录便是：

库存现金账户

左栏	右栏	余额
200.00		

例：企业支出材料款现金 100 元，其账户记录便是：

库存现金账户

左栏	右栏	余额
200.00		
	100.00	

通过这样连续不断的记录，就可以把因经济业务的发生而导致的现金的增减变动记录下来。

为什么规定现金的增加记在左边而减少记在右边呢？这完全是大家一个约定的问题。如果反过来记，从理论上说也是完全可以的。反正一个账户就是两栏，如果右边记现金的增加，那就在账户的左边记它的减少。但是在实际工作中，不能反过来记，为什么？学完了“借贷记账法”，我们就知道了。

第二节 借贷记账法

实际上，我们看到的账户，这两栏不称“左边”“右边”，而是叫作“借方”“贷方”。关于叫什么，它是由你采用的记账方法决定的。如果你使用的是增减记账法，两栏就称“增方”“减方”；如果你使用的是收付记账法，则两栏就称“收方”“付方”。国际上通用的是借贷记账法，所以左右两栏就称为“借方”“贷方”了。

借贷记账法属于复式记账法。复式记账法出现以前，人们使用的是单式记账法。单式记账法方法很简单，但是不科学。比如企业今天卖掉了一件商品，收到货款 100 元，我们只在现金账户的左边一栏（记右边一栏也行，那减少的时候就记左边）记录 100 元。至于这 100 元是从哪里来的，我不记。这钱是售出货物得到的货款，还是借来的钱，还是谁借的还回来的钱，一概不反映。然后，我花掉 60 元买了原材料验收入库，我在右边一栏计入 60 元，完了。这里只反映了现金的减少，不反映减少的现金哪里去了。买了原材料，你没记，材料没了，你知道？谁借去了，你不记，到时候向谁要？买了日常用品了，你没记，月末怎么算利润。自打有了会计这个工作，人们就这样记，一直持续了很多年。一直到公元 14 世纪左右，那时候的欧洲正是资本主义萌芽蓬勃发展时期。在意大利的很多城市共和国，例如威尼斯、热那亚等，由于手工工场主扩大生产规模的需要，因为扩大生产规模可以雇用更多的工人从而获得更多的剩余价值，所以，很多手工工场主都需要钱。在如此旺盛的资本需求当中，产生了一个新的市场增长点，那就是借贷资本。如果我把社会上的许多闲散资金借进来，然后把它贷给那些需要钱的人，我可以从中赚取高额利息。于是，我今天我从张三那里借进来 100 元钱，我的现金增加了，我记账，用老办法，在现金账户的左边记入 100 元。后来一琢磨，不行，只记现金增加，不记钱从哪里来的，不行，要是借多了，将来是笔糊涂账，于是，我就再开设个账户，账户名就叫张三。然后把账户的左边一栏改名叫借方，右边一栏叫贷方，我的现金增加了，因为是借进来的，就记借方，钱是张三贷给我的，就记张三账户的贷方。于是就这样：

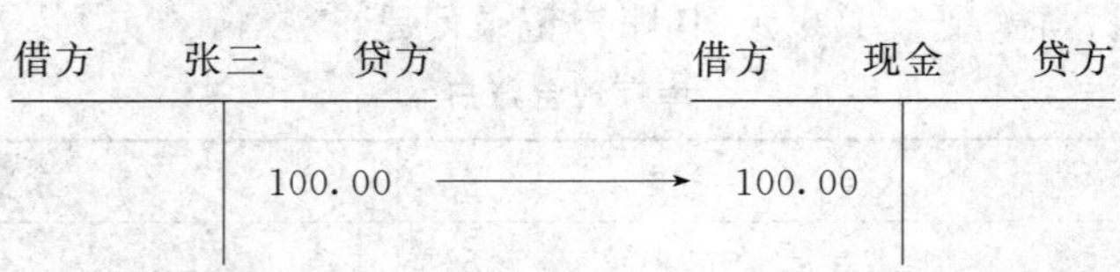

这样一记，对经济业务的反映就非常清楚了。我借进来了 100 元，是张三贷给我的。这就是最早的借贷记账法。不过你是否注意到张三这个账户，用现在话讲就是企业负债类的账户，负债的增加从一开始就是记在负债类账户的贷方。所以那种认为一个账户的借方一定是记这个账户所核算的那个内容的增加，贷方一定记这个账户所核算的那个内容的减少，是不对的。再往下，我拿出 60 元贷给了李四。既然现金增加了记借方，那么贷出去就是减少，就记入现金账户的贷方，同时，再开设个账户叫李四，其账户也是左借右贷，于是这样记：

借方　现金　贷方

借方	贷方
100.00	60.00
40.00	

→

借方　李四　贷方

借方	贷方
60.00	

这样一记，对经济业务的反映就非常清楚了。我贷出去了 100 元钱，是李四借去了。说到这里，你会讲，你看现金账户，借方所记就有借入的意思，贷方所记就有贷出的意思。是的，最早的借贷记账法当仅仅用来反映借贷资本进出的时候，借方有借入的意思，贷方有贷出的意思，后来随着经济业务的发展越来越复杂，账户需要反映的不仅仅是借贷资本的进出，还要反映其他资产、其他负债、业主权益以及损益等会计要素的增减变动，借入贷出的意思也就没有了。比如，我从剩余的 40 元里拿出 30 元买了原材料。原材料增加了，你说记账户的哪一方？但从借入贷出的意义上来讲，记哪边都不合适。所以，我们只能规定原材料增加了记借方这一栏，于是这样记：

借方　现金　贷方

借方	贷方
	30.00

→

借方　原材料　贷方

借方	贷方
30.00	

在这里，现金账户所记 30 元，并无贷出的意思；原材料账户所记 30 元，也无借入的意思。在这里，借方和贷方仅仅当作了指明账户方向的两个符号。在一个账户里，如果约定增加了记借方，那减少了就记贷方，如果我们约定增加了记贷方，那减少了就记借方。反正一个账户就是两栏，一栏记增加，另一栏就记减少，就两种规定，怎么规定都行。但是，不能一个单位一个规定，如果那样的话，我们的整个会计行业而言，记账方法就会混乱不堪，谁也看不懂谁的账了。

这就是借贷记账法。借贷记账法的出现，标志着复式记账法的诞生。复式记账法就是对发生的每一笔经济业务，都以相等的金额，在两个或两个以上的相互联系的账户中进行登记，以便完整地反映出经济业务发展的来龙去脉。复式记账法包括增减记账法、收付记账法和借贷记账法。我国财务制度规定，企业需采用借贷记账法。借贷记账法有两个特点：

(1)把“借方”和“贷方”当成是指明账户方向的两个符号。

(2)记账时，一定是“有借必有贷，借贷必相等”。

如果借方贷方仅仅是指明账户方向的符号，那么，这两个符号就是可以用别的符号代替的，比如，我们把左边一栏改称叫“男方”，右边一栏改称叫“女方”，你说行不行？我说也行。在这里，男方没有别的意思，就是指账户左边这一栏，女方在这里也没别的意思，就是指账户的右边这一栏。跟男女没关系，也没有增加或减少的意思。这样一改，记账规则也就跟着改了，成了“有男必有女，男女必相等”。若改称“爸爸”“妈妈”也行，“爸爸”，只是指账户左边这一栏，“妈妈”只是指账户右边这一栏，和爸爸妈妈没有啥关系。记账规则也就成了“有爸必有妈，爸妈必相等”。不过不能这样改，因为这样一改，就把老外弄糊涂了，600 余年以来，他们习惯于把左边称“借方”，右边称“贷方”。跟国际会计制度接轨，我们也就只能跟着人家喊“借方”“贷方”了。

“有借必有贷，借贷必相等”的意思是如果我们在一个或几个账户的借方记了，一定会同时在一个或几个账户的贷方记，而且金额相等。例如，企业用银行存款 2 500 元购材料验收入库，一方面在原材料账户的增加方也就是借方记 2 500 元，一方面在银行存款账户的减少方也就是贷方记 2 500 元，把原材料的增加和银行存款的减少记录下来。再如企业用现金发工资 3 万元，一方面记入应付职工薪酬账户的减少方也就是借方 3 万元，一方面记入现金账户的减少方也就是贷方 3 万元，由此把现金的减少和负债的减少记入下来。

那么，到底哪些账户增加了记借方而减少记贷方，哪些账户是反过来记的，增加了记贷方而减少记借方？借贷记账法下，记账方向的规定会给出答案。

第三节　记账方向

账户记账方向的规定是按照账户的不同类别规定的。

一、资产类账户

凡是资产类账户，一律规定为：增加了记借方，减少了记贷方。

我们用 T 形账来表示：

借方　　资产类	贷方
增加	减少

为什么这样规定？有什么道理？没道理，规定而已。且多少年来，大家约定成俗。你说反着记行不行，凡是资产类账户，增加了记贷方，减少了记借方，行不行？当然行，还是那句话，一栏记增加，另一栏就记减少。只是不能反过来记，为什么？你一改，别人就看不懂了。除非大家一起改。这么些年大家都是这样记的，改也没啥意思，所以，你就这样记吧。

然后，我们讨论资产类账户的余额问题。为什么要讨论余额呢？因为资产类的余额是反映某一时点企业财务状况的重要财务信息，要定期在资产负债表上报告的。一般情况下，资产类账户月末是有余额的。到了月末，你的现金全部花掉了？原材料全部用光了？应收账款全部收回了？不太可能。只要它还有，账上就会有余额。而且，除了像坏账准备、累计折旧等个别备抵账户外，如果有余额，基本都是借方余额（往来账户不一定）。以库存现金为例，本月共发生两笔经济业务，收进来 100 元，支出去 90 元，余额就是 10 元，这样记：

借方	库存现金	贷方
100.00		90.00
10.00		

我们就称这个余额叫“借方余额”，且库存现金无论如何不会出现贷方余额，即使这个余额再小。若收进来现金 100 元，支出去 99 元，余额是 1 元，这样记：

借方	库存现金	贷方
100.00		90.00
1.00		

还是借方余额，而不会出现贷方余额。除非发生这样的情况：收进来 100 元，花出去了 101 元，这样记：

借方	库存现金	贷方
100.00		101.00
		1.00

余额就会出现在贷方，但这是不可能的，因为你收进来的是 100 元，不可能支出 101 元。所以，不管什么类别的账户，余额的方向其实是有规律的，即一般出现在增加方，是增加额减掉减少额后余下的数。

余额的方向决定了余额的性质，这很重要。资产类账户如果出现借方余额，说明它仍然是企业的一项资产，要在资产负债表左边资产方面的某个项目后边去反映。特殊情况下，有的账户会出现贷方余额，余额的性质马上就变了，说明这个数所代表的不再是企业的资产，是企业的负资产，甚至变成企业的负债了。有的在资产一边用“—”填列，有点直接反映到负债那边某个项目的里头。

我们再继续研究这个情况。

借方	库存现金	贷方
100.00		90.00
1.00		

我们把其中借方所记 100 元叫这个账户的本期借方增加额，把贷方所记 99 元叫这个账户的本期贷方减少额，余额 1 元叫这个账户的本期借方余额。请注意这三个数字在实际账户中的位置。按道理应该这样记：

借方	贷方
100.00	99.00
1.00	

余额 1 元钱落在了借方，一看就知道是借方余额。但是不能这样表达，因为资产类

账户的借方是记增加额的，如果把余额直接写在了借方，就容易和增加额混淆。你说这1元钱是余额还是增加额？所以，为了避免与增加额混淆，我们在两栏之外又增加了一栏，叫余额栏，专门用于表达余额的。月末余额计算出来后，应将余额写在余额一栏，但是千万不要忘记在指明余额方向的地方写上一个“借”字，说明该余额是从借方转过来的余额，说明它还是企业的一项资产，在资产负债表里仍然是以一项资产反映出来。

借 方	贷 方	借或贷	余 额
100.00			
	99.00	借	1.00

另外，我们再看，资产类账户上个月也有余额，这个月月初，就要把上个月的月末余额转成这个月的月初余额，余额仍然要记在余额栏，前边要写一个“借”字，再有增加记借方，再有减少记贷方，月末算出新的余额，写在余额栏，前边写一个“借”字，以指明余额的方向。若4月末余额是2元，5月份收进现金100元，支出去99元，5月份月末余额是3元，则表达方式是：

借 方	贷 方	借或贷	余 额
		借	2.00
100.00			
	99.00		
		借	3.00

一个完整的账户记录是：

总分类账

科目名称：库存现金

2016年		凭证		摘要	借 方	贷 方	借或贷	余额
月	日	种类	号数					
5	1			月初余额			借	2.00
	×	×	×	收到	100.00			
	×	×	×	支付		99.00		
	31			本期发生额及月末余额	100.00	99.00	借	3.00

我们把月初的2元叫作本期期初借方余额，100元叫作本期借方增加额，99元叫作本期贷方减少额，3元叫作本期期末借方余额。凡属于资产类账户都要表示出如下财务信息：

1. 这项资产的月初数是多少？
2. 这项资产的本月增加数是多少？

3. 这项资产的本月减少数是多少?

4. 这项资产的月末数是多少?

然后把这个月末数报告到资产负债表上去。这个3元钱,是企业货币资金的期末数,要报告给业主和管理者:在全部资产里边,属于流动性最强、购买能力最强、偿债能力最强的货币资产,企业还有多少,你可得做到心中有数。于是,你在资产负债表的资产货币资金项目之后"期末数"一栏填上3元,就可以了。前面讲过,会计记来算去,无非就是为了报账,编制报表就是报账。报出的财务信息会成为管理者认识和管理企业的依据。

上述账户中的四个数字信息的数学关系:

期初借方余额+本期借方增加额-本期贷方减少额=期末借方余额

即:2元+100元-99元=3元

二、负债类账户

凡是负债类账户,一律规定为增加了记贷方,减少了记借方。

我们用T形账来表示:

借方 负债类	贷方
减少	增加

为什么这样规定?有什么道理?没道理,规定而已。且多少年来,大家约定成俗。你说反着记行不行,凡是负债类账户,增加了记借方,减少了记贷方,行不行?当然行,还是那句话,一栏记增加,另一栏就记减少。只是不能反过来记,为什么?你一改,别人就看不懂了。除非大家一起改。这么些年大家都是这样记的,改也没啥意思,所以,你就这样记吧。

然后,还是讨论余额的问题。想想看,企业的负债月末有没有余额。你借的银行的借款全还了?欠供应商的货款全还了?欠职工的工资都发了?这个月的税费交清了?肯定不会。那么余额的方向呢?比如,5月5日,企业购材料100元,材料验收入库,货款未付。5月25日,归还货款90元。我们这样记账:

借方 应付账款	贷方
90.00	100.00
	10.00

你看,期末余额在贷方。即便是这个余额再小,也是贷方余额。假如偿还的是99元余额是1元钱,也是贷方余额。

借方 应付账款	贷方
90.00	100.00
	1.00

这表明,这还是企业的一项债务,要到资产负债表负债部分的有关项目中去反映。

我们对这三个数字的称呼：贷方所记叫本期贷方增加额，借方所记叫本期借方减少额，余额1元叫期末贷方余额。按道理在账户里应该这样表示：

借方	贷方
99.00	100.00
	1.00

余额1元落在了100元的下边，一看就是贷方余额。但是不能这样表达，因为负债类账户贷方是记增加额的，如果把余额直接写在了贷方，就容易和贷方的增加额混淆，这个1元钱，是又欠的货款还是余额？所以，为了避免和增加额混淆，我们同样在两栏之外再增加一栏，叫余额栏，专门用来记录表达余额的。到月末，将余额算出来之后就填在余额栏。像这个1元钱，填在余额栏，但是一定要在表达余额方向的一栏写上一个“贷”字，表示这个余额是从贷方转过来的，依然是企业的一项债务，要在资产负债表负债的有关项目中反映。另外，我们再看，负债类账户上个月也可能有月末余额，这个余额转化成这个月的月初余额，也要进行账务处理，把上个月的期末余额2转换成5月份的期初余额。假若本月又欠供应商100元货款，这个月最后还了99元，月末还有3元未尝还。我们就这样记：

借方	贷方	借或贷	余额
		贷	2.00
	100.00		
99.00			
		贷	3.00

我们把其中的2元，叫作本期期初贷方余额，100元叫作本期贷方增加额，99元叫作本期借方减少额，3元叫作本期期末贷方余额。凡是负债类账户每个月都要表达出如下四个财务信息：

1. 这项债务的月初数是多少？
2. 这项债务本月又增加了多少？
3. 这项债务又减少了多少？
4. 这项债务月末还剩下多少没有偿还？

然后把这个月末尚未偿还数报告到资产负债表负债的有关项目上去。就负债类的账户而言，绝大多数一般情况下出现的余额都是贷方余额。当然，负债类账户里有些特殊一些的账户比如应付账款、预收账款、应付职工薪酬、应交税费等，有时候也会出现借方余额，一旦出现借方余额，其性质就不是企业的负债了，就变成了负负债或者是资产了。反映到资产表上的时候，有的要用“－”号反映，有的甚至要到资产那边有关项目中反映。

负债账户里的四个数字信息的数学关系：

期初贷方余额＋本期贷方增加额－本期借方减少额＝期末贷方余额

即:2 元＋100 元－99 元＝3 元

三、所有者权益类账户

所有者权益类账户,一律规定为:增加了记贷方,减少了记借方。

我们用 T 形账来表示:

借方	所有者权益类 贷方
减少	增加

所有者权益类账户记账法方向的规定和负债类是一样的。有什么道理?没有,规定而已。所有者权益类账户,不管是实收资本、资本公积还是盈余公积、本年利润,一般都有余额。例如实收资本,如果没有余额,就说明没有投资人了,企业也就不存在了。实收资本不仅有余额,而且还一定是贷方余额。例如张三向企业投资 20 万元,后来又收回资本 5 万元,我们这样记:

借方	实收资本 贷方
50 000.00	200 000.00
	150 000.00

余额在贷方,表示这还是一项所有者权益,要报告在资产负债表所有者权益的实收资本项目之下。资本公积、盈余公积若有余额,也是贷方余额。而本年利润和利润分配就不一定了。比如本年利润,如果本月的收入是 10 万元,而费用是 8 万元,结转损益之后则是:

借方	本年利润 贷方
80 000.00	100 000.00
	20 000.00

余额在贷方,是谓本月实现的利润。如果本月实现的收入是 100 000 元,而费用是 110 000 元,结转损益后则是:

借方	本年利润 贷方
110 000.00	100 000.00
10 000.00	

余额在借方,是谓本月发生的亏损。这一贷一借,性质就截然相反,贷方余额是利润,在资产负债表所有者权益部分的“未分配利润”项目后用正数反映,是所有者权益的增加;借方余额是亏损,则用“－”去反映,是所有者权益的减少。

四、成本类账户

我们在前一题讲会计六要素的时候说过，会计所记所算所报就是六大类，资产、负债、所有者权益、收入和费用，怎么现在又出现了个成本类。其实成本类账户本来属于资产类账户，为了突出工业企业生产成本的核算，我们把它从资产类里独立出来，叫"成本类"。因为它本来就是资产类，所以，它的记账方向规定和资产类是一样的。

即凡是成本类账户，一律规定为：增加了记借方，减少了记贷方。

我们用T形账来表示：

借方	成本类	贷方
增加		减少

然后就是讨论余额。现以工业企业常用的制造费用和生产成本为例，其余额的情况是：制造费用月末一般没有余额，而生产成本可能有也可能没有。

制造费用和生产成本为什么是资产类账户？制造费用为什么没有余额而生产成本为什么可能有可能没有？

根据与产品的制造的关系的密切程度不同，我们可以把生产费用分成直接费用和间接费用。所谓直接费用指的是那些直接地促进了产品生产的费用，它们和产品制造有着直接的因果关系。当发生这些费用时，产品才可以制造，如果不发生这些费用，则产品根本无法制造。想想看，在一个生产办公桌椅的车间，哪些费用属于直接费用？首先是所耗材料费用。做一张桌子，需要耗用300元的木料，这300元的材料费用即为直接费用，即我们常说的"巧妇难为无米之炊"的米。不消耗掉300元的材料，何以做出一张桌子。其次是支付给工人的工资，工人做一张桌子，要向他支付100元钱的工资，这100元钱的工资费用，就叫作直接人工费用。不发生这100元的直接人工费用，谁来把木料变成桌子。所谓间接费用，也就是会计上所讲的制造费用，它指的是那些间接地促进了产品生产的费用，它们和产品制造有着间接的因果关系。例如车间发生的管理人员的工资、办公费、水电费、招待费、差旅费、废品损失、大修理或季节性停工损失以及车间应分摊的固定资产折旧费等等，这些费用再高，也不意味着产品质量和数量也跟着提高，反之，尽量降低这些费用也不会意味就会降低产品的质量和数量。我们之所以把生产费用分成了间接费用和直接费用，就是为了方便对这些费用的考察，以提高企业的产品生产的质量。

所以，我们启用两个账户，来共同完成对整个产品生产过程的核算，一个是制造费用，一个是生产成本。制造费用账户是专门用来核算车间间接费用的，生产成本账户则是反映车间所加工的全部产品的全部生产费用、并据以计算产品成本的账户。这两个账户的使用方法，也就是产品生产过程的核算是会计学习中的难点，我们现试图从一个最简单的例子入手来初步了解一下生产过程的核算问题。首先说明生产过程核算的思路：

1. 车间发生直接费用，直接记入生产成本账户。
2. 车间发生间接费用，先记入制造费用账户，月末，再转入生产成本账户。
3. 月末若有完工产品，需要将生产费用在完工产品和在产品之间进行分配，随完工产品验收入库，要将完工产品所分摊的生产成本，从生产成本账户转入库存商品账户。

举例：假如某企业只有一个车间，生产甲、乙两种产品。为了核算车间的间接费用，我们设置了制造费用账户（明细账省略）；为核算总的生产费用，我们设置了生产成本总账并为甲、乙产品设置了各自的生产成本明细账。

本月发生下列经济业务，并登记入账。

1. 为制造甲、乙产品，领用材料 28 000 元，其中用于甲产品制造 16 000 元，用于乙制造 12 000 元。因该材料直接用于产品加工，属于直接材料费用，故直接记入生产成本总账及明细账。

2. 月末经统计：车间专门加工甲产品的工人应发工资 18 000 元；专门加工乙产品的工人应发工资 16 000 元；车间管理人员应付工资 6 000 元。工人工资属于直接人工费用，应直接记入生产成本总账并记入甲、乙产品的明细账；管理人员工资属于间接费用，应先记入制造费用账户。

3. 月末车间报销办公费 400 元，水电费 600 元，老保费 500 元，合计 1 500 元。三项费用均属于间接费用，先记入制造费用。

4. 本月为加工甲、乙两种产品共发生间接费用 7 500 元，根据谁受益谁承担的原则，7 500 元的间接费用应该由甲、乙产品分别承担。甲产品应分摊多少，乙产品应分摊多少，这就涉及到会计核算中经常遇到的一个问题：共用费用的分摊。比如购入两种或两种以上的材料公用运费的分摊；加工两种或两种以上产品的人工工资的分摊；和现在马上就要面临的完工产品和在产品共用生产成本的分摊，以及现在就要解决的甲、乙产品共用间接费用的分摊。平时算账用加减，费用分摊用乘除。用除法求分配率，用乘法求分配额。

分配率＝被分配额÷分配标准

分配额＝分配率×实际使用量

制造费用的分摊有多种标准可以选择，常用的是按工时进行分摊或按照产品所含人工工资进行分摊。如知道加工甲产品使用了 280 个工时，加工乙产品使用了 320 个工时，则分配率就可计算：

分配率＝7 500÷(280＋320)＝12.5(元)

12.5 元叫分配率，这个分配率的意思是每个工时应分摊的间接费用，或者是说不管加工甲产品还是加工乙产品，每提供一个工时的加工就要承担 12.5 元的间接费用。然后求分配额。

甲产品的分配额＝12.5×280＝3 500(元)

乙产品的分配额＝12.5×320＝4 000(元)

然后，将制造费用转入生产成本总账并记入甲乙产品的明细账。制造费用转入生产成本账户后，制造费用账户余额为零。制造费用账户为什么期末余额为零，因为平时将间接费用汇集在了该账户的借方，到了月末，将该账户的借方累计的间接费用根据谁受益谁承担的原则，分配给了有关产品的明细账并转入生产成本总账，制造费用账户上的发生额全部转走，故期末余额为零。

再来看看生产成本账户，由于先前所记仅仅是为生产产品而发生的直接费用，转入间接费用以后，就是为生产产品所发生的全部生产费用了。

甲产品全部成本是：

37 500（元）＝16 000（直接材料费用）＋18 000（直接人工费用）＋3 500（间接费用）

乙产品全部成本是：

32 000（元）＝12 000（直接材料费用）＋16 000（直接人工费用）＋4 000（间接费用）

5．假如甲产品本月投产 10 件，并全部加工完毕，验收入库，则应将其生产成本从生产成本账户转入库存商品账户。

6．假如乙产品投产了 20 件，完工 17 件，验收入库；在产品 3 件，留在车间下个月继续加工。

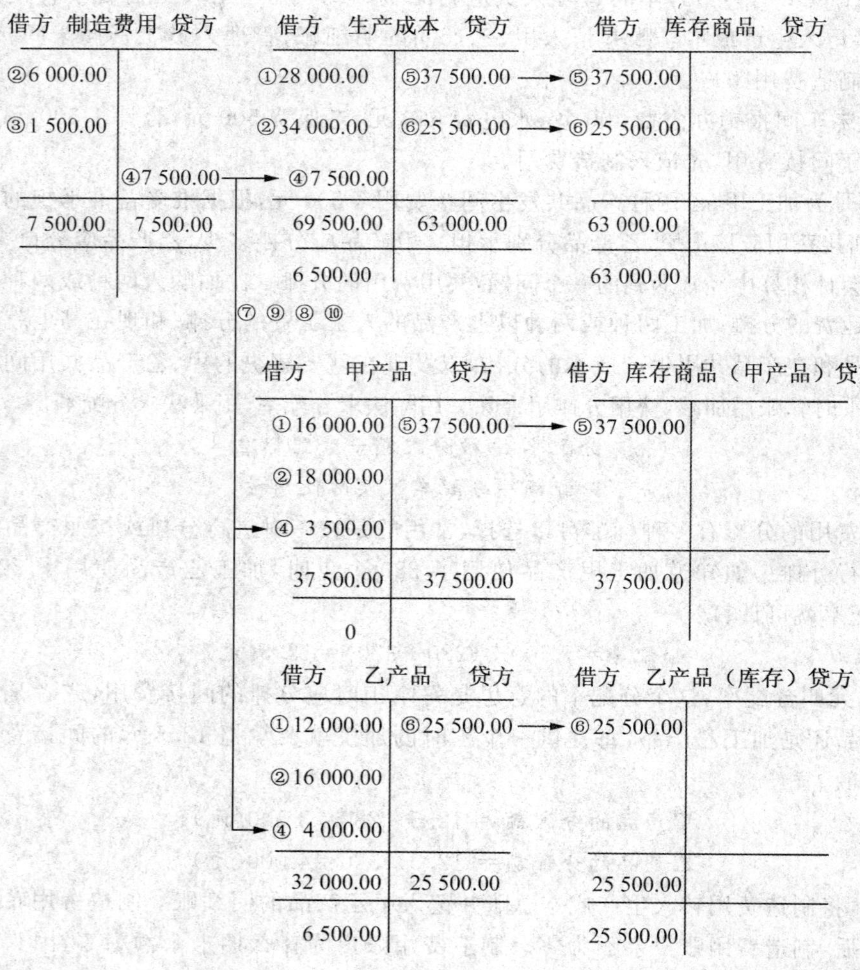

随着完工产品验收入库，我们也应该将完工产品的生产成本转入库存商品账户。但是，完工产品的成本是多少呢？这又涉及到共用费用的分摊问题。我们不知道完工产品的生产成本是多少，但是知道完工产品 17 件和在产品 3 件共同发生的生产费用是 3.2 万元。我们可以将 3.2 万元在两者之间进行分配。分配方法有数种，常用的有月末在产品标准成本法（方法简单，但是不尽合理）、约当产量法（合理，但是方法复杂）。我们利用其中一种方法进行了分配（方法一旦确定，不要随意更改），结果是月末在产品应分摊生产成本 6 500 元，完工产品应分摊 25 500 元。

我们按照上边所说的思路，完成了甲、乙产品生产成本的核算，有些地方，你会心存疑惑，比如，既然间接费用最终还是要转入生产成本账户，为什么不在发生的时候直接记入生产成本账户，还要先记在制造费用账户上，月末再转过去。其实，间接费用发生的时候，你的确可以直接记入生产成本账户，但是，因为间接费用的发生使得所有的在产品受益，所以，你必须在记入生产成本总账的同时，要分配记入各产品的生产成本明细账，你需要进行一次分配。而间接费用的发生是很频繁的，如果发生一笔跟着分配一笔，该项记账工作会变得不胜其烦，增大会计的工作成本。如果平时我们仅仅将发生的间接费用先汇集在制造费用账户的借方，月末一次分配，一次结转，问题就变得简单多了。所以，制造费用账户的设置，一方面可以独立地反映间接费用的发生情况，一方面又可以简化间接费用的记账工作，不必每发生一笔，就进行一次分摊。所以，制造费用这类账户，又叫作暂记型账户，它暂时把一个月的间接费用记下来，月末还是要分配给那些应该承担这些费用的账户。分配完毕之后，账户就没有余额了。

再比如，你说生产成本的构成就这么简单吗？差不多。从甲、乙产品的生产成本来看，我们发现每种所加工的产品，不管是一批还是一件，就其生产成本来看，就是三大块：

1. 这些产品耗用了多少材料费用？
2. 这些产品耗用了多少人工费用？
3. 这些产品分摊了多少间接费用？

我们称这三项叫作“三大成本项目”。任何产品的生产成本都是由这三项组成的。小到一枚针，大到一艘航空母舰，其成本都是由这三个成本项目组成的。

最后还是要落实到余额上。我们看到甲产品的生产成本明细账期末余额为零。在什么情况下，生产成本账户期末余额为零？当车间所加工的某种产品全部加工完毕验收入库了，其价值也随之由生产成本账户转入库存商品账户，生产成本的期末余额就是零，比如甲产品。在什么情况下，生产成本账户期末有余额？当车间所加工的某种产品既存在完工产品又存在在产品的情况下，完工产品的生产成本已经转入库存商品，而在产品留在车间继续加工，其价值也就留在了生产成本账户中，成为生产成本账户的期末余额，而且，这个余额一定是借方余额。这个借方余额所代表的就是那 3 件在产品的总价值。

既然生产成本是资产类账户，期末又有余额，这个余额在资产负债表怎么表示？你在资产负债表资产这边找找看看，有没有一个叫“生产成本”项目的，在它的“期末数”一栏你填上 6 500 元。你找不到，为什么？因为生产成本账户的期末余额实际上所指的就是那部分月末在产品，而在产品本来就是企业的一种存货。所以，放在存货里边反映就行可以了，不必单独反映。

作为月末在产品这种存货，有它自己的特点，从物质表现形态上来看，它远离了原材料,我们说它长的比原材料漂亮了,又没有达到完工产品的水平,还不如完工产品完美,是介于原材料和完工产品之间的中间形态的存货,存放地点在车间,而且,需要在资产负债表资产中的存货中反映。所以,我们开头就讲,成本类账户,其实就是资产类账户,因为它核算的就是资产中的在产品这种存货而已。而且,这种存货十分的重要,凝聚了企业员工的大量心血,我们希望最终将这些存货变成完美的完工产品。

这就是生产成本账户的期末余额是存货的道理。

假设:本月采购材料 60 000 元,其中 40 000 元验收入库;为加工产品领用库存材料 28 000 万元;车间为加工产品,共发生生产费用 69 500 元,完工产品验收入库,转入库存商品账户 63 000 元;本月售出库存商品 55 000 元。账户登记如下:

借方 在途物资	贷方
60 000.00	40 000.00
60 000.00	40 000.00
20 000.00	

借方 原材料	贷方
40 000.00	28 000.00
40 000.00	28 000.00
12 000.00	

借方 生产成本	贷方
28 000.00	
34 000.00	
7 500.00	63 000.00
69 500.00	63 000.00
6 500.00	

借方 库存商品	贷方
63 000.00	55 000 .00
63 000.00	55 000.00
8 000.00	

请问:月末,企业有几类存货,各存放在什么地方,各体现在哪些账户中,资产负债表中的存货应是多少?

回答:有三类存货,材料是一类,其中有 2 万元处在旅途之中,挂在在途物资账户上;另有 1.2 万元存放在仓库,挂在原材料账户上;在产品是一类,价值 6 500 元,存放在车间,挂在生产成本账户上;还有一类是有待于销售的完工产品,价值 8 000 元,存放在成品库,挂在库存商品账户上。企业的全部存货是:20 000+12 000+6 500+8 000=46 500(元),在资产负债表资产的存货项目上反映 46 500 元。

到此为止,我想告诉你的关于会计的基础知识,已经讲完一半了。也就是说,会计的一半工作,你都可以做了。我们试试看:以下是一个公司一个月的经济业务(不含与收入费用相关的内容),你利用已经了解的科目核算内容和知道的账户记账方向的规定,和期末余额在资产负债表上的反映方法,做做看。

例:×××有限责任公司,2016 年 5 月 1 日,资产、负债和所有者权益期初余额如下:

资产		负债和所有者权益	
库存现金	25 000.00	短期借款	50 000.00
银行存款	107 000.00	应付票据	20 000.00
交易性金融资产	55 000.00	应付账款	30 000.00
应收票据	27 000.00	应付职工薪酬	58 000.00
应收账款	38 000.00	应交税费	24 000.00
其他应收款	2 000.00	其他应付款	16 000.00
在途物资	9 000.00	实收资本	4 000.00
原材料	50 000.00	资本公积	500 000.00
生产成本	48 000.00	盈余公积	15 000.00
库存商品	121 000.00	本年利润	30 000.00
固定资产	310 000.00	利润分配	45 000.00
合计	792 000.00	合计	792 000.00

2016 年 5 月份发生下列经济业务，并立即进行了账务处理。

1.5 月 1 日，车间为生产产品，领用原材料 35 000 元。

为生产产品领用原材料，属于车间的直接材料费用，应直接记入生产成本账户，材料的耗用意味着所加工的产品的生产费用增加，应记入生产成本账户的借方；库存材料领用后，原材料减少，应记入原材料账户的贷方。

借：生产成本　　　35 000.00

　贷：原材料　　　　35 000.00

2.5 月 3 日，用银行存款偿还所欠供应商货款 14 000 元。

记录企业所欠货款的账户是应付账款，货款归还，意味着应付账款减少，负债类账户，减少了记借方；同时，因为用银行存款归还的，银行存款减少了，记入银行存款账户的贷方。

借：应付账款　　　14 000.00

　贷：银行存款　　　14 000.00

3.5 月 5 日，收到某单位评估价值为 160 000 元的投资设备。

收到设备，固定资产增加，固定资产属资产类账户，增加了记借方；同时，所有者在企业里的权益也随之增加，因为是投资，应由实收资本来核算，实收资本属于所有者权益类账户，增加了记贷方。

借：固定资产　　　160 000.00

　贷：实收资本　　　160 000.00

4.5 月 10 日，用银行存款交纳税费 22 000 元。

所欠税费已经交纳，应交税费负债减少，应交税费负债类账户，减少了记借方；同时，银行存款也减少了，资产类账户，减少了记贷方。

借：应交税费　　　　22 000.00

　贷：银行存款　　　　22 000.00

5.5月15日，用银行存款53 000元支付职工工资。

所欠职工已经支付，应付职工薪酬这项负债减少了，应付职工薪酬属于负债类账户，减少了记借方；因为是用银行存款支付的，银行存款也减少了，银行存款属于资产类账户，减少了记贷方。

借：应付职工薪酬　　　　53 000.00

　贷：银行存款　　　　53 000.00

6.5月18日，从银行提现金5 000元备用。

现金放置出纳处保管使用，库存现金增加，库存现金资产类账户，增加了记借方；同时，银行存款减少，同样是资产类账户，减少了记贷方。

借：库存现金　　　　5 000.00

　贷：银行存款　　　　5 000.00

7.5月25日，在途材料8 000元验收入库。

材料验收入库，原材料增加，原材料是资产类账户，增加了记借方；同时，在途物资减少，在途物资资产类账户，减少了记贷方。

借：原材料　　　　8 000.00

　贷：在途物资　　　　8 000.00

8.5月20日，某职工预借差旅费3 000元。

职工将现金借走，企业债权增加，此债权既与日常经营活动无关，有与商品交易无关，所以应通过其他应收款核算，其他应收款属于资产类账户，增加了记借方；同时，库存现金减少，记贷方。

借：其他应收款　　　　3 000.00

　贷：库存现金　　　　3 000.00

9.5月22日，收回客户所欠货款13 000元存入银行。

货款存入银行，银行存款增加，记借方；收回货款，债权减少，也就是应收账款减少，应收账款属于资产类，减少了记贷方。

借：银行存款　　　　13 000.00

　贷：应收账款　　　　13 000.00

10.5月25日，购入材料17 000元，验收入库，货款未付。

材料入库，原材料增加，记借方；货款未付，应付账款增加，记贷方。

借：在途物资　　　　17 000.00

　贷：应付账款　　　　17 000.00

11.5月31日，偿还银行短期借款10 000元，用银行存款支付。

偿还借款，短期借款债务减少，负债类账户，减少了记借方；同时，企业银行存款减少，记贷方。

借：短期借款　　　　10 000.00

　贷：银行存款　　　　10 000.00

12.5 月 31 日，车间发生办公费、水电费、电话费等，共计 4 000 元，用现金支付。

上述费用均属于车间的间接费用，应先记录制造费用账户的借方；因为用现金支付，库存现金减少，记贷方。

借：制造费用　　　　4 000.00

　贷：库存现金　　　　4 000.00

13.5 月 31 日，经统计，车间工人应发工资 49 000 元，车间管理人员应发工资 15 000元。

工人工资是直接人工费用，应直接记入生产成本账户，管理人员工资属于间接费用，先记入制造费用账户；工资费用合计 64 000 元，未实际支付，即意味着从 5 月 31 日开始，企业产生了一笔对职工的债务，即所欠工资 64 000 元，应由应付职工薪酬核算，应付职工薪酬，负债类账户，增加了记贷方。

借：生产成本　　　　49 000.00

　　制造费用　　　　15 000.00

　贷：应付职工薪酬　　　　64 000.00

14.5 月 31 日，月末结转制造费用。

即把本月车间产生的间接费用，由制造费用账户转入生产成本账户，以便于在生产成本账户中完整地反映本月所加工的产品的实际成本。制造费用增加记借方，转出是谓减少，记贷方。转入生产成本账户，是谓生产成本增加，记借方。

借：生产成本　　　　19 000.00

　贷：制造费用　　　　19 000.00

15.5 月 31 日，完工产品 100 件加工完毕验收入库，应分摊生产成本 116 000 元。

完工产品验收入库，库存商品增加，库存商品，资产类账户，增加了记借方；同时，随完工产品离开车间，生产成本减少，成本类账户，减少了记贷方。

借：库存商品　　　　116 000.00

　贷：生产成本　　　　116 000.00

上述会计分录登记入账：

借方	库存现金	贷方
期初 25 000.00		
⑥5 000.00		⑧3 000.00
		⑫4 000.00
5 000.00		7 000.00
期末 23 000.00		

借方	短期借款	贷方
		期初 50 000.00
⑪10 000.00		
10 000.00		
		期末 40 000.00

银行存款

借方	贷方
期初 107 000.00	
⑨13 000.00	②14 000.00
	④22 000.00
	⑤53 000.00
	⑥ 5 000.00
	⑪10 000.00
13 000.00	104 000.00
期末 16 000.00	

应收票据

借方	贷方
	期初 20 000.00
	期末 20 000.00

交易性金融资产

借方	贷方
期初 55 000.00	
期末 55 000.00	

应付账款

借方	贷方
	期初 30 000.00
②14 000.00	⑩17 000.00
14 000.00	17 000.00
	期末 33 000.00

应收票据

借方	贷方
期初 27 000.00	
期末 27 000.00	

应付职工薪酬

借方	贷方
⑤53 000.00	期初 58 000.00
	⑬64 000.00
53 000.00	64 000.00
	期末 69 000.00

应收账款

借方	贷方
期初 38 000.00	
	⑨13 000.00
	13 000.00
期末 25 000.00	

应交税费

借方	贷方
	期初 24 000.00
④22 000.00	
22 000.00	
	期末 2 000.00

其他应收款

借方	贷方
期初 2 000.00	
⑧3 000.00	
3 000.00	
期末 5 000.00	

其他应付款

借方	贷方
	期初 4 000.00
	期末 4 000.00

借方	在途物资 贷方
期初 9 000.00 1017 000.00	⑦8 000.00
17 000.00	8 000.00
期末 18 000.00	

借方	实收资本 贷方
	期初 500 000.00 ③160 000.00
	160 000.00
	期末 660 000.00

借方	原材料 贷方
期初 50 000.00 ⑦8 000.00	①35 000.00
8 000.00	35 000.00
期末 23 000.00	

借方	资本公积 贷方
	期初 15000.00
	期末 15000.00

借方	制造费用 贷方
⑫4 000.00 ⑬15 000.00 19 000.00	⑭19 000.00 19 000.00
期末 0	

借方	盈余公积 贷方
	期初 30 000.00
	期末 30 000.00

借方	生产成本 贷方
期初 48 000.00 ①35 000.00 ⑬49 000.00 ⑭19 000.00	⑮116 000.00
103 000.00	116 000.00
期末 35 000.00	

借方	本年利润 贷方
	期初 60 000.00
	期末 60 000.00

借方	库存商品 贷方
期初 121 000.00 ⑮116 000.00	
116 000.00	
期末 237 000.00	

借方	固定资产 贷方
期初 310 000.00 ③160 000.00	
160 000.00	
期末 470 000.00	

账记完了，不要急着划钱结账，要看看做凭证和记账的过程中有没有错误。我们讲过，不管经济业务如何发生，只要记账记对了，那就总是：资产＝负债＋所有者权益。我们利用这个恒等关系，做一张试算平衡表看看，记过账之后的资产还等于不等负债和所有者权益之和。若相等，则说明基本没问题，若不相等了，则说明一定是哪里做错了。

试算平衡表

2016 年 5 月

账户名称	期初余额		本期发生额		期末余额	
	借方	贷方	借方	贷方	借方	贷方
库存现金	25 000.00		5 000.00	7 000.00	23 000.00	
银行存款	107 000.00		13 000.00	104 000.00	16 000.00	
交易性金融资产	55 000.00				55 000.00	
应收票据	27 000.00				27 000.00	
应收账款	38 000.00			13 000.00	25 000.00	
其他应收款	2 000.00		3 000.00		5 000.00	
在途物资	9 000.00		17 000.00	8 000.00	18 000.00	
原材料	50 000.00		8 000.00	35 000.00	23 000.00	
生产成本	48 000.00		103 000.00	116 000.00	35 000.00	
库存商品	121 000.00		116 000.00		237 000.00	
固定资产	310 000.00		160 000.00		470 000.00	
制造费用			190 00.00	19 000.00		
短期借款		50 000.00	10 000.00			40 000.00
应付票据		20 000.00				20 000.00
应付账款		30 000.00	14 000.00	17 000.00		33 000.00
应付职工薪酬		58 000.00	53 000.00	64 000.00		69 000.00
应交税费		24 000.00	22 000.00			2 000.00
应付股利		16 000.00				16 000.00
其他应付款		4 000.00				4 000.00
实收资本		500 000.00		160 000.00		660 000.00
资本公积		15000.00				15 000.00
盈余公积		30000.00				30 000.00
本年利润		45000.00				45 000.00
利润分配						
合计	792 000.00	792 000.00	543 000.00	543 000.00	934 000.00	934 000.00

表中期初余额资产等于负债和所有者权益之和，没问题，因为是 4 月末平衡后没有问题才转成 5 月份期初余额的。表中本期发生额依据“有借必有贷，借贷必相等”的原则记账，如果没错，自然也应该是所有账户借方所记金额等于所有账户贷方所记金额。如上述两个方面均无问题，则经过记账之后已经变化了的资产总额应等于变化了以后的负债和所有者权益之和。从表中看，本月记账可能没有大问题。当然，试算平衡也并非就一定说明记账没错，其实有些错误的发生不妨碍等式的平衡，比如用错账户了，借贷方所记金额出现相同的错误，记账遗忘或重复记账，并不影响等式的平衡，但是，账确实记错了。所以，即便是平衡了，还是要反过头来逐笔地想想看看，有没有刚说的情况存在。当然，如果不平衡，则说明记账一定是出错了，先改错，后结账，然后编报表。

依据试算平衡表计算出来的各账户的期末余额，我们就可以编制资产负债表了。以下是 2016 月 5 月 31 日的资产负债表：

资 产 负 债 表

单位名称：×××有限责任公司　　2016 年 5 月 31 日　　单位：元

资产	年初数	期末数	负债和所有者权益	年初数	期末数
流动资产：			负债：		
货币资金		39 000.00	短期借款		40 000.00
交易性金融资产		55 000.00	应付票据		20 000.00
应收票据		27 000.00	应付账款		33 000.00
应收账款		25 000.00	应付职工薪酬		69 000.00
其他应收款		5 000.00	应交税费		2 000.00
存货		313 000.00	应付股利		16 000.00
流动资产合计		464 000.00	其他应付款		4 000.00
固定资产：			负债合计		184 000.00
固定资产原价		470 000.00	所有者权益：		
减：累计折旧			实收资本		660 000.00
固定资产合计		470 000.00	资本公积		15 000.00
			盈余公积		30 000.00
			未分配利润		45 000.00
			所有者权益合计		750 000.00
资产总计		934 000.00	负债和所有者权益总计		934 000.00

五、收入类

收入类账户的记账方向的规定：即凡是收入类账户，一律规定为：增加了记贷方，减少了记借方。

我们用 T 形账来表示：

借方	收入类	贷方
减少		增加

为什么要这么记，还是规定而已。当然从所有者权益的角度来看，收入类账户增加了记贷方还是有点道理的，因为收入的增加意味着利润的增加，利润增加又意味着所有者权益增加，所有者权益类账户增加了记贷方，那么收入的增加就应该记在同一个方向。

然后就是余额的问题。我们设置收入类账户的目的就是为了记录收入的发生额，并据以进行利润核算，在进行利润核算时，有两种方法可以选择，即表结法和账结法。大部分企业采用的是账结法。在账结法下，收入类账户没有余额。收入发生后，我们会记在收入类账户的贷方，到了月末，这些记录在贷方的发生额哪里去了？账结法下，收入类账户的期末余额为何为零？

六、费用类

我们再来看看费用类账户的记账方向的规定：即凡是费用类账户，一律规定为：增加了记甲方，减少了记贷方。

我们用 T 形账来表示：

借方	费用类	贷方
增加		减少

为什么要这么记，规定而已。若从所有者权益的角度来看，费用类账户增加了记甲方还是有点道理的，因为费用增加，利润就减少，利润属于所有者权益，所有者权益类账户减少了记借方，费用增加就是所有者权益减少，所以应该记在同一个方向。

然后就是余额的问题。我们设置收入类账户的目的就是为了记录收入的发生额，并据以进行利润核算。在采用账结法进行利润核算时，与收入类账户一样，费用类账户同样是期末余额为零。费用发生了记借方，记来记去，这些费用哪里去了？为什么费用类账户期末余额为零？或者说是没有余额？

我们把收入和费用放在一起，用一个例子来说明：为什么这两类账户期末没有余额。

假如企业有库存商品甲产品 100 件，每件的制造成本是 1 200 元，售价是 2 100 元，用于制造甲产品的材料是 A 材料，库存 50 公斤，每公斤成本是 60 元。销售工作从 5 月 1 日开始。同时假设先不考虑增值税的问题。

1.5 月 1 日，销售甲产品 100 件，应收货 210 000 元，通过银行转账支票收取货款 200 000元，另 10 000 元，客户暂欠。

收到转账支票存入银行，银行存款增加，记借方；未收回的部分货款，属于公司债权，应收账款增加，也记借方；导致银行存款和应收账款增加的原因是因产品销售所实现的经济利益的流入，因为产品的所有权已经转移给了客户，应当确认主营业务收入已经实现。主营业务收入，增加了记贷方。

借：银行存款　　　　200 000.00
　　应收账款　　　　10 000.00
　贷：主营业务收入　　　210 000.00

注意：收入与费用，我们记账的原则是"两头记账"，就是记了收入以后应该跟着记有关费用，因为只记收入不记费用，就无法确定利润。也就是说，我们在做了上述凭证确认了主营业务收入后，还要确定主营业务成本是多少。但是，如果每确认一次收入就要确认一次费用，那，我们的会计工作就会变得非常复杂，所以，在实际工作中，我们的做法是有收入就记收入，费用呢？到月末一次性确认。

2.5月2日，支付广告宣传费1 200元。

广告宣传费属于销售费用，支付广告费，销售费用增加，费用类账户，增加了记借方；同时，库存现金减少，记库存现金账户的贷方。

借：销售费用　　　　1 200.00
　贷：库存现金　　　　1 200.00

3.5月5日，用现金购买办公用品1 200元，销售部门使用800元，行政管理部门使用400元。

销售部门使用，应计入销售费用，行政管理部门使用，应计入管理费用，费用类账户，增加了记借方；同时，计入库存现金账户的贷方。

借：销售费用　　　　800.00
　　管理费用　　　　400.00
　贷：库存现金　　　　1 200.00

4.5月7日，用现金支付银行结算手续费50元。

手续费，应有财务费用核算，财务费用增加，费用类，增加了记借方；库存现金减少，记贷方。

借：财务费用　　　　50.00
　贷：库存现金　　　　50.00

5.5月8日，销售产品时，发生运杂费600元，用现金支付。

为组织和销售本公司产品而发生的运杂费，属于销售费用，是销售费用的增加，记借方；库存现金减少，记贷方。

借：销售费用　　　　600.00
　贷：库存现金　　　　600.00

6.5月10日，用银行存款支付产品参展会费2 000元。

参展会费，属于销售费用，应计入销售费用账户的借方；银行存款减少，记贷方。

借：销售费用　　　　2 000.00

贷:银行存款　　　2 000.00

7.5 月 12 日,销售材料 30 公斤,每公斤 80 元,收到货款现金 2 400 元。

现金增加,库存现金记借方;销售材料,属于其他业务收入,其他业务收入,收入类账户,增加了记贷方。

借:库存现金　　　2 400.00

贷:其他业务收入　　　2 400.00

8.5 月 15 日,收到供应商交来违约金 500 元。

收到违约金,现金增加记借方;违约金,是公司的利得,属于营业外收入,营业外收入,收入类,增加了记贷方。

借:库存现金　　　500.00

贷:营业外收入　　　500.00

9.5 月 18 日,用现金支付行政管理部门招待费 1100 元。

支付招待费,管理费用增加,记借方;现金减少,库存现金记贷方。

借:管理费用　　　1 100.00

贷:库存现金　　　1 100.00

10.5 月 20 日,用现金支付差旅费 900 元,其中销售部门 550 元,行政管理部门 350 元。

上述两个费用应分别记入销售费用和管理费用账户,费用类账户,增加了记借方;同时,因现金减少,记库存现金账户的贷方。

借:销售费用　　　550.00

管理费用　　　350.00

贷:库存现金　　　900.00

11.5 月 23 日,为支持灾区重建,公司向红十字会捐赠 6 000 元,银行转账。

对外捐赠费用,属于营业外支出,费用增加,记借方;银行存款减少,记银行存款账户的贷方。

借:营业外支出　　　6 000.00

贷:银行存款　　　6 000.00

12.5 月 26 日,因持有某公司债券,收到对方发放的利息 3 000 元,存入银行。

因对外的投资所收到的利息或者是红利,都属于公司因投资所获得收入,应在投资收益中核算。投资收益,收入类账户,增加了记贷方;银行存款增加,资产类账户,增加了记借方。

借:银行存款　　　3 000.00

贷:投资收益　　　3 000.00

13.5 月 30 日,用现金支付水电费共计 1 500 元,其中销售部门使用 800 元,行政管理部门使用 700 元。

上述两个费用应分别记入销售费用和管理费用账户,费用类账户,增加了记借方;同时,因现金减少,记库存现金账户的贷方。

借:销售费用　　　　800.00

　管理费用　　　　700.00

　贷:库存现金　　　　1 500.00

14.5 月 31 日,用现金支付银行借款利息 480 元。

利息支出,属于财务费用,财务费用主要是核算公司当月发生银行结算手续费和借款利息。费用类账户,增加了记借方。

借:财务费用　　　　480.00

　贷:库存现金　　　　480.00

15.5 月 31 日,计算应付工资,其中销售部门应发工资 9 000 元,行政管理部门应发工资 6 000 元。

上述两个费用应分别记入销售费用和管理费用账户,费用类账户,增加了记借方;同时,应发工资并未实际发给职工,意味着从 5 月 31 日起,公司欠职工工资 15 000 元,公司负债增加,应计入应付职工薪酬账户的贷方。

借:销售费用　　　　9 000.00

　管理费用　　　　6 000.00

　贷:应付职工薪酬　　　　15 000.00

16.5 月 31 日,计提折旧。销售部门和行政管理部门因使用固定资产所分摊的费用分别是 2 500 元和 1 900 元。

上述两个费用应分别记入销售费用和管理费用账户,费用类账户,增加了记借方;同时,计入累计折旧的贷方。

借:销售费用　　　　2 500.00

　管理费用　　　　1 900.00

　贷:累计折旧　　　　4 400.00

17.5 月 31 日,月末结转已销售甲产品成本。已销售甲产品的成本是 12 000 元(1 200元×100 件)。

销售甲产品所获得收入已经确认并登记在了主营业务收入的贷方,所以,在月末一定要确认主营业务成本是多少,以便于通过收入和费用的对比来核算利润。同时,我们经常提到“结转”这个词,它的意思是将某项会计要素在一个账户中总结出来并转入到另外一个账号中。在这里,也即把已销售甲产品的成本在库存商品账户中计算出来,然后,把这部分已经销售掉的产品成本从库存商品账户的贷方转出,转入主营业务成本账户的借方,结转之后,资产会减少(实际上在销售发生时已经减少,只是有关账务处理放在月末而已)而费用增加,即库存商品减少,主营业务成本增加。登记入账后,即完成了资产转化成费用的账务处理。

借:主营业务成本　　　　120 000.00

　贷:库存商品　　　　120 000.00

18.5 月 31 日,月末结转已销售 A 材料成本。已销售材料成本是 1 800 元(60 元×30 公斤)。

和确认主营业务成本的道理是一样的。销售A材料所获得收入已经确认并登记在了其他业务收入的贷方，所以，在月末一定要确认其他业务成本是多少，以便于通过收入和费用的对比来核算利润。首先计算已销售材料的成本，然后将它从原材料账户转入其他业务成本账户。结转后，资产会减少(实际上在销售发生时已经减少，只是有关账务处理放在月末而已)而费用增加，即原材料减少，其他业务成本增加。登记入账后，即完成了资产转化成费用的账务处理。

借：其他业务成本　　　1 800.00

　贷：原材料　　　　　　1 800.00

19.5月31日，计算本月税金及附加费用是多少，并登记入账。

假定甲产品是消费品，税率为10%，且从价计征，则本月公司应交纳的消费税是21 000元，城建税是1 470元(税率7%)，教育费附件是630元(税率3%)。三者合计共23 100元，属于营业税金及附加这个费用，这个费用因为收入的实现而发生。费用类账户，增加了记借方，又因为这个税法该交而未交，公司负债增加，应记入应交税费账户的贷方。

借：营业税金及附加　　　23 100.00

　贷：应交税费　　　　　　23 100.00

20.5月31日，结转损益(转收入)。

为了核算利润，月末需要将各有关收入类账户的贷方发生额，转入本年利润账户，以便和转入的费用互相对比计算利润。收入类账户转出，就是账户上的收入减少，应记在账户的借方；转入本年利润账户，是本年利润账户上的利润增加，本年利润是所有者权益类账户，增加了记贷方。

借：主营业务收入　　　210 000.00

　其他业务收入　　　　2 400.00

　投资收益　　　　　　3 000.00

　营业外收入　　　　　　500.00

　贷：本年利润　　　　　　215 900.00

21.5月31日，结转损益(转费用)。

同时，将各费用类账户的借方发生额也转入本年利润账户。费用类账户增加了记借方，转出就是减少，减少了记贷方。转入本年利润账户，会导致本年利润账户上的利润减少，所有者权益类账户，减少了记借方。

借：本年利润　　　　　179 330.00

　贷：主营业务成本　　　　120 000.00

　　其他业务成本　　　　　1 800.00

　　营业税金及附加　　　　23 100.00

　　销售费用　　　　　　　17 450.00

　　管理费用　　　　　　　10 450.00

　　财务费用　　　　　　　　530.00

　　营业外支出　　　　　　6 000.00

将上述会计分录登记入账：

借方	主营业务成本 贷方
⑰120 000.00	㉑120 000.00
120 000.00	120 000.00
0	

借方	其他业务成本 贷方
⑱1 800.00	㉑1 800.00
1 800.00	1 800.00
0	

借方	营业税金及附加 贷方
⑲23 100.00	㉑23 100.00
23 100.00	23 100.00
0	

借方	销售费用 贷方
② 1 200.00	
③ 800.00	
⑤ 600.00	
⑥ 2 000.00	
⑩ 550.00	
⑬ 800.00	
⑮ 9 000.00	
⑯ 2 500.00	㉑17 450.00
17 450.00	17 450.00
0	

借方	管理费用 贷方
③ 400.00	
⑨ 1 100.00	
⑩ 350.00	
⑬ 700.00	
⑮ 6 000.00	
⑯ 1 900.00	㉑10 450.00
10 450.00	10 450.00
0	

借方	财务费用 贷方
④ 50.00	
⑭ 480.00	㉑ 530.00
530.00	530.00
0	

借方	营业外支出 贷方
⑪5 000.00	㉑5 000.00
5 000.00	5 000.00
0	

借方	本年利润 贷方
㉑178 330.00	⑳215 900.00
	37 570.00

借方	主营业务收入 贷方
①21 000.00	①210 000.00
210 000.00	210 000.00
	0

借方	其他业务收入 贷方
⑳2 400.00	⑦2 400.00
2 400.00	2 400.00
	0

借方	投资收益 贷方
⑳3 000.00	⑬3 000.00
3 000.00	3 000.00
	0

借方	营业外收入 贷方
⑳500.00	⑧500.00
500.00	500.00
	0

我们现在可以回答为什么收入类账户期末余额为零了：

因为收入类账户贷方所记收入经过减少方也就是借方已经全部转入本年利润账户的贷方；而费用类账户借方所记费用经过减少方也就是贷方已经全部转入本年利润账户的借方。两者均转至本年利润去进行对比计算利润去了。收入类账户上所记收入全部转走，费用类账户上所记费用全部转走，两类账户月末为零。

既然账都记了，干脆编制利润表吧。根据收入和费用的本月发生额，编制 2016 年 5 月份的利润表如下：

利润表

单位名称：××　　　　2016 年 5 月　　　　单位：元

项目	本期余额	上期余额
一、营业收入	212 400.00	
减：营业成本	121 800.00	
营业税金及附加	23 100.00	
销售费用	17 450.00	
管理费用	10 450.00	
财务费用	530.00	
资产减值损失		
加：公允价值变动收益		
投资收益	3 000.00	
二、营业利润	42 070.00	
加：营业外收入	500.00	
减：营业外支出	5 000.00	
三、利润总额	37 570.00	
减：所得税费用		
四：净利润		
五：每股收益		
（三）基本每股收益		
（四）稀释每股收益		

你是否注意到，财务核算简单地说就是两个板块的核算，一个是涉及到资产、负债和所有者权益。我们为每一个会计要素设置一个账户，记录其月初数是多少，本月又增加了多少，本月又减少了多少，月末的余额还剩多少，然后将其报告在资产负债表上，以便于将公司月末这一天的财务状况描述出来；另一个是涉及到收入和费用。我们也为每一

个会计要素设置一个账户，记录其本月的发生额是多少，月末将其报告在利润表上，以便于将本月的盈亏情况计算并表达出来。

如果我们将两部分合在一块，其实就是一个企业一个月的全部经济业务。

在第五章综合举例中，我们将利用原来资产、负债和所有者权益的期初余额，对本月发生的经济业务包括收入和费用等经济业务，将其数字稍加调整，以全景的方式展示一下企业本月的全部经济业务的技术处理过程，你就知道会计对全部经济业务是如何处理的了。

第三章

记账凭证

第一节　记账命令

对会计科目所核算的内容进行核算，即对这些会计要素增减变动进行记录并对变动结果进行反映，首先需要一个前提条件。财务会计最主要的特征就是只能对已经发生的经济业务记账、算账和报账。会计工作人员如何知道经济业务已经发生？会计工作人员是通过获得和审核原始凭证来加以确定。

什么是原始凭证？原始凭证就是经济业务发生的时，当时填制的各种凭单。我们每天都在和原始凭证打交道，例如：公司今天发生了一笔经济业务采购员张三用公司的银行存款购买了 3 000 元的 A 材料验收入库。在这笔经济业务的中，我们至少会得到如下三张原始凭证。

1. 开出转账支票的时候填制的并有销售方领取支票票头时签字的支票存根

农业银行

转账支票存根

Ⅴ Ⅶ10061117

科　　目　银行存款

对应科目　原材料

出票日期　2016 年 5 月 15 日

收款人：××××××××××××
金　额：¥3 000.00
用　途：＊＊＊＊＊＊＊＊＊

单位主管　赵刚　　会计　罗晓燕

2. 从对方公司获得的普通机打发票

××市国家税务局通用机打发票

发　票　联

发票代码:11100055457763

发票号码:06312457

开票日期:2016-05-15　　行业分类:零售业

机打代码:11100022536475　　机器编号:599956665214

机打号码:06355321　　税控码:01122548654752324632558

付款单位:×××××××××××××

品名	规格	单位	数量	单价	金额
方木		立方	1	3000.00	3000.00

大写金额:叁仟元整　　小写金额:¥3000.00

收款单位:×××××××××××××　　收款单位税号:0112542658742

备注:

开票人:×××　　发票密码:

3. 材料验收入库时填制的收料单

收 料 单

供货单位:(略)　　2016 年 5 月 15 日　　凭证编号:SW0001

发票编号:0001234　　收料仓库:×号

材料类别	材料编号	材料名称及规格	单位	数量		金额			
				应收	实收	单价	买价	运费	合计
A 材料	(略)	(略)	公斤	10	10	300.00	3 000.00		3 000.00

备注:

合计:3 000.00

仓库保管员:×××　　经手人:张三

原始凭证可以分成外来的原始凭证和自制的原始凭证。发票属于外来的原始凭证,支票存根和收料单属于自制的原始凭证。

原始凭证,不管外来的还是自制的,在会计工作中有两个非常重要的作用,一是证明经济业务已经发生，当我们看到上面这张发票、支票存根和收料单并经过审核认为是真实的，就可以认为公司实际支付了银行存款 3 000 元用于购买原材料，并且材料已经验收入库。二是说明经济业务是如何发生的。2016 年 5 月 15 日，公司用银行存款购买了 3 000元的原材料，材料已于当天验收入库，经济业务发生的结果是公司的银行存款为此减少了 3 000 元，而库存的原材料增加了 3 000 元。会计的职责是什么？就是随时把这些因经济业务的发生而造成的有关会计要素的变动在其有关账户中记录下了。记录这些变动所遵循的原则是经济业务发生时所表现出来的基本的规律，即：

任何一笔经济业务的发生至少要引起两项或两项以上的会计要素产生变动。而这种变动并不复杂，它只有两种变化倾向：或者是增加了，或者是减少了。

根据我们讲过的账户记账方向的规定，那么该笔经济业务就应该在原材料账户的借方和银行存款的贷方分别记 3 000 元。我们是不是因为手头有了三张原始凭证就可以这样记了？不行。我们的会计工作人员在账户的借方或是贷方记入一个数字，叫“过账”，又叫“登账”，一般叫“记账”。会计部门有分工，有的会计专门记账，但是这个会计要记账，需要先获得另外一位会计人员下达的记账命令，根据这个命令，他才能记账。这个命令就是制作一张记账凭证。在记账之前为什么要先制作记账凭证呢？制作记账凭证有两个作用：

一是利用会计语言将该笔经济业务的来龙去脉加以表述。例上例，以一般语言可以表达为“因为经济业务的发生，公司的原材料增加了 3 000 元，而银行存款减少了 3 000 元”，用会计语言则应表达为“在原材料账户的借方计入 3 000 元，在银行存款账户的贷方计入 3 000 元。”我们把这句话写在记账凭证上，就变成了这样一种格式化的会计语言：

记 账 凭证

2016 年 5 月 15 日　　　　凭证　　　号

摘要	科目	子细目	借方	贷方
	原材料		3 000.00	
	银行存款			3 000.00
合计			¥3 000.00	¥3 000.00

你会发现：制作一张记账凭证无非就是在这张记账凭证上写清楚：

1. 记账的账户名称
2. 记账的方向
3. 记账的金额

我们把这个叫作记账凭证“三要素”。

二是我们借此把这张记账凭证变成一个记账的命令并转达给记账的会计据以记账，因此，对记账的人员来讲，这就是他记账的一个依据，所以，我们把它叫作“记账凭证”。

记账命令，就是一张记账凭证。

然后，记账人员按照记账凭证的指令，找到有关账户进行登记：

原材料账户

年		凭证		摘要	借方	贷方	借或贷	余额
月	日	类	号					
					3 000.00			

银行存款账户

年		凭证		摘要	借方	贷方	借或贷	余额
月	日	类	号					
						3 000.00		

记账很简单，我们就叫它“比着葫芦画瓢”。但是要仔细，不要登错数字。

第二节　记账凭证种类

一、通用记账凭证

你所看到的记账凭证是众多样式的记账凭证的一种。

这种名为“记账凭证”的记账凭证，属于通用记账凭证。其基本格式是：

记 账 凭 证

年　月　日　　　　记字第　　号

摘　要	总账科目	明细科目	借　方	贷　方	记账
合计					

会计主管　　　记账　　　出纳　　　审核　　　制单

它适合于为所有经济业务制作记账命令，所以才称作“通用记账凭证”。我们只需要将需要记账的账户名称包括明细账的账户名称分别写在“总账科目”和“明细账”栏目，然后将所记金额分别写在借方贷方就可以了。

例：5 月 1 日，从工商银行借入短期借款 50 000 元存入公司农行基本存款户。制作凭证则为：

记 账 凭 证

2016 年 5 月 1 日　　　　记字第×号

摘　要	总账科目	明细科目	借　方	贷　方	记账
借款	银行存款	农业银行	50 000.00		
	短期借款	工商银行		50 000.00	
合计			￥ 50 000.00	￥50 000.00	

会计主管：×××　记账：×××　出纳：×××　审核：×××　制单：×××

例：5 月 2 日，经工商部门批准，公司将张三对公司的投资款 100 000 元退回。

记 账 凭 证

2016 年 5 月 2 日　　　　记字第×号

摘　要	总账科目	明细科目	借　方	贷　方	记账
退回投资	实收资本	张三	100 000.00		
	银行存款	农业银行		100 000.00	
合计			￥ 10 000.00	￥10 000.00	

会计主管：×××　记账：×××　出纳：×××　审核：×××　制单：×××

通用记账凭证的优点是不仅适合为所有的经济业务制作记账命令，而且由于所涉及的全部科目都表达在了一张记账凭证上，从而使得对经济业务的来龙去脉表达得非常清楚。其局限性是不便于对增减变动比较频繁的库存现金和银行存款进行汇总。

二、专用记账凭证

与通用记账凭证相对应的是专用记账凭证，即收付转凭证。收付转凭证包括收款凭证、付款凭证和转账凭证，并各自为不同的经济业务制作记账命令。

（一）收款凭证

收款凭证是用来记录现金和银行存款等货币资金收款业务的凭证，它是根据现金和银行存款收款业务的原始凭证填制的。它又分为现金收款凭证和银行存款收款凭证，其格式如下：

收 款 凭 证

借方科目：库存现金　　　　年　月　日　　　　现收字第　　号

摘　要	贷方科目		金　额	记账
	总账科目	明细科目		
合计				

会计主管：　　记账：　　出纳：　　审核：　　制单：

收 款 凭 证

借方科目：银行存款　　　　年　月　日　　　　银收字第　　号

摘　要	贷方科目		金　额	记账
	总账科目	明细科目		
合计				

会计主管：　　记账：　　出纳：　　审核：　　制单：

前者称作现金收款凭证，专门用于制作涉及现金收款业务的记账命令；后者称作银行存款收款凭证，专门用于制作涉及银行存款收款业务的记账命令。

例:2016 年 5 月 3 日,销售商品一批,收到现金 23 400 元,所含增值税税率为 17%。

收款凭证

借方科目:库存现金　　2016 年 5 月 3 日　　现收字第×号

摘要	贷方科目		金额	记账
	总账科目	明细科目		
销售产品	应交税费	应交增值税(销项税额)	3 400.00	
	主营业务收入		20 000.00	
合计			¥23 400.00	

会计主管:×××　记账:×××　出纳:×××　审核:×××　制单:×××

例:若上述业务收到的是转账支票,面额是 23 400 元,存入银行。

收款凭证

借方科目:银行存款　　2016 年 5 月 3 日　　银收字第×号

摘要	贷方科目		金额	记账
	总账科目	明细科目		
销售产品	应交税费	应交增值税(销项税额)	3 400.00	
	主营业务收入		20 000.00	
合计			¥23 400.00	

会计主管:×××　记账:×××　出纳:×××　审核:×××　制单:×××

收款凭证一般都印刷成了红色。

(二)付款凭证

付款凭证又分为现金付款凭证和银行存款付款凭证,其格式如下:

付款凭证

贷方科目:库存现金　　年　月　日　　现付字第　号

摘　要	借方科目		金　额	记账
	总账科目	明细科目		
合计				

会计主管:　记账:　出纳:　审核:　制单:

付款凭证

贷方科目:银行现金　　年　月　日　　银付字第　号

摘　要	借方科目		金　额	记账
	总账科目	明细科目		
合计				

会计主管:　记账:　出纳:　审核:　制单:

前者叫作现金付款凭证,是专门用于制作现金付款业务的记账命令的;后者叫做银行存款付款凭证,是专门用于制作银行存款付款业务的记账命令的。

例:5月4日,用现金购买办公用品800元,供行政办公室使用。所做凭证为:

付款凭证

贷方科目:库存现金　　2016年5月4日　　现付字第×号

摘　要	借方科目		金　额	记账
	总账科目	明细科目		
办公用品	管理费用	办公费	800.00	
合计			￥800.00	

会计主管:×××　记账:×××　出纳:×××　审核:×××　制单:×××

例：如上述购办公用品款用银行存款支付，所做凭证为：

付款凭证

贷方科目：银行存款　　　　2016 年 5 月 4 日　　　　银付字第×号

摘　要	借方科目		金　额	记账
	总账科目	明细科目		
办公用品	管理费用	办公费	800.00	
合计			￥800.00	

会计主管：×××　记账：×××　出纳：×××　审核：×××　制单：×××

若发生把现金存入银行或者是从银行提现备用的业务，按道理或者做收款凭证，或者做付款凭证，习惯上，我们按付方做凭证。比如，现金存入银行，我们做现金付款凭证而不做银行存款收款凭证；提现备用，则是做银行付款凭证而不做现金收款凭证。这样做也只是个约定成俗而已。

付款凭证一般都印成蓝色。

（三）转账凭证

转账凭证只用于制作不涉及现金和银行存款收付的经济业务的记账命令。转账凭证的格式如下：

转账凭证

年　月　日　　　　记字第　号

摘　要	总账科目	明细科目	借　方	贷　方	记账
合计					

会计主管：　记账：　出纳：　审核：　制单：

例：车间领用材料 40 000 元用于加工产品，所做转账凭证为：

转账凭证

2016 年 5 月 5 日 记字第×号

摘　要	总账科目	明细科目	借　方	贷　方	记账
车间领用	生产成本		40 000.00		
	原材料			40 000.00	
合计			¥40 000.00	¥40 000.00	

主管：××× 记账：××× 出纳：××× 审核：××× 制单：×××

例：销售产品一批，货款 20 000 元，增值税款 3 400 元，价税款均未收到。

转账凭证

2016 年 5 月 5 日 记字第×号

摘　要	总账科目	明细科目	借　方	贷　方	记账
销售产品	应收账款		23 400.00		
	应交税费			3 400.00	
	主营业务收入			20 000.00	
合计			¥23 400.00	¥23 400.00	

主管：××× 记账：××× 出纳：××× 审核：××× 制单：×××

转账凭证一般印刷成黑色。

第三节　编制说明

现以常用的通用记账凭证为例，说明编制记账凭证式应注意的问题。

1. 假若记账凭证填错了怎么办？包括填错了账户名称、写错了方向以及金额，乃至一般文字出错，均应重填一张新的记账凭证，不能在写错的记账凭证上改错之后继续使用。

2. 记账凭证上的日期怎么填？从原则上讲，这个日期指的是做凭证的时间。这个日期应该尽量与原始凭证上的时间保持一致。如果记账凭证后面粘贴了数张原始凭证，则记账凭证的日期应该与最近的一张原始凭证上的日期保持一致。当然很多情况下，二者可能不会一致。比如5月6日发生的经济业务获得的发票，因为其他原因未能及时地制作记账凭证，直到10日准备制作这张凭证时，自6～10日发生的其他业务均已制作了记账凭证并且给出了统一的编号，那么制作该张记账凭证时，或者将前面的几张记账凭证重做，然后按时间顺序重新排号，或者直接将该张记账凭证的日期填写为制作凭证的这一天，也就是“10日”。有的小公司经济业务不多，不管经济业务发生在本月的哪一天，所有凭证集中在月末制作，所制作的凭证，其日期均填写为月末的日期。要注意的是不能出现经济业务发生在后而记账凭证日期填写在前的矛盾做法。

3. 记账凭证右上角的编号问题。记账凭证的编号是按月顺序编号，每个月的第一张记账凭证编号为“1”号，第二张记账凭证编号是“2”号……以此类推编下去，中间不能出现重号或跳号。遇到一项业务涉及科目较多，需要填写两张及以上的记账凭证时，则按照X $\frac{X}{X}$的方式给出编号。例如第16笔业务因为涉及明细科目较多，用了三张记账凭证，则三张记账凭证的编号的顺序为16 $\frac{1}{3}$、16 $\frac{2}{3}$和16 $\frac{3}{3}$。16表明这是本月的第16张记账凭证，分母表示第16号张记账凭证一共填制了3张，而分子则是表示该张记账凭证在3张凭证中的位置。比如第二张的编号16 $\frac{2}{3}$，其编号的含义就是：这是本月第16笔经济业务所编的第16号记账凭证，该凭证共有3张，这一张是这3张之中的第2张。

4. 至于右上角有的凭证写的是两行，上行“总字第××号”和下行“×字第×号”，如果是收付转凭证，“总字××号”所填为全部凭证的统一编号，而“字第×号”，则是该记账凭证所属类型以及在这种类型中的所属编号。例如某张现金收款凭证，在本月现金收款凭证中的编号是7号，在本月全部凭证中的统一编号是15号，则上一行应填写为“总字第15号”，下行填写为“现收字第7号”。如果是通用记账凭证，“总字第×号”反映的是该张记账凭证在全部记账凭证中的位置，而“字第×号”反映的是该张记账凭证在本月的记账凭证中所处的位置。例如某张记账凭证在全年凭证中的编号是198号，属于本月的第5号记账凭证，则上一行应填写为“总字第198号”，下一行应填写为“记字第5号”。

5. 摘要怎么写？摘要栏是用来记录经济业务发生的来龙去脉的地方，但是因为地方不大，故文字表达要“简明”。“简”就是文字简练，“明”就是表达清楚。文字不能太多，又要表达清楚。比如采购员张三用现金购买了H材料4公斤计800元验收入库，摘要栏可写“购H材料”，再详细一点写“购H材料入库”；比如从银行提现金2000元备用，可写成“提现备用”；月末根据领料单编制“材料费用分配表”，再根据“材料费用分配表”制作分配材料费用的记账凭证，摘要栏可写“根据××号材料费用分配表”；产成品验收入库，根据“产成品成本计算表”和“完工产品入库单”所做的记账凭证，摘要可写成“产成品入库”。发生产品销售业务，确认营业收入的摘要可写成“销售产品”，确认营业成本的，可写成“结转销售成本”。

6. 总账科目一栏只填需要记账的总账账户名称。

7. 子细目栏填写业务所涉及的明细账的账户名称。若明细级次较多，需要简化，否则写不开。比如采购材料或是销售商品，一般纳税人企业或借记“应交税费——应交增值税(进项税额)”或贷记“应交税费——应交增值税(销项税额)”,可将“进项税额”简化为“进项”,把“销项税额”简化为“销项”。比如车间为加工产品领用原材料,按照所设明细账的级次,应借记“基本生产成本——一车间——甲产品(直接材料)”,可简化为“基本/一车间/甲产品/直材”。

8. 右侧的“附件×张”,指的是记账凭证背后粘贴了多少张原始凭证。以实际粘贴数填写。

9. 最后是记账凭证背面原始凭证的粘贴。如果原始凭证较少,而且不用分类,它们属于同一个总账科目和同一个明细科目核算的,可以直接粘贴在记账凭证的背面。如果原始凭证较多,而且是不属于同一个总账科目和同一个明细科目核算的,则应首先编制“汇总原始凭证”,比如“差旅费报销单”、“原材料费用分配表”等,先将原始凭证贴在“汇总原始凭证”上,然后将“汇总原始凭证”粘贴在记账凭证的背面。有些原始凭证面积较大,需要折叠。粘贴位置注意在装订线以内,不影响装订。

第四章

记账与结账

第一节　记账、对账和结账

一、记账

记账的会计拿到由制证人和复核人签字的记账凭证，仍然需要做简单的审核，若发现问题，仍可以打回复核人处重新复核或由制证人重新制作，若无问题，则可以记账。

记账时应该注意的问题有：

1. 用笔画稍细的黑色笔，不能用铅笔或圆珠笔。红色笔只用于登记红色的记账凭证，或用于改错。

2. 书写数字，应尽量使用手写体，这样写的目的主要是为了避免数字被篡改。

3. 数字书写的位置，不能偏上或者居中，应压着下线书写，其高度占到行高的 2/3 即可。数字的上方留有改错的空间。

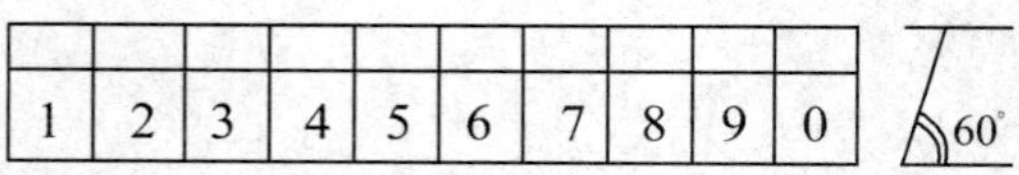

4. 记账需要顺序连续登记，不得跳行或者隔页。若不慎出现跳行或隔页，应在跳行或者隔页上用红笔画对角线注销，并标明“作废”字样，或注明“此行空白”或“此页空白”，并有经手人签字，以明确责任。

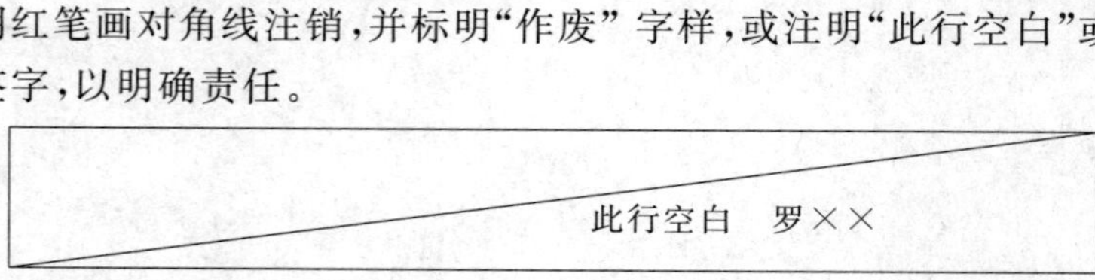

5. 凡是需要逐笔结计余额的账户，记账之后应该立即计算出新的余额登记在余额，并在“借或贷”一栏指明余额的方向。若余额为零，应在这一栏写上一个“平”字，并在余额栏的“元”的位置写上“0”，并在其中间位置划一条横线，即“0̶”，表示余额为零。

6. 注意“过次页”和“承前页”。当一页账簿记满需要转到下一页继续登记时，应在前一页的最后一行结计出该页的借方合计数和贷方合计数以及余额，并在摘要栏注明“过次页”。三个数字过入次页的第一行，并在摘要栏注明“承前页”。

应付账款　明细账

明细科目：××公司　　　　第×页

2016年		凭证		摘要	借方											贷方											借或贷	余额										
月	日	种类	号数		亿	千	百	十	万	千	百	十	元	角	分	亿	千	百	十	万	千	百	十	元	角	分		亿	千	百	十	万	千	百	十	元	角	分
	25			过次页					3	3	5	0	0	0	0					3	7	0	0	0	0	0	贷					9	0	1	7	0	0	0

应付账款　明细账

明细科目：××公司　　　　第×页

2016年		凭证		摘要	借方											贷方											借或贷	余额										
月	日	种类	号数		亿	千	百	十	万	千	百	十	元	角	分	亿	千	百	十	万	千	百	十	元	角	分		亿	千	百	十	万	千	百	十	元	角	分
5	25			承前页				3	3	5	0	0	0	0						3	7	0	0	0	0	0	贷					9	0	1	7	0	0	0

二、对账

在实际工作中，因为计算错误、记账错误、财产管理疏忽，都会造成账证不符、账账不符或账实不符，账面数据脱离实际情况，向会计报告输送错误信息，会使得业主和管理者对公司的认识出现误判，故一般在结账前都要进行必要的对账，以保证各种账面记录的客观性和真实性。

（一）账证核对

账证核对就是检查记账凭证与有关账面记录是否一致，以保证经济业务的真实情况在账面上的真实反映。核对的内容主要看账面记录所涉及到的账户名称、记账方向与金额是否一致。如果发现记账错误，应利用正确的改错方法及时予以更正，保证账实相符。账证相符是确保账账相符和账实相符的基础。

（二）账账相符

账账相符主要是指总账与总账之间以及总账与明细账之间的核对。核对的目的是检查账面记录是否出错。

总账之间的核对是从总体上观察总账记录有无问题，依据的标准就是会计恒等式。正常情况下：全部账户的借方发生额等于全部账户的贷方发生额，或者全部账户的借方余额合计数等于全部账户的贷方余额合计数。月末可通过编制试算平衡表来检查资产、负债和所有者权益账户记录有无问题。如果试算平衡,则大致说明三类账户无问题;如果不平衡,则说明记账或者是计算余额时发生错误,应查找错误,并按照规定的改错方法进行改错。

总账与明细账之间的核对,可以通过编制总账明细账发生额及余额对照表来进行对比观察。正常情况下:某个总账的本期发生额等于该总账所属的明细账本期发生额之和,如果二者相等,则说明记账大致没有问题,如果不相等,则说明不是总账就是明细账,或是记账错误或是计算错误。

(三)账实核对

即便是记账凭证做对了,记账无误,余额计算也正确,但是并不能保证账面记录中的发生额和余额就是实际情况的真实反映,因为包括货币资金、各种债权债务、尤其是存货等的实际变动,尤其是结存,因各种原因,会导致出现账实不符。比如库存现金,月初余额是 2 000 元,本月收入合计 1 000 元,本月支出合计 2 500 元,月末账面余额是 500 元,但是实际上结存可能比这个数多,也可能比这个数少。出现这个情况,就是出现了账实不符。如果直接拿期末余额编制会计报告,无疑是给业主和管理者输送了虚假的财务信息。所以,在编制会计报告之前,先要核对账实是否相符。如果发现不符,要及时查明原因,按照规定作出账务处理,调整账面记录,已达到账实相符。只有账实相符下的账面记录,其数据才可以进入有关会计报告。账实是否相符,一般是通过财产清查的方式发现问题,按规定进行账务处理的。

三、结账

结账是指把一定时期内发生的经济业务全部计入账簿后,按规定的方法在账户中将本期增加额合计数、本期减少额合计数以及期末余额计算出来。结账都是在月末、季末或年末进行。结账的目的是为了利用计算出来的发生额和期末余额编制会计报告。通过会计报告以便于对公司一定时期内的财务状况和盈利情况进行反映。

结账的方法是在每个账户所登记的最后一笔经济业务的下面一行,通栏划一条红线(月结、季结是单红线,年结是双红线),在日期栏写上结账的时间(即月末的日期)。结账不需要任何记账凭证的指令,因此凭证号数一栏空着不填。如果是月结,摘要栏写上“本期发生额与期末余额”或者“本月合计”,然后将计算出的借方发生额合计数和贷方发生额合计数以及月末余额填写在借方、贷方和余额栏,并在“借或贷”栏指明余额的方向。

<u>应收账款　明细账</u>

明细科目：××公司　　　　第×页

2016年		凭证		摘要	借方											贷方											借或贷	余额										
月	日	种类	号数		亿	千	百	十	万	千	百	十	元	角	分	亿	千	百	十	万	千	百	十	元	角	分		亿	千	百	十	万	千	百	十	元	角	分
5	1			期初余额																							借				1	6	8	0	0	0	0	0
				……																																		
	31			本月合计					4	0	0	0	0	0						5	0	0	0	0	0	0	借				1	5	8	0	0	0	0	0

如果没有余额，照例用“0”在元的位置表示，并在“借或贷”一栏，写上一个“平”字。

<u>应付票据　明细账</u>

明细科目：银行承兑汇票(××公司)　　　　第×页

2016年		凭证		摘要	借方											贷方											借或贷	余额										
月	日	种类	号数		亿	千	百	十	万	千	百	十	元	角	分	亿	千	百	十	万	千	百	十	元	角	分		亿	千	百	十	万	千	百	十	元	角	分
5	1			期初余额																							贷					2	8	0	0	0	0	0
				……																																		
	31			本月合计					3	1	0	0	0	0	0						3	0	0	0	0	0	平									~~0~~		

没有“借或贷”方向栏的，如果出现负余额，用红字书写。

结账后，需在该行的下面再划一条红线，然后把本月月末余额转成下个月的月初余额。

<u>其他应收款　明细账</u>

明细科目：张三　　　　第×页

2016年		凭证		摘要	借方											贷方											借或贷	余额										
月	日	种类	号数		亿	千	百	十	万	千	百	十	元	角	分	亿	千	百	十	万	千	百	十	元	角	分		亿	千	百	十	万	千	百	十	元	角	分
5	1			月初余额																							借					2	5	0	0	0	0	0
				……																																		
	31			本月合计					4	0	0	0	0	0						1	7	0	0	0	0	0	借					1	2	0	0	0	0	0
6	1			月初余额																												1	2	0	0	0	0	0

有的明细账需要逐笔结计余额，例如现金日记账、银行存款日记账以及各种存货的明细账，因为每笔记账之后都会结计余额，最后一笔经济业务结计的余额也就是期末余额，所以在月末结账的时候可在最后一笔经济业务的下面划一条通栏红线，直接结账。

有的明细账不仅需要每月月结，而且还需要计算累计发生额。需先月结，然后在“本月合计”的下一行的摘要栏注明“本年累计”字样，并结出自年初至本月月末的累计发生额，再在下面划一条通栏单红线。12 月份的“本年累计”就是全年的累计发生额，在下面划一条通栏双红线，表示已经年结。

应付账款　明细账

明细科目：××公司　　　　第×页

2016 年		凭证		摘要	借方											贷方											借或贷	余额										
月	日	种类	号数		亿	千	百	十	万	千	百	十	元	角	分	亿	千	百	十	万	千	百	十	元	角	分		亿	千	百	十	万	千	百	十	元	角	分
1	1			年初余额																							借					8	6	6	7	0	0	0
12	31			本月合计				3	3	5	0	0	0	0					3	7	0	0	0	0	0	0	借					9	0	1	7	0	0	0
	31			本年累计				3	2	8	5	0	0	0	0				3	3	2	0	0	0	0	0	贷					9	0	1	7	0	0	0

年度结账后，有余额的账户要把余额结转到下一个会计年度，要在新启用的账簿的摘要栏写上“上年结转”字样，并把上年的年末余额登记在余额栏，并指明方向。

第二节　财产清查

一、账实不符的原因

正确的记账凭证与正确的账面记录，可以正确的反映有关经济业务的真实面貌，但这不是绝对的，因为种种原因，还是会出现账实不符的情况。

在实际工作中，由于人为的或自然的因素的影响，账面结存数有时候和实存数不一致，造成账实不符的主要原因有：

1. 财产物资保管过程中的自然耗损或自然盈余。
2. 因为管理不善而引起的财产物资的毁损或短缺。
3. 财产收发时因计量器械不准造成的数量上的差错。
4. 因计算与登记的错误造成的账面差错。
5. 因未达账项引起的单位之间的账目不符。

公司应定期进行财产清产，以便于及时发现账实不符的问题，按照规定对财产的短缺或是溢余进行处理，确实保证账面记录的客观性和真实性。

二、财产清查的账务处理

财产清产时，应先将清查结果记录下来，比如对存货的清查，不管是出现短缺或是溢余，均应填制盘存单。

盘存单

单位名称：　　　　　　　　　　　　　　　　　　存放地点：

财产类别：　　　　　　　　　　　　　　　　　　编　　号：

编号	名称	单位	数量	单价	金额	备注

盘点人：　　　　　　　　　　　实物保管人：

账存实存对比表

年　　月　　日

<table>
<tr><td rowspan="2">类别</td><td rowspan="2">名称</td><td rowspan="2">单位</td><td colspan="2">实存</td><td colspan="2">账存</td><td colspan="2">盘盈</td><td colspan="2">盘亏</td><td rowspan="2">备注</td></tr>
<tr><td>数量</td><td>金额</td><td>数量</td><td>金额</td><td>数量</td><td>金额</td><td>数量</td><td>金额</td></tr>
<tr><td></td><td></td><td></td><td></td><td></td><td></td><td></td><td></td><td></td><td></td><td></td><td></td></tr>
<tr><td></td><td></td><td></td><td></td><td></td><td></td><td></td><td></td><td></td><td></td><td></td><td></td></tr>
<tr><td></td><td></td><td></td><td></td><td></td><td></td><td></td><td></td><td></td><td></td><td></td><td></td></tr>
<tr><td></td><td></td><td></td><td></td><td></td><td></td><td></td><td></td><td></td><td></td><td></td><td></td></tr>
<tr><td></td><td></td><td></td><td></td><td></td><td></td><td></td><td></td><td></td><td></td><td></td><td></td></tr>
<tr><td colspan="5"></td><td></td><td></td><td></td><td></td><td></td><td></td><td></td></tr>
<tr><td rowspan="2">处理意见</td><td colspan="6">清查小组</td><td colspan="2">部门签字</td><td colspan="2">当事人签字</td><td rowspan="2"></td></tr>
<tr><td colspan="6"></td><td colspan="2"></td><td colspan="2"></td></tr>
</table>

在对比表中，计算出不相符的差额，以便于进行账务处理。

对出现的短缺或是溢余，进行账务处理时需要使用“待处理财产损溢”账户。该账户的使用方法如下：

借方　　　待处理财产损溢　　　贷方

借方	贷方
短缺	溢余
溢余结转	短缺补偿
短缺净损失转出	溢余净收益转出
零	

该账户下设两个明细账户，专门核算流动资产损溢的“待处理流动资产损溢”和专门核算固定资产损溢的“待处理固定资产损溢”。

该账户属于暂记性账户，记录反映因账实不符可能给公司带来的损失或者是收益是多少，然后再记录对这些损失或收益的处理结果。其处理步骤分三步进行：

1. 先调整账面记录，做到账实相符。

2. 然后，查明原因，分清责任，按规定对短缺或溢余所产生的经济责任进行处理。

3. 若是短缺，减掉各种补偿后，应将借方余额，即“待处理财产净损失”，转入营业外支出；若是贷方余额，即“待处理财产净收益”，转入营业外收入。

例：在对 G 材料进行财产清查时，发现该材料实存 6 100 元，账存 6 000 元，溢余 100 元。

首先上调 G 材料的账面记录 100 元，做到账实相符；同时，将溢余部分记录账户的贷方：

① 借：原材料——G 材料　　　　100.00

　　贷：待处理财产损溢——待处理流动资产损溢　　　　100.00

然后，查明原因进行处理。材料溢余除了记账错误导致以外，一般多为计量用具不准造成。经查，该材料为车间加工产品使用，溢余部分发生在本月，故应冲减本月的生产成本，同时，将溢余部分从账户的相反方向转出。

② 借：待处理财产损溢——待处理流动资产损溢　　　　100.00

　　贷：生产成本　　　　100.00

若 100 元溢余是数月以来形成的，已经无法调整数月以来的生产成本，可直接计入当期损溢，其分录是：

借：待处理财产损溢——待处理流动资产损溢　　　　100.00

　贷：营业外收入　　　　100.00

该业务的账务处理结果：

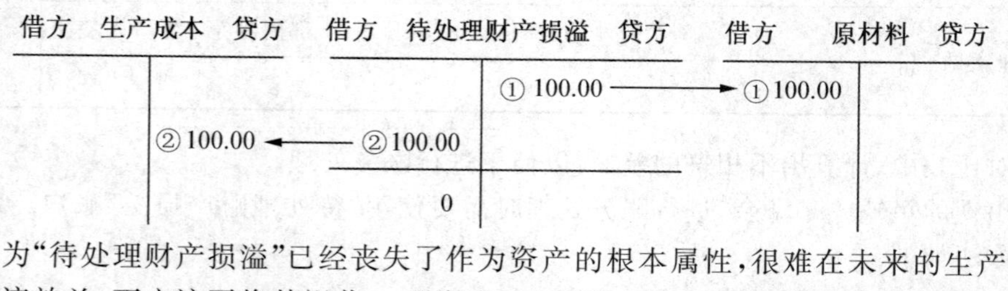

因为“待处理财产损溢”已经丧失了作为资产的根本属性，很难在未来的生产经营中带来经济效益，不应该再将其视作一项资产，故不再在资产负债表中做资产反映，因此，若月末该账户还有余额，应转入营业外支出或营业外收入，从而结平该账户。

三、清查与账务处理

(一)现金的清查与账务处理

对现金的管理应该日清月结并随时清查。现金清查时不管有无账实不符，都要填制现金盘点报告表，先将清查结果记录下来。如果账实相符，清查工作结束；如果账实不符，应填制现金账存实存对比表。

例：5 月 10 日，现金清查时发现现金短款 10 元，应填制现金账存实存对比表如下：

库存现金盘点报告表

单位名称：　　　　　　　　2016 年 5 月 20 日

实存金额	账存金额	对比结果		备注
		盘盈（长款）	盘亏（短款）	
4 990.00	5 000.00		10.00	

会计主管：×××　　　　　　　　出纳：×××

依据报告表，首先做账面调整，做到账实相符：

借：待处理财产损溢——待处理流动资产损溢　　10.00

　贷：库存现金　　10.00

然后，查明原因。造成现金盘亏的原因除了记账错误外，其他原因主要有：

1. 少记多付 例：应付某某 10 元，误将 20 元现钞做 10 元现钞找出。

2. 多记少收 例：应收某某款项 20 元，却误将 10 元现钞为 20 元现钞入库。

上述两种情况，均应做债权处理。

经查明短缺 10 元是出纳对本单位某某找零时误将 20 元做 10 元找出，作出处理时应做会计分录：

借：其他应收款——某某　　10.00

　贷：待处理财产损溢——待处理流动资产损溢　　10.00

若无法查明原因，则应由责任人出纳赔偿，也需要作债权处理，借记其他应收款；若属于公司管理不善造成，应计入管理费用。

（二）银行存款的核对

公司银行存款至少应该一个月核对一次。核对的方法是用公司的银行存款日记账同开户银行出具的对账单进行比对。比对时经常会出现银行存款日记账期末余额与对账单的期末余额不一致的情况。造成两个余额不一致的原因，除了双方都可能发生的记账错误之外，多是由未达账项造成的。所谓未达账项是指由于结算凭证在公司与银行之间或收付款银行之间凭证传递需要时间，至月末结账时，一方收到凭证已经入账，另一方未收到凭证未入账那部分款项。未达账项多发生在月末。未达账项具体情况有四种：

1. 公司收到凭证，已经登记收款入账，而银行未收款，未登记入账。即“公司已收，银行未收”。例如：5 月 31 日，公司收到转账支票一张，面额 6 000 元。公司已将支票存入银行，并根据发票记账联和进账单制作了记账凭证，已经登记银行存款日记。由于是跨行转账，银行直到月结也未收到该笔款项。若无其他因素影响，月末公司银行存款日记账的余额就会比银行对账单余额多出 10 000 万元。

2. 公司已经付款并已登记入账，而银行未付款未登记入账，即“公司已付，银行未付”。例如：5 月 31 日，公司向供应商支付货款，开出转账支票一张，面额 8 000 元，公司已经根据对方开具的发票以及转账支票的存根，做了凭证记了账。但是对方业务员直到 6 月 1 日才将转账凭证存入银行，所以 5 月 31 日结账时，银行还未支出该笔款项，未登记入账。比对时，你会发现公司的银行存款日记账的余额一定比对账单少了 8 000 元。

3. 银行已收款并登记入账，而公司未收到凭证未登记入账，即“银行已收，公司未收”。例如：5 月 31 日，公司销售货物一批，应收货款 9 000 元，公司去开户行办理了委托收款手续，并做了应收账款处理。同日，银行收到该笔款项并登记入账，但公司未收到有关单证未入账。所以月结后，银行的对账单比公司的银行存款日记账多出了 9 000 元。

4. 银行已付款并登记入账，而公司未收到凭证未入账，即“银行已付，公司未付”。例如：公司委托开户行按照水电供应单位的通知及时支付公司的水电费。5 月 31 日，银行从公司账户中向供应单位支付当月水电费 7 000 元并登记入账。公司未收到银行付款的有关单证，公司未记账。所以结账后，银行对账单的余额比公司日记账的余额少了 7 000元。

我们看到：双方记账均无问题，两个余额不一致是因为存在未达账项造成的。随着时间的推移，有关单证传到对方那里或者是款项划拨实际完成，对方登记入账后，两个余额会自动一致起来。

如果月末核对发现两个不一致时，可以通过编制银行存款余额调节表来检查是不是因为未达账项而造成的余额不一致。编制银行存款余额调节表，首先要逐笔比对日记账与对账单，从中找出存在的未达账项，再根据“随着时间推移，对方也会记账，之后就自动一致了”的道理，设想一下几天以后经济业务的发展结果，任何一方现在没记的，几天以后都会记账，也即：

站在公司的角度：银行已收，公司未收的，公司在现在的余额上加上；银行已付，公司未付的，公司在现在的余额上减去。

站在银行的角度：公司已收，银行未收的，银行在现在的余额上加上；公司已付，银行未付的，银行在现在的余额上减去。

根据上述道理，利用上述 4 个例题，编制银行存款余额调节表如下：

银行存款余额调节表

单位名称： 2016 年 5 月 31 日 单位：元

银行存款日记账余额	998 000.00	银行对账单余额	100 2000
加：银行已收，公司未收	9 000.00	加：公司已收，银行未收	6 000.00
减：银行已付，公司未付	7 000.00	减：公司已付，企业未付	8 000.00
调整后余额	1 000 000.00	调整后余额	1 000 000.00

我们看到两个余额不一致完全是未达账项造成的，而非记账错误所致，所以，可以使用日记账余额编制会计报告。调节表上调整后的余额 1 000 000 元是公司未来的银行存款实有数，不能用它来调整现在的公司日记账的账面余额。另外，如果经过调整，两个余额还是不一致，那可能就是某一方或双方记账出现错误了。因记账错误造成余额不一致的情况很少。

第三节　查错和改错

一、查错

(一)形成错账的主要原因

1. 漏记或者是重记或者是数字记错。

2. 记错账户。

3. 记错方向。

4. 数字位数移位。

5. 数字位数颠倒。

(二)错账查找技巧

1. 顺查法即从检查原始凭证—检查记账凭证—检查记账—重新计算余额，从中找出差错，然后加以更正。该方法查无需反复，但是工作量可能比较大。

2. 局部抽查法记账人员可以根据差错发生的具体情况，从账簿中抽查部分内容。例如发现差错数字只在角位、分位，则只抽查带有小数的部分即可，而不需要对所有的数字记录逐一进行检查。

3. 差数法即根据不相符的差额进行查找。例如明细账余额之和比总账多出 500 元，可据以查找明细账上数字应为 500 的记录，看看是否出现重记，也可以检查用以登记总账的科目汇总表，检查在汇总数字时是否存在漏计 500 元的经济业务。

4. 二除法即根据差数可以被二除尽，然后根据商数从账簿记录中查找差错。比如差数是 98，除以 2 得 49，则很有可能某笔数字为 49 的经济业务出现漏记或重记造成，然后去单独查找数字为 49 的有关记录核对。

5. 九除法记账时因错位常出现以小写大或以大写小的情况，例如将 90 元记成 900 元，差数为 810 元，将差数除以 9 得 90，90 就是因错位未正确记录的数字。计算出位移数字后，发现若是账上多记，要在凭证上查找是否与移位数相同的数字，看看是否写错；如果是账上少记，则要在账上查找是否与错位相同的数，看看是否写错。

6. 数字颠倒检查法书写数字时，容易将其中相邻的数字写颠倒。比如误将 23 456 写成了 23 546，二者之差是 90。数字颠倒所形成的的差错总是 9 的倍数，且数字相加之和是 9，同时被颠倒的两个数字之差，是差额除以 9 的商。如果存在上述情况，说明差错可能源于相邻数字的颠倒。如果差额是 9，应该是个位十位出现颠倒，如果是差额 90，应该是十位百位上发生了颠倒，以此类推，查找相关位数上出现的差错。

二、改错

针对不同的错误情况，会计改错的方法也不同。改错方法有三种，分别适合于不同的错误更正。

(一)划线更正法

方法是用一条单红线将记错的数字划掉，然后在其上方写上正确的数字，适合于记账凭证正确，只是记账时出错，或者记多了，或者记少了。例如：5 月 20 日，公司用银行存款 3 000 元购买 F 材料，材料验收入库，记账凭证为：

记 账 凭 证

2016 年 5 月 20 日　　　　记 字第×号

摘 要	总账科目	明细科目	借 方	贷 方	记账
投资	原材料	F 材料	3 000.00		√
	银行存款			3 000.00	√
合计			￥3 000.00	￥3 000.00	

会计主管：××　复核：××　记账：××　制证：××　出纳：××

但是，银行存款日记账记账时，误记为 2 000 元。可使用划线更正法进行改错。因为记账凭证没问题，只需要把日记账中的"2 000"改成"3 000"即可。改的时候不能仅仅将"2"改成"3"，而是用一条红线将整个"2 000"划掉，然后在其上面写上"3 000"。工作人员还需要在旁边签名，明确责任。

正确做法：

万	千	百	拾	元	角	分
	3	0	0	0	0	0
	~~2~~	~~0~~	~~0~~	~~0~~	~~0~~	~~0~~

错误做法：

万	千	百	拾	元	角	分
	2					
	~~3~~	0	0	0	0	0

(二)补充登记法

具体方法是在原记账金额的基础上，再补充登记一个金额，适合于改正记账凭证所用科目正确、方向正确，只是金额少写了的错误。例如：5 月 21 日，公司用现金 1 000 元购买 M 材料验收入库。记账凭证误将 1 000 元写成 100 元并登记入账。25 日发现错误。这种情况下，我们只需要再做一张同样的记账凭证，将少记的 900 元补充登记一下就可以了。

原记账凭证：

记 账 凭 证

2016 年 5 月 21 日　　　　记 字第 31 号

摘 要	总账科目	明细科目	借 方	贷 方	记账
购材料	原材料	F 材料	100.00		√
	库存现金			100.00	√
合计			¥100.00	¥100.00	

会计主管：××　复核：××　记账：××　制证：××　出纳：××

补充登记凭证：

记 账 凭 证

2016 年 5 月 25 日　　　　记 字第 40 号

摘 要	总账科目	明细科目	借 方	贷 方	记账
补充登记第 31 号	原材料	F 材料	900.00		√
凭证少记金额	库存现金			900.00	√
合计			¥900.00	¥900.00	

会计主管：××　复核：××　记账：××　制证：××　出纳：××

补充登记凭证不需要粘贴原始凭证，只需要在摘要栏写明："补充登记第××号记账凭证少记金额"即可。

凭证登记入账后：

借方	库存现金	贷方
		㉛100.00
		㊵900.00

借方	原材料	贷方
㉛100.00		
㊵900.00		

（三）红字更正法

具体方法是制作红色的记账凭证登记入账，用以冲销原来错误记账凭证导致的错误的账面记录或者用红色的记账凭证冲减原记账凭证所形成的账面上多记的金额。这种方法适合两种情况的改错，一是记账凭证就错了，或者科目用错了或者方向搞反了；二是记账凭证所用科目和方向没错，但是金额写多了。都可以利用红字在会计账务处理过冲中的特殊作用：冲销或冲减，来对这两种情况改错。

例：5月23日，用银行存款4000元购买低值易耗品验收入库，工作人员误认为是原材料，所做凭证为：

记 账 凭 证

2016年5月23日　　　　记 字第44号

摘 要	总账科目	明细科目	借 方	贷 方	记账
材料	原材料	I材料	4 000.00		√
	银行存款			4 000.00	√
合计			¥4 000.00	¥4 000.00	

会计主管：××　复核：××　记账：××　制证：××　出纳：××

后发现用错了科目，于是可做一张相同的但为红色的记账凭证登记入账，将错误凭证导致的账面的错误记录冲销：

记 账 凭 证

2016年5月25日　　　　记 字第46号

摘 要	总账科目	明细科目	借 方	贷 方	记账
冲销44号错误	原材料	I材料	4 000.00		√
凭证	银行存款			4 000.00	√
合计			¥4 000.00	¥4 000.00	

会计主管：××　复核：××　记账：××　制证：××　出纳：××

该凭证不需要粘贴原始凭证，只需要在摘要栏写明："冲销第×号错误记账凭证"即可。然后做一张正确的记账凭证记账：

记 账 凭 证

2016 年 5 月 25 日　　　　记 字第 47 号

摘 要	总账科目	明细科目	借 方	贷 方	记账
扳手等小工具	低值易耗品	小工具	4 000.00		√
	银行存款			4 000.00	√
合计			￥4 000.00	￥4 000.00	

会计主管：××　复核：××　记账：××　制证：××　出纳：××

有关账户登记如下：

借方	原材料	贷方
㊹4 000.00		
㊻4 000.00		

借方	银行存款	贷方
		㊹4 000.00
		㊻4 000.00
		㊼4 000.00

借方	低值易耗品	贷方
㊼4 000.00		

例：用现金 100 元购买办公用品，凭证错记为 1 000 元，并登记入账。

记 账 凭 证

2016 年 5 月 26 日　　　　记 字第 50 号

摘 要	总账科目	明细科目	借 方	贷 方	记账
打印纸	管理费用	办公费	1 000.00		√
	库存现金			1 000.00	√
合计			￥1 000.00	￥1 000.00	

会计主管：××　复核：××　记账：××　制证：××　出纳：××

后发现多记金额 900 元，在这种情况下，只需要做一张科目和方向一样的记账凭证，将多记金额 900 元冲掉即可。

记 账 凭 证

2016 年 5 月 28 日　　　　记 字第 55 号

摘 要	总账科目	明细科目	借 方	贷 方	记账
冲销 50 号凭证	管理费用	办公费	900.00		√
多记金额 900 元	库存现金			900.00	√
合计			￥900.00	￥900.00	

会计主管：××　复核：××　记账：××　制证：××　出纳：××

登记入账后：

借方	库存现金	贷方
		(50)1 000.00
		(55)900.00

借方	管理费用	贷方
(50)1 000.00		
(55)900.00		

第五章

核算程序

第一节　会计核算基础

会计的核算基础有两个，一个叫作收付实现制，一个叫作权责发生制。

会计核算基础是用来规定收入与费用的入账时间和金额的。

收付实现制规定：不论是否向客户提供了商品，只要收到货款，就是收入的实现。收入的确认以是否收到货款为标准。同样，费用的确认也仅仅以是否支出为标准，只要支出了，不管这个费用应该属于哪个会计期间，均在实际支出时加以确认。因为在收付实现制下无法使得具有因果关系的收入和费用在同一个会计期间进行配比，无法正确客观地核算企业的利润，故作为企业会计应采用权责发生制。

要说权责发生制，先说利润。每个月的利润是多少是业主和管理者密切关注的。到月末，我们总会问这个月的利润是多少。利润怎么算？很简单：收入减费用。但是，你计算的是这个月的利润，前提是你必须保证你所确定的每一笔收入都是属于本月的收入，你所确定的每一笔费用都是本月的费用。然后，你计算出来的利润才是这个月的利润。那么，什么是本月的收入？什么是本月的费用呢？实际上权责发生制就是用来规范收入和费用的入账时间和金额的，也就是说，权责发生制就是来回答：到底哪些收入属于本月的收入，哪些费用属于本月的费用。只有本月的收入减本月的费用，你算出来的才是本月的利润。如果不学习权责发生制，你可能会把本该属于本月的收入与费用混记于其他的月份，也可能把不属于本月的收入和费用记在了本月。那样，你算出来的利润就不一定是本月的利润了。至于本月的经营情况到底如何，也就是一笔糊涂账了。

权责发生制实际上讲的就是收入与费用的同时确认制度。名词中的"权"指的就是收入类账户，"责"指的就是费用类账户。在权责发生制下，能否把一笔收入确认为本月的收入，主要看费用，看相关费用是否发生并登记入账。能否把一笔费用确认为本月的费用，主要看收入，看相关的收入是否发生并登记入账。或者从另一个角度讲，如果一笔收入在本月确认并登记入账，那么，与此有关的费用不管款项是否支出，都要作为本月的费用登记入账，以便于实现收入和费用的互相对比计算利润。反之，当有一笔费用被确认为本月费用并已登记入账，那么，与此相关的收入不管款项是否收到，都要作为本月的收入登记入账，也是为了实现收入与费用的对比计算利润。而在收付实现制下，收到货款就是收入实现，立即作收入处理，不管该不该属于本月的收入。支出了就算作是费用，也不管该不该属于本月的费用。而权责发生制是看该不该属于本月的收入和费用。不看款项是否收到或支出。所以，权责发生制又叫作应收应付制。

权责发生制的具体规定可以用四句话来说明：

(一)凡是属于本月的收入，不管款项是否收到，均作为本月的收入登记入账

也就是说，能否确认为本月收入，不看款项是否收到，看属于不属于。怎么叫属于，即看相关费用是否发生并于本月登记入账。比如：今天公司销售了一件商品，制造成本是 800 元，售价是 1 000 元，收到货款放在出纳处。收到货款就是收入吗？不看这个，看费用。销售之后，产品的所有权已经转移给了客户，库存商品已经减少，800 元的资产已经被消耗并转化成了费用，主营业务成本已经发生并最终在本月加以确认。那么，也就必须将这个 1 000 元确认为本月的主营业务收入，以便于将两者在本月进行对比计算利润。况且，货款也收到了。所以要做会计分录：

1. 借：库存现金　　　　1 000.00
　　贷：主营业务收入　　　　1 000.00
2. 借：主营业务成本　　　　800.00
　　贷：库存商品　　　　800.00

若商品已经销售，但是没收到货款呢？因为确认收入的前提是一样的，所以，仍然要做本月的主营业务收入登记入账，和上一个分录的区别仅在于借方科目要用应收账款而已。

借：应收账款　　　　1 000.00
　贷：主营业务收入　　　　1 000.00
借：主营业务成本　　　　800.00
　贷：库存商品　　　　800.00

(二)凡是不属于本月的收入，不管款项是否收到，均不作为本月的收入处理

在这里，仍然不看款项是否收到，看属于不属于。如果不属于，即便是收到货款，也不能做本月收入登记入账。比如客户 A 从公司购买甲产品，按合同的约定，交来预付货款 2 000 元放在出纳处。货款虽然已经收到，是否就可以作为本月的收入记账？不行，要看属于不属于。因为库存商品并未减少，也未引起资产向费用的转化，主营业务成本并未发生，如果把这 2 000 元作为本月收入登记入账，则无法实现收入与相关费用的对比计算利润。所以，所收货款在公司未向对方提供商品以前，只能作预收账款处理：

借：库存现金　　　　2 000.00
　贷：预收账款——A 公司　　　　2 000.00

假若下一个月向 A 公司提供了 2 000 元的商品，产品的制造成本是 1 600 元。那个时候因为满足了确认收入的条件，就可以做收入登记入账了。

借：预收账款——A 公司　　　　2 000.00

贷:主营业务收入 2 000.00

借:主营业务成本 1 600.00

贷:库存商品 1 600.00

从这里,你可以看出,权责发生制规定了收入的入账时间。收到货款是在本月,收入却确认在了下一个月。如果按照收付实现制,收到货款的这个月就作收入处理了。至于什么时候提供商品和主营业务成本什么时候发生,均不考虑。另外,权责发生制还规定了收入的入账金额。如果上例公司仅向对方提供了 1 000 元的商品,会计分录就应该这样做了:

借:预收账款——A 公司 1 000.00

贷:主营业务收入 1 000.00

借:主营业务成本 800.00

贷:库存商品 800.00

(三)凡是属于本月的费用,不管款项是否支出,均作为本月费用登记入账

要不要作为本月的费用登记入账,不看款项是否已经支出,主要还是看属于不属于。怎么叫属于?即发现与此费用相关的收入已经发生并登记入账,那么,这个费用也要登记入账,即便是没有实际支出,也要这样做。比如,公司从银行借入为期三个月的短期借款 50 000 元,每月需支付利息 260 元,双方约定:分月付息一次还本。在第一个月末,公司向银行支付利息 260 元。款项已经支付就是这个月的财务费用吗?不看款项是否支付,关键还是看属于不属于。我们看到这个支出的 260 元已经和这个月的收入构成了明确的因果关系。因为付出了这个利息,所以公司享受了 50 000 元的使用权,正是由于这个 50 000 元钱的参与经营支持了公司的生产和销售,有关收入已经发生并登记入账,自然这个 260 元也应该做费用登记入账。

借:财务费用 260.00

贷:库存现金 260.00

以便于与已经确认的收入互相对比计算利润,况且,这个已经实际发生。

如果我们改变一下付款方式呢?一次还本付息。到这个月月末,公司并未支付 260 元利息。没有支付就不作为本月的费用处理吗?还是要看条件。这个月公司仍然享有了 50 000 元的使用权,并通过运用这个 50 000 元,支持了本月的生产和销售。有关收入已经发生并登记入账,这个利息作为当月的费用还是要确认的,以便于和相关收入互相对比计算利润。和上一个分录不同的是,因为没有实际支付,我们在把它当作本月的费用确认的时候,又把它当作是一项负债记录下来,因为这意味着从月末开始,公司实际上是欠了银行 260 元的利息,公司产生了一项负债。

借:财务费用 260.00

贷:其他应付款——某银行 260.00

所以你看到,由于权责发生制的约束,虽然该款项并未支付,但是我们仍然要把它作为当月的财务费用登记入账。在收付实现制下,就不会作费用处理了,因为它是按照支付没支付来确认的。

第二个月末,做同样的会计分录:

借:财务费用　　　　　　　　　260.00

　贷:其他应付款——某银行　　　　　260.00

第三个月末,实际支付利息 780 元。其中 260 元是第三个月的财务费用,另外 520 元,是偿还了前两个月所欠银行的利息,所以应做会计分录:

借:其他应付款　某银行　　　　520.00

　　财务费用　　　　　　　　　260.00

　贷:库存现金　　　　　　　　　　780.00

我们将三个月的会计分录登记入账:

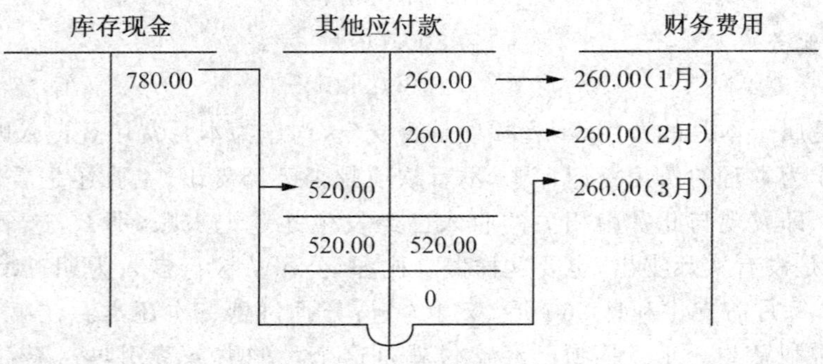

公司最终支付利息 780 元,根据权责发生制,我们把它分摊在了三个月里,以便于和 50 000 元在每个月里所产生的收入进行对比。我们又将这个过程叫摊销。这种摊销的特点是先确定为费用,将来才支付,是往前摊。摊销这种对费用的处理方法只有权责发生制下才有。如果按照收付实现制,780 元的利息费用就全算到实际支付的 3 月份了。

(四)凡是不属于本月的费用,不管款项是否支出,均不作为本月费用处理;即便是款项已经支出,如果不属于,也不算作是当月费用

例如:2015 年 12 月 15 日,公司为管理部门支付 2016 年全年的保险费 2 400 元。你说这个好处理,给管理部门交的保险,其费用应属于管理费用,于是做分录借记管理费用,贷记库存现金。其实你错了,为什么呢?因为支付的是 2016 年的保险费。2015 年 12 月份公司的所有收益均与这个费用无关。所以,不能拿它作为 2015 年 12 月份的费用与这个月份的收入进行配比计算利润。只能先作其他应收款处理,应做会计分录:

借:其他应收款——某保险公司　　　2 400.00

　贷:库存现金　　　　　　　　　　　2 400.00

到 2016 年 1 月末,因为公司已经享有了一个月的被保险的权益,这些权益有效的保证了公司的正常经营与管理,促进了公司的产品生产和销售,就中有关收入已经发生并登记入账,这个时候,就应当分摊 1/12 的费用,以与它所带来的 1/12 的效益进行对比,计算利润。所以,应做会计分录:

借:管理费用　　　　　　　　　200.00

　贷:其他应收款——某保险公司　　200.00

以此类推,因为 2 400 元会在 2016 年每个月都带给公司带来效益,所以每个月都要分摊 1/12 的费用,以便于与每个月的收入对比核算利润。直到 2016 年 12 月底,公司在保险公司的债权将全部丧失,这些债权全部转化成费用并分摊在了这一年的 12 个月里。

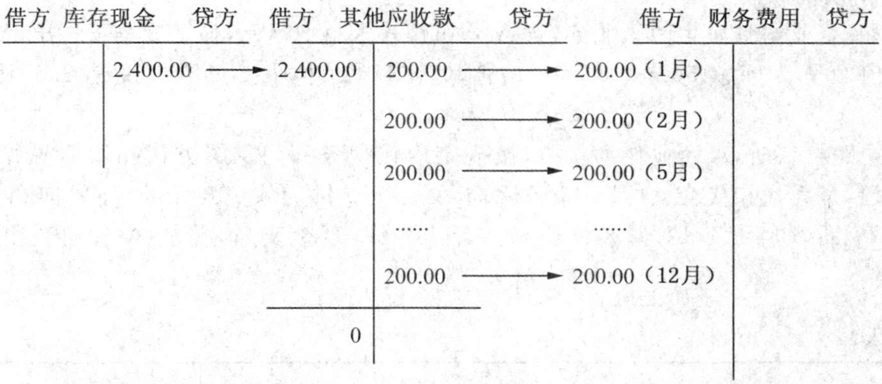

我们看到在权责发生制下,有关款项虽然是在 2015 年 12 月份支付的,但是,当时并未作费用处理,而是在保险的效益期逐月进行了分摊。这也是摊销,与上面例题不一样的地方是,先支付,后摊销,往后摊。收付实现制在处理这一问题则不一样,在 2015 年 12 月支付这笔款项的时候,就一次性作为当月的费用登记入账了。

拿权责发生制和收付实现制来比较,就处理方法而言,后者要简单得多。但在核算利润上,前者更合理。收付实现制由于有因果关系的收入和费用往往不在同一个月确认,所以,计算的利润往往会出现虚高虚低的情况。我国财务制度规定企业应当使用权责发生制来确认收入和费用。

第二节　增值税的核算

增值税是涉及企业最广泛的税种。在中华人民共和国境内销售应税商品或劳务的公司,都是增值税的纳税义务人。增值税是仅就企业在生产销售过程中增值的部分征收的税。增值额大,交的就多,增值额小,交的就少,没有增值,则不交。增值税税率分数档,纳税人出口货物的,为零税率;销售粮食、食用植物油、自来水、暖气、冷气、热气、煤气、石油液化气、天然气、沼气、居民用煤炭制品、图书、报纸、杂志、饲料、化肥、农药、农机、农膜、农产品、金属矿采选品、非金属矿采选产品以及国务院规定的其他货物,执行 13%;企业一般产品,执行基本税率 17%。营改增后,服务业也成为了增值税纳税人,其税率为:提供有形动产租赁服务,税率为 17%;提供交通运输、邮政、基础电信、建筑、不动产租赁服务,销售不动产,转让土地使用权,税率为 11%;其余服务业税率为 6%。

增值税纳税人根据其在经营规模大小以及会计核算是否健全划分为一般纳税人和小规模纳税人。

小规模纳税人发生应税行为适用简易计税方法计税:

应扣缴税额＝购买方支付的价款÷(1＋税率)×税率

小规模纳税人发生的进项税不能抵扣。

一般纳税人发生应税行为多使用一般计税方法计税，其核算方法的要点是：

1. 代扣代交。

2. 销项税额减进项税额。

例如：企业本月发生两笔业务，自A公司购入木料100元，加工成桌子售出，售价150元。增值额是50元(150－100元)，增值税率17%，本月应交增值税是8.5元(50元×17%)。

公司购材料时，A企业作为卖方，按规定应代税务部门从买方代扣增值税并转交给税务部门，是为代扣代交。所以，企业除向A公司支付货款100元外，还要向A公司交纳税款17元(100元×17%)。价税款共计117元，现金支付，并从A公司获得增值税发票。

交款人：

金　额		税率	税额
	100.00	17%	17.00
价税款合计	117.00		

我们把其中因购入商品交出去的17元称作“进项税额”。根据一般纳税人购入材料所交纳的增值税不进材料成本，需单独核算，我们来讨论分析该经济业务记账凭证的制作方法。因为支付现金117元，故应贷记库存现金117元，其中100元是材料的采购成本，应借记在途物资(或材料采购、原材料)，其中17元是增值税，应通过应交税费总账、应交增值税明细账核算。应交增值税明细账比较特殊，是借贷方多栏式，样式如下：

应交税费(增值税)明细账

借　方				贷　方				借或贷	余额
合计	进项税额	已交税金	未交增值税转出	合计	销项税额	出口退税	进项税额转出		

上述17元是公司在该次商品交易应交纳的增值税，因为随同货款已经交纳，是为负债的减少，应记入总账明细账的借方，并注意记入增值税明细账借方“进项税”额一栏。故应做凭证如下：

借:在途物资 100.00

　应交税费——应交增值税(进项税额) 17.00

　贷:库存现金 117.00

即实务中的:

记账凭证

2016 年×月×日　　　　记字第×号

摘要	总账科目	明细科目	借方	贷方	记账
购材料	在途物资		100.00		
	应交税费	应交增值税(进项税额)	17.00		
	库存现金			117.00	
合计			117.00	117.00	

会计主管 ×× 记账×× 出纳×× 审核×× 制单××

这一张我们叫作“模式凭证”,一般纳税人,只要是购入商品,都是这样做,尤其是借方科目,基本不变。购入商品,是在途物资这种资产的增加,肯定要走在途物资账户并记入账户的借方,同时需交纳增值税进项税额,是负债的减少应记入应交税费总账和应交增值税明细账户的借方。贷方科目可能不同,若款项用现金支付,则贷记库存现金,若款项用银行存款支付,则贷记银行存款,若款项未支付,则贷记应付账款,若出具商业汇票,则贷记应付票据。

当销售桌子时,因为企业已经转换成销售方,在向对方收取 150 元货款时,还应代税务部门从购买方 B 公司那里代扣增值税转交给税务部门,所以,应收价税款合计是 175.50 元[150+(150×17%)]企业收到价税款并向 B 公司出具增值税发票。

付款人:B 公司

金额		税率	税额
	150.00	17%	25.50
价税款合计	175.50		

我们把其中因销售商品扣进来的 25.5 元的增值税,叫作“销项税额”。所以,该记账凭证的制作方法是:收到现金应借记库存现金 175.5 元,其中 150 元是产品销售收入,故应贷记主营业务收入 150 元,另外 25.5 元是税,应通过应交税费总账和应交增值税明细账核算,因为扣入的税须待下一个月纳税申报后交纳,现在不交,也就意味着从现在开始

就欠了税务部门25.5元的税钱，是负债增加，应记入应交税费总账和应交增值税明细账的贷方，尤其注意记入应交增值税明细账贷方的"销项税额"栏目。

借：库存现金　　175.50

　贷：应交税费——应交增值税（销项税额）　　25.50

　　主营业务收入　　150.00

即实务中的：

记 账 凭 证

2016年×月×日　　记字第×号

摘 要	总账科目	明细科目	借 方	贷 方	记账
购材料	库存现金		175.50		
	主营业务收入			150.00	
	应交税费	应交增值税（销项税额）		25.50	
合计			175.50	175.50	

会计主管 ××　记账××　出纳××　审核××　制单××

我们把两张记账凭证登记入账：

应交税费（应交增值税）明细账

借方				贷方				借或贷	余额
合计	进项税额	已交税金	未交增值税转出	合计	销项税额	出口退税	进项税额转出		
17.00		17.00							
				25.50	25.50				
17.00				25.50				贷	8.50

应交增值税明细账的期末贷方余额是8.5元，正是本月生产销售增值额的17%。

我们在向税务部门申报的时候，并非提供上述的账户记录，而是提供上述两张增值税发票。第二张增值税发票向税务部门证明企业本月代扣的税金是25.5元，而第一张增值税发票证明企业本月已经交纳了17元的增值税，本月应该交纳多少，自然是扣进来的减掉已经交纳的，即：销项税额－进项税额 也即：25.5－17＝8.5（元）。

我们为什么不直接按照（150－100）×17% 来计算交纳增值税呢？而是必须经过两道程序：购买材料时交出增值税，销售商品时扣进增值税，然后扣进来的销项税额减交出去的进项税额，而计算应交纳的增值税呢？因为这种方式可以保证增值税的征收不会出现偷税漏税的情况。增值税的计算是按照增值税发票上的销项税额和进项税额计算的，在商品交易过程中，它能使交易双方形成一种制约关系，一方若少交多少增值税，另一方必定多交同样的增值税，基于各自的经济利益，这种制约关系迫使双方出具客观真实的增值税发票，只要发票如实出具，纳税人就很难偷漏税。

在实际工作中，到月末，我们还要将应交增值税明细账中期末余额 8.5 元转至应交税费总账之下的未交增值税明细账中反映。转出后，应交增值税明细账期末余额为零。

借：应交税费——应交增值税（未交增值税转出）　　8.50

　贷：应交税费——未交增值税　　8.50

借方	未交增值税（明细账）贷方
	8.50 ←
	8.50

借方	应交增值税（明细账）贷方
17.00	
	25.00
8.50	
	0

借方	应交税费（总账）贷方
17.00	
	25.50
8.50	8.50
	8.50

实务中：

应交税费（应交增值税）明细账

借方				贷方				余额
合计	已交税金	进项税额	未交增值税转出	合计	销项税额	出口退税	进项税额转出	
17.00		17.00						
				25.50	25.50			
8.50			8.50					
25.50				25.50				0

应交税费明细账

科目 未交增值税

2016 年		凭证		摘要	借 方	贷 方	借或贷	余额
月	日	种类	号数					
5	1			月初余额				800.00
	9	×	×	交税	800.00			
	31	×	×	转入未交增值税		8.50		
	31	×	×	月末合计	800.00	8.50		8.50

为什么要将 8.5 元的余额从应交增值税明细账转至未交增值税明细账中去呢？我们知道，不同的账户所核算和表达的意思不同，应交增值税明细账账户的重点是反映未

交增值税是如何形成的，而未交增值税明细账账户所反映的是到月末还有多少增值税未交。两者重点不同。这种处理方法也是税务部门明确规定的。如若不转，让 8.5 元的期末余额留在应交增值税明细账上，也不影响该负债在资产负债表中的反映。

第三节　综合举例

我们将第二章中关于资产、负债和所有者权益，以及收入、费用核算的两个例子和在一起，将其中数字略加调整，并引入权责发生制和增值税的核算，全面系统地展示会计的核算过程。

×××公司 2016 年 5 月 1 日有关账户的月初余额

资产		负债和所有者权益	
库存现金	25 000.00	短期借款	50 000.00
银行存款	107 000.00	应付票据	20 000.00
交易性金融资产	55 000.00	应付账款	30 000.00
应收票据	26 000.00	应付职工薪酬	58 000.00
应收账款	39 000.00	应交税费	24 000.00
其他应收款	2 000.00	应付利息	540.00
在途物资	9 000.00	其他应付款	4 000.00
原材料	50 000.00	实收资本	500 000.00
生产成本	48 000.00	资本公积	5 460.00
库存商品	121 000.00	盈余公积	30 000.00
固定资产	370 000.00	本年利润	60 000.00
累计折旧	－60 000.00	利润分配	10 000.00
合计	792 000.00	合计	792 000.00

假设：企业 2016 年 5 月份发生下列经济业务，并进行了账务处理。

1. 5 月 1 日，车间为生产产品，领用原材料 28 000 元。

借：生产成本　　28 000.00

　贷：原材料　　28 000.00

2. 5 月 2 日，销售甲产品 90 件，应收货款 205 800 元，应收税款 34 986 元，价税款合计 240 786 元，通过银行转账支票收取 200 000 元，另 1130 元，客户暂欠。

借：银行存款　　200 000.00

　应收账款　　40 786.00

　贷：主营业务收入　　205 800.00

　　应交税费——应交增值税（销项税额）　　34 986.00

3.5月3日，用银行存款偿还所欠供应商货款13 905元。

借：应付账款　　13 905.00

　贷：银行存款　　13 905.00

4.5月3日，支付广告宣传费3 180元(含税，税率6%)。

借：销售费用　　3 000.00

　应交税费——应交增值税(进项税额)　　180.00

　贷：库存现金　　3 180.00

5.5月5日，收到某单位100 000元的设备投资。

借：固定资产　　100 000.00

　应交税费——应交增值税(进项税额)　　17 000.00

　贷：实收资本　　117 000.00

6.5月7日，用银行存款交纳税费22 000元。

借：应交税费　　22 000.00

　贷：银行存款　　22 000.00

7.5月8日，用现金购买办公用品1 300元，销售部门使用500元，行政管理部门使用800元。

借：销售费用　　500.00

　管理费用　　800.00

　应交税费——应交增值税(进项税额)　　221.00

　贷：库存现金　　1 521.00

8.5月8日，销售产品时，发生运杂费333元(含税，税率11%)，用现金支付。

借：销售费用　　300.00

　应交税费——应交增值税(进项税额)　　33.00

　贷：库存现金　　333.00

9.5月10日，用现金支付银行结算手续费50元

借：财务费用　　50.00

　贷：库存现金　　50.00

10.5月12日，用银行存款支付产品参展会费2 900元(含税，税率6%)。

借：销售费用　　2 900.00

　应交税费——应交增值税(进项税额)　　174.00

　贷：银行存款　　3 074.00

11.5月13日，销售材料30公斤，每公斤90元，增值税税率17%，收到价税款现金合计3 159元。

借：库存现金　　3 159.00

　贷：其他业务收入　　2 700.00

　　应交税费——应交增值税(销项税额)　　459.00

12.5月14日，收到供应商交来违约金500元。

借:库存现金 500.00

贷:营业外收入 500.00

13.5月15日,用现金支付行政管理部门招待费2 438元(含税,税率6%)。

借:管理费用 2 300.00

应交税费——应交增值税(进项税额) 138.00

贷:库存现金 2 438.00

14.5月16日用现金支付差旅费1 490元,其中销售部门550元,行政管理部门940元(未获得有效可抵扣发票)。

借:销售费用 550.00

管理费用 939.00

贷:库存现金 1 489.00

15.5月15日,用银行存款58 000支付职工工资。

借:应付职工薪酬 58 000.00

贷:银行存款 58 000.00

16.5月17日,为支持灾区重建,公司向红十字会捐赠5 000元,银行转账。

借:营业外支出 5 000.00

贷:银行存款 5 000.00

17.5月18日,从银行提现金6 000元备用。

借:库存现金 6 000.00

贷:银行存款 6 000.00

18.5月20日,在途材料7 000元验收入库。

借:原材料 7 000.00

贷:在途物资 7 000.00

19.5月20日,某职工预借差旅费2 000元。

借:其他应收款 2 000.00

贷:库存现金 2 000.00

20.5月22日,因持有某公司债券,收到对方发放的本月利息250元存入银行。

借:银行存款 249.70

贷:投资收益 249.70

21.5月23日,收回客户所欠货款18 000元存入银行。

借:银行存款 18 000.00

贷:应收账款 18 000.00

22.5月24日,购入材料8 000元,增值税税率17%。材料未收到,货款未付。

借:在途物资 8 000.00

应交税费——应交增值税(进项税额) 1 360.00

贷:应付账款 9 360.00

23.5月25用现金支付本月电费共计1 600元,其中销售部门使用900元,行政管理部门使用 700 元(不含税,税率 17%)。

借:销售费用 900.00

　管理费用 700.00

　应交税费——应交增值税(进项税额) 272.00

　贷:库存现金 1 872.00

24.5 月 28 日,偿还银行短期借款 10 000 元,用银行存款支付。

借:短期借款 10 000.00

　贷:银行存款 10 000.00

25.5 月 31 日,用银行存款支付一季度借款利息 810 元。

借:财务费用 270.00

　应付利息 540.00

　贷:银行存款 810.00

26.5 月 31 日,本月销售部门和管理部门应分别分摊保险费 300 元和 1 182 元

借:销售费用 300.00

　管理费用 1 182.00

　贷:其他应收款 1 482.00

27.5 月 31 日,车间本月耗用电费 4 680 元(含税,税率 17%),用银行存款支付。

借:制造费用 4 000.00

　应交税费——应交增值税(进项税额) 680.00

　贷:银行存款 4680.00

28.5 月 31 日,计提折旧。车间、销售部门和行政管理部门因使用固定资产所分摊的费用分别是 4 500 元、3 800 元和 3 100 元。

借:制造费用 4 500.00

　销售费用 3 800.00

　管理费用 3 100.00

　贷:累计折旧 11 400.00

29.5 月 31 日,经统计,车间工人应发工资 50 000 元,车间管理人员应发工资 6 000 元,销售部门应发工资 9 000 元,行政管理部门应发工资 11 000 元。

借:生产成本 50 000.00

　制造费用 6 000.00

　销售费用 9 000.00

　管理费用 11 000.00

　贷:应付职工薪酬 76 000.00

30.5 月 31 日,月末结转制造费用。

借:生产成本 14 500.00

　贷:制造费用 14 500.00

31.5 月 31 日,完工产品 70 件加工完毕验收入库,应分摊生产成本 70 000 元。

借:库存商品　　70 000.00
　贷:生产成本　　70 000.00

32.5 月 31 日,月末结转已销售甲产品成本。已销售甲产品的成本是 98000 元(1 000 元× 98 件)。

借:主营业务成本　　98 000.00
　贷:库存商品　　98 000.00

33.5 月 31 日,月末结转已销售 A 材料成本。已销售材料成本是 2 100 元(70 元× 30 公斤)

借:其他业务成本　　2 100.00
　贷:原材料　　2 100.00

34.5 月 31 日,经计算本月应交纳城建税和教育费附加共计 1 538.7 元。

借:营业税金及附加　　1 538.70
　贷:应交税费　　1 538.70

35.5 月 31 日,计算本月所得税费用是 15 255 元,并登记入账。

借:所得税费　　15 255.00
　贷:应交税费　　15 255.00

36.5 月 31 日,结转损溢(转收入)。

借:主营业务收入　　205 800.00
　其他业务收入　　2 700.00
　投资收益　　249.70
　营业外收入　　500.00
　贷:本年利润　　209 249.70

37.5 月 31 日,结转损溢(转费用)。

借:本年利润　　163 484.70
　贷:主营业务成本　　98 000.00
　　其他业务成本　　2 100.00
　　营业税金及附加　　1 538.70
　　销售费用　　21 250.00
　　管理费用　　20 021.00
　　财务费用　　320.00
　　营业外支出　　5 000.00
　　所得税费用　　15 255.00

设置总账账号,并按照记账凭证登记入账。

借方	库存现金	贷方
期初 25 000.00		
⑪ 3 159.00		④ 3 180.00
⑫ 500.00		⑦ 1 521.00
⑰ 6 000.00		⑧ 333.00
		⑨ 50.00
		⑬ 2 438.00
		⑭ 1 489.00
		⑲ 2 000.00
		㉓ 1 872.00
9 659.00		12 883.00
期末 21 776.00		

借方	银行存款	贷方
期初 107 000.00		
② 200 000.00		③ 13 905.00
⑳ 249.70		⑥ 22 000.00
㉑ 18 000.00		⑩ 3 074.00
		⑮ 58 000.00
		⑯ 5 000.00
		⑰ 6 000.00
		㉔ 10 000.00
		㉕ 810.00
		㉗ 4 680.00
218 249.70		123 469.00
期末 201 780.70		

借方	交易性金融资产	贷方
期初 55 000.00		
期末 55 000.00		

借方	应收票据	贷方
期初 26 000.00		
期末 26 000.00		

借方	应收账款	贷方
期初 39 000.00		
② 40 786.00		㉑ 18 000.00
40 786.00		18 000.00
期末 61 786.00		

借方	其他应收款	贷方
期初 2 000.00		
⑲ 2 000.00		㉖ 1 482.00
2 000.00		1 482.00
期末 2 518.00		

借方	在途物资	贷方
期初 9 000.00		
㉒ 8 000.00		⑱ 7 000.00
8 000.00		7 000.00
期末 10 000.00		

借方	原材料	贷方
期初 50000.00		
⑱ 7 000.00		① 28 000.00
		㉝ 2 100.00
7 000.00		30 100.00
期末 26 900.00		

借方	库存商品	贷方
期初 121 000.00		
㉛ 70 000.00		㉜ 98 000.00
70 000.00		98 000.00
期末 93 000.00		

借方	制造费用	贷方
㉗ 4 000.00		
㉘ 4 500.00		
㉙ 6 000.00		㉚ 14 500.00
14 500.00		14 500.00
期末 0		

借方	生产成本	贷方
期末 48 000.00		
① 28 000.00		
㉙ 50 000.00		
㉚ 14 500.00		㉛ 70 000.00
92 500.00		70 000.00
期末 70 500		

借方	固定资产	贷方
期末 370 000.00		
⑤ 100 000.00		
100 000.00		
期末 470 000		

累计折旧

借方	贷方
	期初 60 000.00
	㉘ 11 400.00
	11 400.00
	期末 71 400.00

短期借款

借方	贷方
	期初 50 000.00
㉔ 10 000.00	
10 000.00	
	期末 40 000.00

应付票据

借方	贷方
	期初 20 000.00
	期末 20 000

应付账款

借方	贷方
	期初 30 000.00
③ 13 905.00	㉒ 9 360.00
13 905.00	9 360.00
	期末 25 455.00

应付职工薪酬

借方	贷方
	期初 58 000.00
⑮ 58 000.00	㉙ 76 000.00
58 000.00	76 000.00
	期末 76 000.00

应交税费

借方	贷方
	期初 24 000.00
④ 180.00	② 34 986.00
⑤ 17 000.00	⑪ 459.00
⑥ 22 000.00	㉞ 1 538.70
⑦ 221.00	㉟ 1 5255.00
⑧ 33.00	
⑩ 174.00	
⑬ 138.00	
㉒ 1 360.00	
㉓ 272.00	
㉗ 680.00	
42 058.00	52 238.70
	期末 34 180.70

应付利息

借方	贷方
	期初 540.00
㉕ 540.00	
540.00	
	期末 0

其他应付款

借方	贷方
	期初 4 000.00
	期末 4 000.00

实收资本

借方	贷方
	期初 500 000.00
	⑤ 117 000.00
	117 000.00
	期末 617 000.00

资本公积

借方	贷方
	期初 5 460.00
	期末 5 460.00

盈余公积

借方	贷方
	期初 30 000.00
	期末 30 000.00

本年利润

借方	贷方
	期初 60 000.00
㊲ 163 484.70	㊱ 209 249.70
163 484.70	209 249.70
	期末 105 765.00

利润分配

借方	贷方
	期初 10 000.00
	期末 10 000.00

借方	主营业务收入 贷方
㊱ 205 800.00	② 205 800.00
205 800.00	205 800.00
	期末 0

借方	其他业务收入 贷方
㊱ 2 700.00	⑪ 2 700.00
2 700.00	2 700.00
	期末 0

借方	投资收益 贷方
㊱ 249.70	⑳ 249.70
249.70	249.70
	期末 0

借方	营业外收入 贷方
㊱ 500.00	⑫ 500.00
	期末 0

借方	主营业务成本 贷方
㉜ 98 000.00	㊲ 98 000.00
期末 0	

借方	其他业务成本 贷方
㉜ 2 100.00	㊲ 2 100.00
期末 0	

借方	营业税金及附加 贷方
㉞ 1 538.70	㊲ 1 538.70
1 538.70	1 538.70
期末 0	

借方	销售费用 贷方
④ 3 000.00	㊲ 21 250.00
⑦ 500.00	
⑧ 300.00	
⑩ 2 900.00	
⑭ 550.00	
㉓ 900.00	
㉖ 300.00	
㉘ 3 800.00	
㉙ 9 000.00	
21 250.00	21 250.00
期末 0	

借方	管理费用 贷方
⑦ 800.00	㊲ 20 021.00
⑬ 2 300.00	
⑭ 939.00	
㉓ 700.00	
㉖ 1 182.00	
㉘ 3 100.00	
㉙ 11 000.00	
20 021.00	20 021.00
期末 0	

借方	财务费用 贷方
⑨ 50.00	㊲ 320.00
㉕ 270.00	
320.00	320.00
期末 0	

借方	营业外支出 贷方
⑯ 5 000.00	㊲ 5 000.00
5 000.00	5 000.00
期末 0	

借方	所得税费用 贷方
㉟ 15 255.00	㊲ 15 255.70
15 255.70	15 255.70
期末 0	

为检查记账是否有错，现编制试算平衡表如下：

2016 年 5 月试算平衡表

账户名称	期初余额		本期发生额		期末余额	
	借方	贷方	借方	贷方	借方	贷方
库存现金	25 000.00		9 659.00	12 883.00	21 776.00	
银行存款	107 000.00		218 249.70	123 469.00	201 780.70	
交易性金融资产	55 000.00				55 000.00	
应收票据	26 000.00				26 000.00	
应收账款	39 000.00		40 786.00	18 000.00	61 786.00	
其他应收款	2 000.00		2 000.00	1 482.00	2 518.00	
在途物资	9 000.00		8 000.00	7 000.00	10 000.00	
原材料	50 000.00		7 000.00	30 100.00	26 900.00	
生产成本	48 000.00		92 500.00	70 000.00	70 500.00	
库存商品	121 000.00		70 000.00	98 000.00	93 000.00	
固定资产	370 000.00		100 000.00		470 000.00	
累计折旧	—60 000.00			11 400.00	—71 400.00	
制造费用			14 500.00	14 500.00		
短期借款		50 000.00	10 000.00			40 000.00
应付票据		20 000.00				20 000.00
应付账款		30 000.00	13 905.00	9 360.00		25 455.00
应付职工薪酬		58 000.00	58 000.00	76 000.00		76 000.00
应交税费		24 000.00	42 058.00	52 238.70		34 180.70
应付利息		540.00	540.00			0
其他应付款		4 000.00				4 000.00
实收资本		500 000.00		117 000.00		617 000.00
资本公积		5 460.00				5 460.00
盈余公积		30 000.00				30 000.00
本年利润		60 000.00	163 484.70	209 249.70		105 765.00
利润分配		10 000.00				10 000.00
主营业务收入			205 800.00	205 800.00		
其他业务收入			2 700.00	2 700.00		
投资收益			249.70	249.70		
营业外收入			500.00	500.00		
主营业务成本			98 000.00	98 000.00		
其他业务成本			2 100.00	2 100.00		
营业税金及附加			1 538.70	1 538.70		
销售费用			21 250.00	21 250.00		
管理费用			20 021.00	20 021.00		
财务费用			320.00	320.00		
营业外支出			5 000.00	5 000.00		
所得税费用			15 255.00	15 255.00		
合计	792 000.00	792 000.00	1 223 416.80	1 223 416.80	967 860.70	967 860.70

根据资产、负债和所有者权益类账户的本月期末余额额，编制本月的资产负债表：

资 产 负 债 表

单位名称： 2016 年 5 月 31 日 单位：元

资产	年初数	期末数	负债和所有者权益	年初数	期末数
流动资产：			负债：		
货币资金		223 556.70	短期借款		40 000.00
交易性金融资产		55 000.00	应付票据		20 000.00
应收票据		26 000.00	应付账款		25 455.00
应收账款		61 786.00	应付职工薪酬		76 000.00
其他应收款		2 518.00	应交税费		34 180.70
存货		20 0400.00	应付利息		
流动资产合计		569 260.70	其他应付款		4 000.00
固定资产：			流动负债合计		199 635.70
固定资产原价		470 000.00	长期借款		
减：累计折旧		71 400.00	负债合计		199 635.70
固定资产合计		398 600.00			
无形资产			所有者权益：		
长期待摊费用			实收资本		617 000.00
非流动资产合计		398 600.00	资本公积		5 460.00
			盈余公积		30 000.00
			未分配利润		115 765.00
			所有者权益合计		768 225.00
资产总计		967 860.70	负债和所有者权益总计		967 860.70

根据收入和费用类账户的本月发生额，编制本月的利润表：

利润表

单位名称：　　2016年5月份　　单位：元

项目	本期余额	上期余额
一、营业收入	208 500.00	
减：营业成本	100 100.00	
营业税金及附加	1 538.70	
销售费用	21 250.00	
管理费用	20 021.00	
财务费用	320.00	
资产减值损失		
加：公允价值变动收益		
投资收益	249.70	
二、营业利润	65 520.00	
加：营业外收入	500.00	
减：营业外支出	5 000.00	
三、利润总额	61 020.00	
减：所得税费用	15 255.00	
四、净利润	45 765.70	
五、每股收益		
（一）基本每股收益		
（二）稀释每股收益		

第六章

总账与明细账

第一节　账户的样式

我们再来看看总账与明细账的问题。我们在上边的例题中讲的都是总分类核算，也就是仅仅讲了总账的记账、算账与结账的过程，没有讲明细账，而且也没有专门针对总账的介绍，会计核算既要有总账核算也要有明细分类核算。

一、总账、明细账概念

(一)总分类账

总分类账简称"总账"，是总括地反映某个一级会计科目所指向的会计要素增减变动的账户。它有两个特点，一是按会计科目设置，会计科目上有的，同时企业又实际拥有这类会计要素，就设置账户进行核算。账户名称必须和会计科目名称保持一致。例如会计科目中有应收账款，企业又有客户欠企业货款的情况，那就要设置总账应收账款，对这些债权进行核算。二是总括地反映这些会计要素的变动情况。例如应收账款总账，不管是客户甲还是客户乙，全部客户的欠款都反映在应收账款总账之中，你在总账里无法了解每一位客户所欠货款及偿还货款的具体情况，但是你可以对所有客户所欠货款及偿还的总体情况一目了然。比如，这个月月初，所有客户还欠企业多少货款，本月所有客户所欠货款新增情况，本月所有客户货款的归还情况，以及月末所有客户尚欠企业多少货款还没有归还等。

(二)明细账

明细账即明细分类账，是逐笔的、序时地反映二级及以下会计科目所指向的会计要素增减变动的账户。它也有两个特点，一是所反映的是总账里边某一小类会计要素的增减变动，比如，在原材料总账之下所设置的库存材料 A 材料的明细账或者是 B 材料明细账。二是它的登记是序时的逐笔的，即先发生的先记后发生的后记，而且是逐笔地登记并随时结出余额或发生额，以便于及时地检查是否账实相符。如果想了解企业全部的库存材料的增减变动及结存情况，可以去看原材料总账，如果想了解 A 材料的库存变动及结存情况，就得去查 A 材料的明细账，关于 A 材料的月初数、本月增加数、本月减少数和月末结存数分别是多少，材料明细账有清清楚楚的记录。

二、总账、明细账样式

总账和明细账的格式也有不同。

(一)从外在的样式来看，总账是订本式的，并且有固定的页码。其格式是统一的三栏式。

总 账

科目　　　　　　　　　　　　　　　　　　　　　　第 页

年		凭证		摘要	借 方	贷 方	借或贷	余额
月	日	凭证	号数					

(二)明细账多是活页式的(现金日记账和银行存款日记账除外)。从内部结构来看，总账只是简单的三栏式的，而明细账则有三栏式的、数量金额式的、多栏式的等多种样式。当然，不管样式多么复杂的明细账，其基本结构是不变的，即都具备借方、贷方和余额三栏。不同样式的明细账用于不同总账之下开设明细。下面介绍几种常用的明细账。

1. 三栏式明细账

三栏式明细账，其样式和总账相同，即简单地分为借方、贷方和余额三栏。

明细分类账

科目　　　　　　　　　　　　　　　　　　　　　　第 页

年		凭证		摘要	借 方	贷 方	借或贷	余额
月	日	凭证	号数					

哪种总账之下开设明细需要这种格式的？你发现对那个会计要素的反映仅仅需要用一个简单的金额来反映它的月初数、本月增加数、本月减少数和期末数就可以了，那么，你就使用这种格式的明细账。比如，应收账款之下为甲客户开设的明细账，也就仅仅

用月初金额数、本月增加金额数、本月减少金额数和期末金额数来反映他与企业的债权关系的变化，用三栏式就足够了。再例如应付职工薪酬，无论明细账设置到某各部门还是个人，也就反映月初欠他多少钱的工资，本月支付给他了多少钱的工资，本月又欠了他多少钱的工资，月末还有多少钱的工资尚未支付给他，所以，应付职工薪酬开设明细账，用这种三栏式的也就可以了。因此绝大多数总账之下开设明细账，都选用这种格式的。具体来说，资产类里边除了存货类，负债里边除了应交税费之下开设的应交增值税明细账，全部所有者权益类账户，都可以选择这种格式的明细账来做自己的明细账使用。至于收入类和费用类，也可以用这种格式的明细账。

例如：

明细分类账

科目　　　　　　　　第　页

年		凭证		摘要	借方	贷方	借或贷	余额
月	日	凭证	号数					

应收账款　明细分类账

科目　甲客户　　　　　　　　第　页

年		凭证		摘要	借方	贷方	借或贷	余额
月	日	凭证	号数					
								58 000.00
					20 000.00			
						60 000.00		
								18 000.00

2. 数量金额式明细账

这种明细账仍然是借方、贷方和余额三栏，只不过我们看到每一栏又进一步分成了单价、数量和金额三小栏，所以，我们将它叫作“数量金额式”。

例如：

明细分类账

科目：____ 名称：____ 规格：____ 单位：个 地点：____ 最低限额：____ 最高限额：____

年		凭证	摘要	借方			贷方			余额		
月	日			单价	数量	金额	单价	数量	金额	单价	数量	金额

这种格式的明细账只用作存货类总账之下开设明细。比如，原材料下边的库存A材料、库存B材料等明细账；比如，库存商品之下的甲产品、乙产品等。存货类账户为什么使用这种格式的明细账呢？这主要是为了更有效地监督存货的增减变动以及结存情况。因为存货容易丢失、弄错，仅仅依赖货币价值尺度来对它进行管理还是不够的。辅之以数量管理才是安全有效的。比如库存A材料，用数量金额式明细账为它开设明细，月初不仅反映它的结存金额，而且还要反映它的结存数量，有入库时，不仅要反映增加的金额，还要反映增加的数量，领用时不仅要反映减少的金额，而且还要反映减少的数量，月末余额，不仅要反映结存的余额，而且还要反映结存的数量是多少。如果在两种价值尺度中间我只能选择其中一种，我说我宁肯放弃金额也要保留数量，如果你放弃数量只保留金额，存货的管理就会出问题。因为你既无月初数量记录，有无本月增加数量记录，也无本月减少数量记录，月末结存数量是多少（斤、个、米、支、吨等）你也不知道，因为你“没有数”，所以月末也就只能是有多少算多少了。所以，在实际工作中，仓库保管员的台账就是只记数量不记金额。有了数量记录，东西就少不了，就是少了，也能知道。当然，作为会计核算，你还得使用货币计量，为什么呢？因为存货是多种多样的，计量单位各不相同，有的用“斤”，有的用“个”，有的用“米”，有的还用“支”等等，这些不同的实物计量不能进行加总，因而也就无法在账户或资产负债表里进行统一的反映。所以，利用统一的价值标准来衡量，即利用货币资金的多少来记录反映还是必需的。

比如：

原材料　明细分类账

科目：A 材料 名称：____ 规格：____ 单位：个 地点：2 号仓库 最低限额：______ 最高限额：______

年		凭证	摘要	借　方			贷　方			余　额		
月	日			单价	数量	金额	单价	数量	金额	单价	数量	金额
										100	10	1 000.00
				100.00	50	5 000.00						
							100.00	55	5 500.00	100	5	500.00

3. 多栏式明细账

这种明细账仍然是借方、贷方和余额三栏，只不过是在右边增加了借贷金额一栏。

例如：

科目：

多栏式明细账

第　页

年		凭证		摘　要	借　方	贷　方	余　额	借贷金额分析							
月	日	种类	号数												

不管多么复杂的明细账，其基本格式都是不变的。即分成借方、贷方和余额栏。但是这种多栏式明细账，我们看到在后边还有一大栏，叫“借贷金额分析”，然后又分成很多小栏，所以，我们称它为“多栏式明细账”。

这种格式的明细账主要用于费用类的，尤其期间费用有关总账之下开设明细。为什么费用类账户适合这种格式的做明细账呢？大家知道，企业的经营目标就是在合理合法的前提下追求企业利润的最大化，要实现利润最大化，前提是收入必须最大化而费用最小化。提高收入叫开源，减少费用叫节流。不管在什么情况下降低费用，尤其是那些与产品生产没有直接关系的费用，都是我们提高经济效益的重要途径。例如销售费用、管理费用和财务费用，特别是管理费用。管理费用高，并不一定就能提高企业的经济效益，降低管理费用，也并不意味着就会降低产品产量和质量。问题是，你要控制这些费用的发生，你首先要知道这些费用是如何发生的。例如公司本月管理费用开支是 50 000.00 元，你不仅应该知道管理费用开支是 50 000.00 元，更应该知道这 50 000.00 元是怎么花的。为了解决这个问题，多栏式明细账就派上用场了。在我们使用这种格式的明细账时，我们实际上是把右边的一大栏当成了借方的一个展开式。在这里分项目对前边的发生额做出说明和对费用进行分类汇总。所以，在启用这种样式的明细账时，首先要对“大栏”进行项目设置，即根据公司管理部门可能发生的有关费用进行归类并规定记录的位置。

例如：

管理费用　多栏式明细账

科目：　　　　　　　　　　　　　　　　　　　　　　　　　　　　第　页

年		凭证		摘要	借方	贷方	余额	借贷金额分析						
月	日	种类	号数					工资	办公费	招待费	差旅费	通信费	水电费	折旧费
					8 500		8 500		5 000	3 500				
					4 500		13 000				4 500			
					8 000		21 000					6 000	2 000	
					1 000		22 000							1 000
					28 000		50 000	28 000						
							50 000	28 000	5 000	3 500	4 500	6 000	2 000	1 000

总账并非逐笔登记，我们在管理费用总账里也许看到的仅仅是一个月的发生额合计数，无法了解这个发生额是怎么发生的。如果我们看这个明细账，则清楚得多了：本月管理部门共发生费用 50 000 元，其中工资支出是 28 000 万元，办公费是 5 000 元，招待费用了 3 000 元，差旅费花掉 4 000 元，通信费开支 6 000 元，水电费是 2 000 元，折旧费是 1 000元，原来 50 000 元就是这么花掉的，很清楚。

除了上边介绍的三种明细账外，还有诸如借方多栏式、贷方多栏式、借贷方多栏式以及比较特殊的专门利用来做固定资产明细账的卡片式明细账等。

第二节　账户的级次

其次就是要注意总账明细账的级次。有的总账下边可以不设明细账，例如资产类的坏账准备、累计折旧等，所有者权益类的本年利润等。有的则需要设置明细账来进行核算，比如固定资产，需要设置固定资产总账总括的反映企业固定资产的变动及期末情况，还要设置明细账对每项固定资产进行核算。比如公司有一间车间，车间里有一台机床，还有一座办公楼，办公室有一台计算机，至少设置有关账户如下：

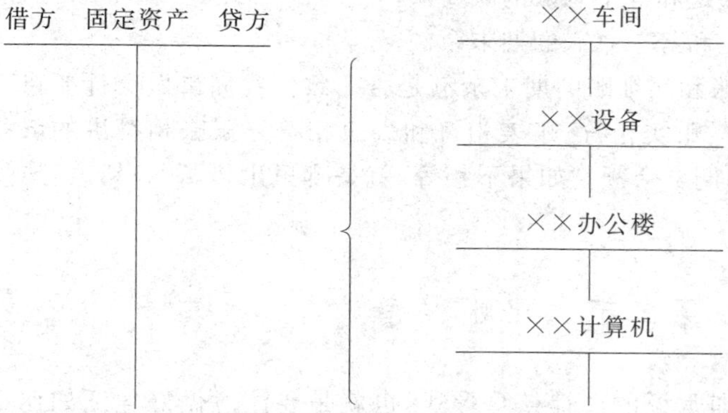

这样，固定资产账户的设置就分成了两级：固定资产总账和四个明细账。

到底总账之下明细账开到几级，主要看管理者的需要。如果管理者说：我不仅要知道固定资产的总体变化（你就要设置固定资产总账了），而且还要知道每项固定资产的具体情况（你就要设置诸如厂房、车床等明细账了），还要了解企业运用在生产领域的固定资产是多少，运用在管理领域里的固定资产是多少，那么，你就要在上述明细账和总账之间开设生产用固定资产和管理用固定资产两个二级账户。

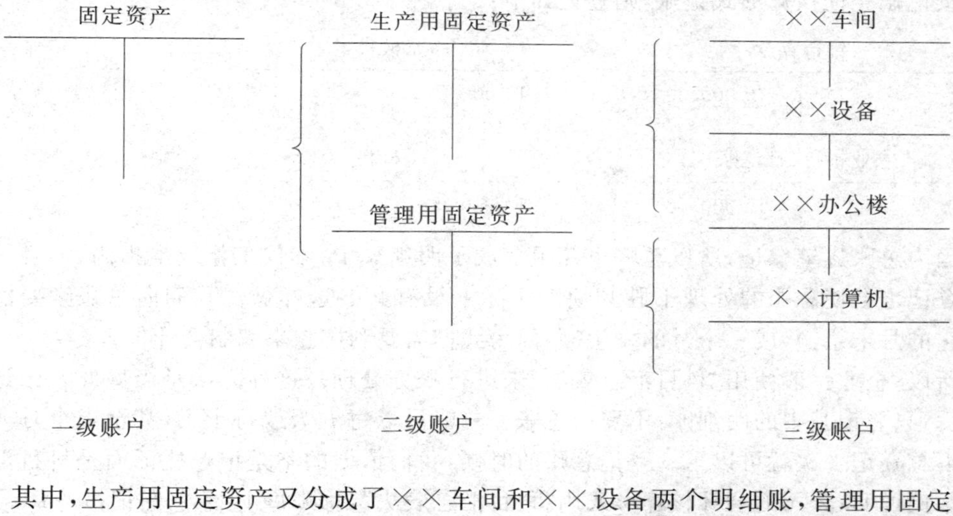

其中，生产用固定资产又分成了××车间和××设备两个明细账，管理用固定资产又分成了××办公楼和××计算机两个明细账。这样，固定资产核算就分成了三级账户。所以账户分成几级来核算，主要看管理当局对会计要素需要知道的详细程度的要求来设置。在账户中，越往上的余额越概括，越往下的越详细。自总账往下的，我们一概称作明细账，但是，我们建议最好称呼最后的明细账叫“最末一级的明细账”，意思是到此为止了，即在它之下就不能再设明细账了，例如上边的车间、设备、办公楼和电脑等。

另外，还要注意总账和明细账之间的数学关系，它们之间的数学关系很简单，即：

1. 各明细账期初余额之和等于总账的期初余额。

2. 各明细账的本期增加额之和等于总账的本期增加额。

3. 各明细账的本期减少额之和等于总账的减少额。

4. 各明细账的期末余额之和等于总账的期末余额。

月末结账，要特别注意总账和明细账的期末余额是否一致。我们讲做会计要讲五个相符，包括证账相符、账账相符、账实相符、账表相符和表表相符。账账相符讲的就是月末各明细账之和应等于总账的期末余额。如果不相等，就是哪里出错了，找错改错，相等了，才可以结账。

第三节　记账程序

再就是要注意记账程序，即常说的会计核算形式，也就是要注意做好凭证如何记总账和记明细账的问题。一张凭证做好了，如何去记总账和明细账，有七八种方法可以选择，道理最简单的是"记账凭证核算形式"，这种方法是凡记账凭证上出现的总账明细账，都要记。例如企业在农业银行和工商银行都有存款，企业使用农行的存款购买了 A 材料 10000 元，验收入库。应做记账凭证如下：

借：原材料——A 材料　　　　10 000.00

　贷：银行存款——农业银行　　　　10 000.00

按记账凭证核算形式记账，则登记如下：

银行存款	
	10 000.00

原材料	
10 000.00	

农业银行(日记账)	
	10 000.00

A 材料	
10 000.00	

因为总账逐笔登记，所以总账也几乎变成了明细账了，不仅工作成本提高，而且总账逐笔登记也会使总账的处理不胜其烦。实际上没有必要这样做。我们向总账索要的主要是它的月末余额，或一个月的发生额，因为我们需要利用它来编制会计报告。

所以，企业一般使用"科目汇总表法"来进行账务处理。这种方法是当做好一张记账凭证后，只登记其中的明细账，不登记总账。总账可以每五天或每十天，甚至半个月或一个月汇总登记一次就可以了。登记总账的时候，我们依据的不是记账凭证而是科目汇总表。举例说明：公司的会计核算形式用"科目汇总表法"，总账每 10 天一登记，1～10 号发生如下经济业务并做出相应的记账凭证并登账。

例如，本月前 10 天共发生 16 笔经济业务，共做了 16 张记账凭证，其中 4 笔与库存现金和原材料有关，根据原始凭证，做了 4 张记账凭证，并逐笔登记了有关明细账，10 日的时候，再做科目汇总表，并据此登记总账。

第 1 笔：5 月 1 日用农业银行存款户里的资金 3 000 元购 A 材料 2 000 元、B 材料 1 000元，验收入库。

记 账 凭 证

2016 年 5 月 1 日　　　　记字第 01 号

摘　要	总账科目	明细科目	借　方	贷　方	记账
购材料	原材料	A 材料	2 000.00		
		B 材料	1 000.00		
	银行存款	农业银行		3 000.00	
合计			¥3 000.00	¥3 000.00	

会计主管××　　记账××　　出纳××　　审核××　　制单××

第 8 笔：5 月 5 日用现金人民币 4 000 元购 C 材料 4 000 元，验收入库。

记 账 凭 证

2016 年 5 月 1 日　　　　记字第 08 号

摘　要	总账科目	明细科目	借　方	贷　方	记账
购材料	原材料	C 材料	4 000.00		
	银行存款	农业银行		4 000.00	
合计			¥4 000.00	¥4 000.00	

会计主管××　　记账××　　出纳××　　审核××　　制单××

第 11 笔：5 月 7 销售产品一批，收到转账支票 6 000 元，存入银行。

记 账 凭 证

2016 年 5 月 7 日　　　　记字第 11 号

摘　要	总账科目	明细科目	借　方	贷　方	记账
购材料	银行存款	农业银行	6 000.00		
	主营业务收入	甲产品		6 000.00	
合计			¥6 000.00	¥6 000.00	

会计主管××　　记账××　　出纳××　　审核××　　制单××

第 15 笔：5 月 10 日车间领用 B 材料 2 000 元、C 材料 1 200 元用于加工甲产品。

记 账 凭 证

2016 年 5 月 10 日　　　　记字第 15 号

摘　要	总账科目	明细科目	借　方	贷　方	记账
购材料	生产成本		3 200.00		
	原材料	B 材料		2 700.00	
		C 材料		1 200.00	
合计			¥3 200.00	¥3 200.00	

会计主管××　　记账××　　出纳××　　审核××　　制单××

按记账凭证登记明细账如下：

银行存款日记账(农业银行户)

2016 年		凭证		摘要	借 方	贷 方	借或贷	余额
月	日	凭证	号数					
5	1			月初余额			借	12 000.00
	1	记	01			3 000.00	借	9 000.00
	5	记	08			4 000.00	借	5 000.00
	7	记	11		6 000.00		借	11 000.00

原材料　明细分类账

科目：A 材料　名称：A 材料　规格：____　单位：个　地点：____　最低限额：____　最高限额：____

2016 年		凭证		摘要	借 方			贷 方			余 额		
月	日	种类	号数		单价	数量	金额	单价	数量	金额	单价	数量	金额
5	1			月初余额							10.00	10	100.00
	1	记	01	入库	10.00	200	2 000.00				10.00	210	2 100.00

原材料　明细分类账

科目:B材料　名称:B材料　规格:____　单位:个　地点:____　最低限额:____　最高限额:____

2016年		凭证		摘要	借方			贷方			余额		
月	日	种类	号数		单价	数量	金额	单价	数量	金额	单价	数量	金额
5	1			月初余额							20.00	60	1 200.00
	1	记	01	入库	20.00	50	1 000.00				20.00	110	2 200.00
	10	记	15	领用				20.00	100	2 000.00	20.00	10	200.00

原材料　明细分类账

科目:C材料　名称:C材料　规格:____　单位:个　地点:____　最低限额:____　最高限额:____

2016年		凭证		摘要	借方			贷方			余额		
月	日	种类	号数		单价	数量	金额	单价	数量	金额	单价	数量	金额
5	1	记	01	月初余额							5.00	90	450.00
	5	记	08	入库	5.00	800	4 000.00				5.00	890	4 450.00
	10	记	15	领用				5.00	240	1 200.00	5.00	650.00	3 250.00

主营业务收入明细账

科目:甲产品销售收入

年		凭证		摘要	借方	贷方	借或贷	余额
月	日	凭证	号数					
5	1			月初余额			平	0
	7	记	11	销售产品2台		6 000.00	贷	6 000.00

根据平行登记的原理,明细账记了,总账也应该记,而且方向和金额要一致。比如01号记账凭证,银行存款日记账贷方记了减少3 000元,总账自然也要在贷方记减少3 000元;02号凭证,银行存款日记账贷方记了减少4 000元,总账自然也要在贷方记减少4 000元;07号凭证,银行存款日记账借方记了增加6 000元,总账自然也要在借方记增加6 000元……以此类推,我们可以把5月1～10日所有涉及银行存款借贷方该登记的数字统计出来,并写到科目汇总表上,然后依据科目汇总表在总账中一次性登记10天的

发生额合计数。

在本案例中，我们依据前10天的记账凭证编制科目汇总表如下：

科目汇总表

自2016年5月1日至2016年5月10日，汇总第1号至第16号记账凭证　　科汇字第16/05/1/3凭证

总页	借方金额										会计科目	贷方金额									
	张数	百	十	万	千	百	十	元	角	分		张数	百	十	万	千	百	十	元	角	分
											库存现金										
					6	0	0	0	0	0	银行存款					7	0	0	0	0	0
											……										
											应收账款										
											预收账款										
											……										
					7	0	0	0	0	0	原材料					3	2	0	0	0	0
											周转材料										
											……										
					3	2	0	0	0	0	生产成本										
											……										
											主营业务收入					6	0	0	0	0	0
											……										

财务主管 ××　　记账 ××　　复核 ××　　制单 ××

根据该科目汇总表，就可以登记总账了。

总　账

科目：银行存款

2016年		凭证		摘要	借方	贷方	借或贷	余额
月	日	类别	号数					
5	1			月初余额				
	10	科汇	05/1/3	1～10日汇总	6 000.00	7 000.00		

总　　账

科目:原材料

2016年		凭证		摘要	借方	贷方	借或贷	余额
月	日	类别	号数					
5	1			月初余额				
	10	科汇	05/1/3	1～10日汇总	7 000.00	3 700.00		

总　　账

科目:生产成本

2016年		凭证		摘要	借方	贷方	借或贷	余额
月	日	类别	号数					
5	1			月初余额				
	10	科汇	05/1/3	1～10日汇总	3 200.00			

总　　账

科目:主营业务收入

2016年		凭证		摘要	借方	贷方	借或贷	余额
月	日	类别	号数					
5	1			月初余额				
	10	科汇	05/1/3	1～10日汇总		6000.00		

这样看来,总账用起来实在是很节省,如果10天一登记,每个月用5行就够了:月初余额占一行;上旬登记合计数占一行;中旬登记合计数占一行;下旬登记合计数占一行;月末结账占一行。

例如:

总　账

科目：银行存款

2016 年		凭证		摘要	借方	贷方	借或贷	余额
月	日	类别	号数					
5	1			月初余额			借	12 000.00
	10	科汇	05/1/3	01～10 日汇总	6 000.00	7 000.00		
	20	科汇	05/2/3	11～20 日汇总	8 000.00	9 000.00		
	31	科汇	05/3/3	21～31 日汇总	10 000.00	4 000.00		
	31			本期发生额及期末余额	24 000.00	20 000.00	借	16 000.00

如果半个月一记，或一个月记一次，用的则更少了。

大多数企业的财务工作都是采用这种方法进行总分类核算。这种方法可以大大减少处理总账的手续和工作成本。但是，使用这种方法登记总账，要注意做科目汇总表的时候，不能依照明细账去加总，要重新按照记账凭证加总。如果按照明细账加总，手续倒是简单了，出了错却看不出来。如果按凭证记明细账的时候就记错了，那么，依据明细账的登记统计出来的科目汇总表的数字也就错了，总账也就跟着记错了。如果按照记账凭证做科目汇总表登记总账，如果明细账的登记没错，总账也没错，登完账之后，明细账之和应等于总账，如果不相等了，则说明可能是总账也可能是明细账中有一方记错了，这样可以互相牵制，保证两者登记的正确性。

第四节　平行登记

平行登记讲的是在登记总账和明细账时应遵循的原则，共有三条：一是方向一致；二是金额一致；三是时间一致。

方向一致是指明细账记借方，总账也要记借方，明细账记贷方，总账也要记贷方。

金额一致是指明细账所记金额之和应等于总账的记账数。例上例第 1 题，在 A 材料明细账借方记入 2 000 元、在 B 材料明细账记入 1 000 元的同时，应在原材料总账的借方记入 3 000 元。第 4 题中，在 B 材料明细账贷方记入 2 500 元、在 C 材料的贷方记入 1 200 元的同时，应在原材料总账的贷方记入 3 700 元。

时间一致则是指明细账与总账的登记必须在同一会计期间，既在同一个月份。同一组数字不能在这个月登记明细账，到下一个月登记到总账上去，那样，月末就会出现账账不符，即明细账相加不等于总账了。时间一致并非总账的登记必须紧随在明细账登记之后，如果使用“记账凭证核算形式”，明细账和总账的登记与总账的登记是同时进行的，但使用“科目汇总表法”，明细账与总账的登记会有时间差。明细账往往是经济业务发生时根据填制的原始凭证或制作的记账凭证记账的，而总账须在 10 日依据科目汇总表登记，这并非时间不一致，因为这不影响月末的账账相符。实际上不管采用何种核算形式（记账程序）都必须坚持明细账与总账的登记放在同一月份登记，这是一个常识。

第七章

财务报告

第一节　资产负债表编制说明

一、资产负债表各项目的填列方法

资产负债表各项目的填列方法主要有如下几种：

（一）按总账的期末余额直接填列

如交易性金融资产、短期借款、应付票据、应付职工薪酬、应交税费等。若有的账户出现相反方向的余额，则应用“－”号反映，比如应交税费，若是贷方余额，是企业所欠税务部门的税费，若是借方余额，则是企业预交或多交的税费，其属性应为资产，但是又有别于真正的资产，不能收回，可留到下一个会计期间抵扣，故用“－”号填列。

（二）按照总账的期末余额合计填列

如货币资金。货币资金项目反映的是企业的全部货币资金数，需要把库存现金、银行存款和其他货币资金三个科目的余额加起来填列。

（三）按照总账的期末余额和所属明细账的的期末余额分析填列

如长期借款，既要看总账的期末余额，又要检查所属明细账有无其偿还期已经进入最后一年的借款，如果有，则应拿出来放到“一年内到期的非流动负债”项目中反映，其余仍为偿还期在一年以上的长期借款，继续在“长期借款”项目中列示。

（四）按照总账所属明细账分析填列

比如资产里边的应收账款和预付账款，负债里边的应付账款和预付账款等。如果应收账款所属明细账是借方余额的，属于应收账款，应放在“应收账款”项目中反映，如果所属明细账出现贷方余额的，属于预收账款，应放在“予收账款”项目中反映。同样，预收账款所属明细账是贷方余额的，属于预收账款，当然放在“预收账款”项目中反映，如果所属明细账是借方余额的，它已经变成了应收账款，故应该放到“应收账款”项目中反映。应付账款和预付账款也是一样。

（五）按照总账的期末余额减去备抵账户的期末余额后的金额填列

在资产类里边有很多的账户存在备抵账户，而资产负债表要求反映这些账户的期末净值，故应先减去备抵账户的期末余额，求其净值，然后在有关项目中反映。如应收账款应减去坏账准备、存货应减去存货减值准备、固定资产应减去固定资产减值准备、长期股权投资减去长期股权投资减值准备。

（六）综合运用上述填列方法分析填列

如“存货”项目，应先将各存货类账户余额相加，若企业的存货是按照计划成本计价，还应加减“材料成本差异”（借方加，贷方减），将存货调整为实际成本后，再减去“存货跌价准备”，按其净值在项目中列示。

二、资产负债表项目的填列说明

（一）资产类项目的填列说明

1.“货币资金”项目，反映企业的全部货币资金数。本项目应根据“库存现金”“银行存款”和“其他货币资金”三个科目的期末余额合计填列。

2.“交易性金融资产”项目，反映企业以交易目的持有的、以公允价值计量的且其变动计入当期损益的股票、债券、基金等金融资产。本项目可根据“交易性金融资产”总账账户的期末余额直接填列。

3.“应收票据”项目，反映企业因销售商品、提供劳务等而收到的商业汇票。本项目应根据“应收票据”科目的期末余额，减去“坏账准备”科目中有关应收票据计提的坏账准备金额后的余额填列。

4.“应收账款”项目，反映企业因销售商品、提供劳务等应收取的款项。本项目应根据“应收账款”所属明细账为借方余额，加“预收账款”所属明细账为借方余额的，然后减去“坏账准备”科目中有关应收账款计提的坏账准备金额后的金额列示。如果应收账款明细账中有贷方余额的，应在“预收账款”项目中反映。

5.“预付账款”项目，反映企业按照合同的约定预先支付给供应商的货款。本项目应将预付账款所属明细账为借方金额的，加应付账款所属明细账为借方金额的，然后减去坏账准备科目中有关予付账款计提的坏账准备金额后的余额填列。如果予付账款明细账有贷方余额的，应合并到应付账款项目中反映。

6.“应收利息”项目，反映企业应收取的债权投资利息。本项目应根据“应收利息”科目的期末余额，减去“坏账准备”科目中有关应收利息计提的坏账准备金额后的余额填列。

7.“应收股利”项目，反映企业收取的现金股利和应收其他单位分配的利润。本项目应根据“应收股利”科目的期末余额，减去“坏账准备”科目中有关应收股利计提的坏账准备金额后的余额填列。

8.“其他应收款”项目，反映企业除应收票据、应收账款、预付账款、应收股利、应收利息等经营活动以外的其他各种应收、暂付的款项。本科目应根据“其他应收款”科目的期末余额，减去“坏账准备”科目中计提的有关其他应收款的坏账损失金额后的余额填列。

9."存货" 项目,反映的是期末企业各种存货的可变现净值。若企业的存货按照实际成本计价,则将有关存货类账户的期末借方余额相加,减去"存货跌价准备"账户的期末余额,按照存货的净值填列;若企业按照计划成本计价,应先加减(借方余额加,贷方余额减),将计划成本调整为实际成本后,再减去"存货跌价准备"的贷方余额,得其存货净值,以净值填列。

10."一年内到期的非流动资产" 项目,反映企业将于一年内到期的非流动资产项目金额。本科目可按照有关科目的期末余额填列。

11."长期股权投资"项目,反映企业持有的对子企业、联营企业和合营企业的长期股权投资。本项目可根据"长期股权投资"科目的期末余额,减去"长期股权投资减值准备"科目的期末余额后的金额列示。

12."固定资产"项目,反映企业各种固定资产原价减去累计折旧和累计减值准备后的净额。本科目应根据"固定资产"科目的期末余额,减去"累计折旧"和"固定资产净值准备"科目的期末余额后的金额填列。

13."在建工程" 项目,反映企业期末各项在建工程的净值。本项目应根据"在建工程"科目的期末余额,减去"在建工程减值准备"科目的期末余额后的金额列示。

14."工程物资" 项目,反映企业各种尚未使用的各项工程物资的实际成本。本项目可按照该科目的期末余额填列。

15."固定资产清理"项目,反映企业因出售、毁损、报废等原因转入清理但尚未处理完毕的固定资产的净值。本项目应根据"固定资产清理"科目的期末借方余额填列,反映的是因固定资产的处置可能形成的"净损失",如果该科目是贷方余额,反映的是处置固定资产可能发生的净收益,要用"－"号填列。

16."无形资产"项目,反映企业所持有的无形资产的净值。本项目应根据"无形资产"科目的期末余额,减去"累计摊销"和"无形资产减值准备"期末余额后的金额列示。

17."开发支出"项目,反映企业开发无形资产过程中能够资本化形成无形资产成本的支出部分。本项目应根据"研发支出"科目中所属的"资本化支出"明细科目的期末余额填列。

18."长期待摊费用"项目,反映企业已经发生但应有本期和以后各期分摊的且其摊销期超过一年的各项费用的摊余价值。"长期待摊费用"中在一年内(含一年)摊销部分,在资产负债表"一年内到期的非流动资产"项目中填列。本项目应根据"长期待摊费用"科目的期末余额减去将于一年内(含一年)摊销的数额后的金额填列。

19."其他非流动资产"项目,反映企业除长期股权投资、固定资产、在建工程、工程物资、无形资产等以外的其他非流动资产,本项目应根据有关科目的期末余额填列。

(二)负债类项目的填列说明

1."短期借款"项目,反映企业向银行或其他金融机构等借入的期限在一年(含一年)以内的各种存款。本项目可根据"短期借款"科目的期末余额直接填列。

2."应付票据"项目,反映企业因购买材料、商品和接受劳务供应等而开出的商业汇票。本项目可根据"应付票据"科目的期末余额直接填列。

3."应付账款"项目,反映企业因购买材料、商品和接受劳务供应等应支付的款项。本科目应根据应付账款所属明细账是贷方余额的,加预付账款所属明细账是贷方余额的,合计填列。若应付账款所属明细账有借方余额的,其余额实际上已经变成了预付账款,故应在"预付账款"项目中反映。

4."预收账款"项目,反映企业按照购货合同的约定预先收致词的货款。本科目应根据预收账款所属明细账是贷方余额的,加应收账款所属明细账是贷方余额的,合计填列。若"预收账款"所属明细账是借方余额的,其余额实际上已经变成了应收账款,故应该合并到"应收账款"项目中反映。

5."应付职工薪酬"项目,反映企业根据有关规应付给职工的工资、职工福利费、住房公积金、工会经费、职工教育经费、非货币性福利等各种薪酬。本科目可按照"应付职工薪酬"科目期末贷方余额填列,若是贷方余额,意为多发放的工资,应用"—"号反映。

6."应交税费"项目,反映企业按照税法的规定计算应交纳的各种税费。企业代扣代交的个人所得税,也通过本项目反映。本项目根据"应交税费"科目的贷方余额填列,如果是借方余额,则应以"—"号反映。

7."应付利息"项目,反映企业按照规定应当支付的且支付期在一年以内的利息。长期借款中分次付息的利息也在该项目中反映。本科目应根据"应付利息"科目的期末贷方余额填列。

8."应付股利"项目,反映企业已经决定分配但是尚未实际支付的股利或利润。本项目可根据"应付股利"科目的期末余额直接填列。

9."其他应付款"项目,反映企业除应付票据、应付账款、预收账款、应付职工薪酬、应交税费、应付利息和应付股利等经营活动以外的其他各项应付、暂收的款项。本项目可按照该科目的期末贷方余额直接填列。

10."一年内到期的非流动负债"项目,反映企业非流动资产负债中将于资产负债表日后一年内到期的部分金额,如将于一年内偿还的长期借款。本项目应根据有关科目的期末余额填列。

11."长期借款"项目,反映企业向银行或其他金融机构借入的期限在一年以上(不含一年)的各种借款。本科目应根据"长期借款"科目的期末余额减去其中一年内到期的部分金额后的余额填列。

12."应付债券"项目,反映企业为筹集长期资金而发行的债券本金和利息。本项目可按照"应付债券"科目的期末余额填列。

13."其他非流动负债"项目,反映企业除长期借款、应付债券等项目之外的其他非流动负债。本项目应根据有关科目的期末余额填列。

(三)所有者项目的填列说明

1."实收资本"(或股本)项目,反映企业投资者投入企业的资本金的总额。本项目可按照"实收资本"(或股本)的期末余额列示。

2."资本公积"项目,反映企业资本公积的期末余额。本项目可根据"资本公积"科目的期末余额填列。

3."盈余公积"项目,反映企业盈余公积的期末余额。本项目应根据"盈余公积"科目的期末余额填列。

4."未分配利润"项目,反映企业尚未分配的利润。本项目应根据"本年利润"和"利润分配"科目的余额计算填列。两个科目的余额相加为正数的,是企业尚未分配的利润,按照实际金额列示,如果余额为负数的,是企业的亏损,用"—"号反映。

第二节 利润表的编制说明

一、利润表的编制步骤

1. 首先计算营业利润。以营业收入为基础,减去营业成本,然后再依次减去营业税金及附加、销售费用、管理费用、财务费用、资产减值损失,最后再加上营业过程中实现的公允价值变动收益(减去公允价值变动损失)和投资收益(减去投资损失),然后得出营业利润。

2. 其次计算利润总额。以所得营业利润为基础,加上营业外收入,减去营业外支出,得利润总额。

3. 最后计算净利润。在利润总额的基础上,减去所得税费用,即为净利润(或亏损)。

二、利润表项目的填列说明

1."营业收入"项目,反映企业经营主要业务和其他业务所确认的收入总额。本项目应根据"主营业务收入"和"其他业务收入"科目的发生额分析填列。

2."营业成本"项目,反映企业主要业务和其他业务所发生的直接成本费用总额。本项目可根据"主营业务成本"和"其他业务成本"科目的发生额分析填列。

3."营业税金及附加"项目,反映企业经营业务已发生的消费税、城建税、资源税、土地增值税和教育费附加等费用。本项目应根据"营业税金及附加"科目的发生额分析填列。

4."销售费用"项目,反映企业销售机构为销售企业产品而发生的费用,例如人员工资、运输费、业务费等经营费用。本项目应根据"销售费用"科目的发生额分析填列。

5."管理费用"项目,反映企业为组织和管理生产经营所发生的管理费用。本项目可根据"管理费用"科目的发生额分析填列。

6."财务费用"项目,反映企业为筹集资金和使用这些资金而发生的费用,主要有利息支出和手续费。本项目可根据"财务费用"科目的发生额分析填列。本科目是贷方余额的,属于企业的收益,应用"—"填列。

7."资产减值损失"项目,反映企业各项资产发生的减值损失。本项目可根据"资产减值损失"科目的发生额分析填列。

8."公允价值变动收益"项目,反映企业所持有的其公允价值变动计入当期损益的各种投资所产生的理论收益。本项目可根据"公允价值变动损溢"科目的贷方余额填列,若为借方余额，只是理论上的损失，本项目应用“一”号填列。

9.“投资收益”项目，反映企业各种对外投资已实现的收益。本项目可根据“投资收益”科目的贷方余额填列，若为借方余额，是为已发生的投资损失，本项目应用“一”号填列。

10.“营业利润”项目，反映企业实现的营业利润。若为亏损，本项目以“一”号填列。

11.“营业外收入”项目，反映企业发生的与经营活动无关系的各项利得。本项目可根据“营业外收入”科目的发生额分析填列。

12.“营业外支出”项目，反映企业发生的与经营业务无关系的各项损失。本项目可根据“营业外支出”科目的发生额分析填列。

13.“利润总额”项目，反映企业实现的全部利润，若为亏损，本项目应用“一”号填列。

14.“所得税费用”项目，反映企业当年度应从当期利润中扣除的所得税费用。本项目可根据“所得税费用”科目的发生额分析填列。

15.“净利润”项目，反映企业实现的净利润。如为亏损，本项目应用“一”号填列。

第三节　现金流量表的编制说明

一、现金流量表反映的内容

现金流量表是反映企业在一定会计期间现金及现金等价物的流入流出的报表。资产负债表虽然能反映企业某一时点的财务状况，却不能反映企业获得现金的能力，同样，利润表表虽然能够反映企业的盈利状况，但是不能反映企业获取现金利润的真实情况，因为这两个会计报告编制的基础是权责发生制。经营能力，尤其是企业购买力的大小与偿债能力的高低，是由企业获得现金能力的大小决定的，故，现金流量表是为了弥补资产负债表和利润表的不足而专门编制的、反映企业在一定会计期间获得现金能力的会计报告，与上述两大报表，共同构成了三大会计报告体系。

现金流量表中的现金，既包括企业的库存现金，也包括可以随时用于支付的银行存款以及其他货币资金，不能随时用于支付的存款不属于现金。现金等价物是指企业持有的期限短、流动性强，易于转换为已知余额的现金、价值变动风险很小的投资，因为这些投资非常容易变现。

企业产生的现金流量由三部分组成。

(一)经营活动产生的现金流量

经营活动中产生的现金流量包括销售商品、提供劳务等收到的现金和购买商品、接受劳务、支付工资、交纳税费等支出的现金等。二者的差便是经营活动产生的现金流量的净额，由此可以知道企业在经营活动中最终获得了多少现金。

(二)投资活动产生的现金流量

投资活动产生的现金流量包括收回短长期投资、处置固定资产、处置子公司以及从其他联营单位等收到的现金和购买短长期投资、购买固定资产、建立子公司等支出的现金等。二者之差即为投资活动产生的现金流量净额，由此可以知道企业在经营活动过程中最终获得了多少现金。

(三)筹资活动产生的现金流量

筹资活动产生的现金流量包括吸收投资、举借外债等收到的现金和退还投资、偿还债务、支付利润、支付利息等支出的现金。二者之差即是企业在筹资活动中获得的现金，由此可以知道企业在筹资活动中最终获得了多少现金。

二、现金流量表的编制说明

(一)经营活动产生的现金流量

1. 销售商品、提供劳务收到的现金

反映本期销售商品或提供劳务实现的现金收入(包括增值税销项税额)；本期收到的前期销售商品、提供劳务未收款项；本期因销售商品、提供劳务产生的预收款项，以及本期因销售货物退回而支付的现金等。该项目可根据库存现金、银行存款、其他货币资金、应收票据、应收账款、预收账款、坏账准备以及主营业务收入和其他业务收入等账户的记录分析填列。

2. 收到的税收返还

反映企业收到的返还的增值税、消费税、关税、教育费附加以及企业所得税等。该项目可根据库存现金、银行存款、递延资产或营业外收入等有关账户记录分析填列。

3. 收到的其他与经营活动有关的现金

反映企业除上述现金流入项目之外其他的与经营活动有关的现金流入，包括经营租赁收的租金、企业内部罚款等。该项目可根据库存现金、银行存款、其他业务收入、营业外收入等账户记录分析填列。

4. 购买商品、接受劳务支付的现金

反映企业本期购买商品、接受劳务等支出的现金(包括增值税进项税额)；本期支付的前期购买商品、接受劳务的未付款项；本期为购买商品、接受劳务预付的款项；以及本期发生的购货退回而收到的现金。该项目可根据库存现金、银行存款、其他货币资金、应付票据、应付账款、预付账款，在途物资、原材料、库存商品以及主营业务成本和其他业务成本等账户的记录分析填列。

5. 支付给职工以及为职工支付的现金

反映企业实际支付给职工的工资、奖金、津贴、补贴等职工薪酬以及为职工支付的养老保险、待业保险、住房公积金、支付给职工的住房困难补助等。不包括支付给离退休人员的费用以及支付给在建工程人员的工资。本项目可以根据现金、银行存款、应付职工薪酬等账户的记录分析填列。

6. 支付的各项税费

反映企业本期发生并支付的、前期发生本期支付的、预交的各种税费。包括企业所得税、消费税、车船税、印花税、房产税、土地增值税、教育费附加、矿产资源补偿费等，但不包括计入固定资产价值、实际支付的耕地占用税，也不包括本期退回的增值税、所得税。本项目可以根据应交税费、现金、银行存款等科目的记录分析填列。

7. 支付其他与经营活动有关的现金

反映企业除上述支出之外的其他与经营活动有关的现金流出，包括销售部门、行政管理部门实际发生的各种现金支出以及实际支出的财务费用，还有企业实际支付的未参加社会统筹的退休人员工资。本项目可以根据销售费用、管理费用、财务费用、营业外支出等账户记录分析填列。

（二）投资活动产生的现金流量

1. 收回投资收到的现金

反映企业出售转让或到期收回的除现金等价物以外的交易性金融资产、持有至到期投资、可供出售金融资产、长期股权投资等而收到的现金。本项目可以根据现金、银行存款、其他货币资金、交易性金融资产、持有至到期投资、可供出售金融资产、长期股权投资等账户记录分析填列。

2. 取得投资收益收到的现金

反映企业因权益性投资或债权性投资而取得的现金股利、利息以及从子公司、联营公司或合营企业分回的现金利润。本项目可以根据现金、银行存款、其他货币资金、投资收益、应收股利、应收利息等账户的记录分析填列。

3. 处置固定资产、无形资产和其他长期资产收回的现金净额

反映企业出售或报废固定资产、无形资产和其他长期资产所收到的现金，减去为处置这些资产而实际支出的有关费用之后的净额。本项目可以根据固定资产、固定资产清理、无形资产、营业外收入、营业外支出等账户记录分析填列。

4. 处置子公司及其他营业单位收到的现金净额

反映企业处置子公司以及其他营业单位所取得的现金，减去相关处置费用以及子公司及其他营业单位持有的现金和现金等价物后的净额。本项目可以根据长期股权投资、银行存款、库存现金等科目的记录分析填列。

5. 收到的其他与投资活动有关的现金

反映企业除上述各项现金收入以外的，收到的与其他投资活动有关的现金。例如本期收到的购买股票时已经宣告发放但尚未领取的股利、本期收到的购买债券时已经结息但尚未领取的利息等。该项目可根据库存现金、银行存款、其他货币资金、应收股利以及应收利息账户记录分析填列。

6. 购建固定资产、无形资产和其他长期资产支付的现金

反映企业购买或建造固定资产、购买无形资产和其他长期资产所支付的现金。该项目可根据库存现金、银行存款、在建工程、固定资产和无形资产等账户记录分析填列。

7. 投资支付的现金

反映企业进行权益性投资或债权性投资支付的现金，包括购买短期股票、短期债券、长期股权和债券等所支付的现金以及佣金、手续费等附加费用。

8. 取得子公司及其他营业单位支付的现金净额

反映企业购买子公司及其他单位购买出价中以现金支付的部分，减去子公司或其他

经营单位持有的现金或现金等价物的净额。该项目可根据库存现金、银行存款、长期股权投资等账户记录分析填列。

9. 支付与其他投资活动有关的现金

反映企业除上述现金支付项目以外的支付的其他与投资活动有关的现金。如企业购买股票和债券时,实际支付的价款中包含的已宣告但尚未发放的现金股利或已到付息期但尚未领取的债券利息。该项目可根据库存现金、银行存款、其他货币资金、应收股利、应收利息等账户记录分析填列。

(三)筹资活动产生的现金流量

1. 吸收投资收到的现金

反映企业以发行股票、债券等方式筹集资金实际收到的现金净额(发行收入减去支付的佣金等发行费用)。筹资过程中发生的审计费、咨询费等费用在“支付的其他与筹资活动有关的现金”中反映。

2. 取得借款收到的现金

反映企业举借短期、长期借款所收到的现金。该项目可根据银行存款、短期借款、长期借款等账户的记录分析填列。

3. 收到的其他与筹资活动有关的现金

反映企业除上述各项现金流入之外的、收到的与其他筹资活动有关的现金,比如接受现金捐赠等。该项目可根据库存现金、银行存款、营业外支出等账户记录分析填列。

4. 偿还债务支付的现金

反映企业归还银行借款、偿还到期债券本金等支付的现金。该项目可根据银行存款、短期借款、长期借款、长期应付款等账户的记录分析填列。

5. 分配股利、利润或偿付利息支付的现金

反映企业实际支付的现金股利或利润以及因举借外债实际支付的借款利息或债券利息等。该项目可根据银行存款、应付股利或应付利润、应付利息等账户记录分析填列。

6. 支出的其他与筹资活动有关的现金

反映企业除了上述各项支付之外的,支付的如捐赠现金支出、融资租入固定资产支付的租赁费以及以发行股票、债券等方式筹集资金而由企业直接支付的审计、咨询费用等。该项目可根据库存现金、银行存款、投资收益、营业外支出等账户记录分析填列。

四、汇率变动对现金及现金等价物的影响

反映企业所存外币的现金流量折算成人民币时的差额。当人民币贬值时,会产生理论上的人民币现金流入,当人民币增值时,会产生理论上的人民币现金流出。

第八章

实务账演示[①]

一、北京市健武健身器材有限公司基本情况

企业名称：北京市健武健身器材有限公司
注册地址：北京市科技新区＊＊＊路100号
联系电话：010－88667788
法人代表：王东亮
注册资本：人民币100万元
其中：个人股占70％
法人股占30％
企业类型：有限责任公司
经营范围：生产和销售跑步机
纳税人登记号：110＊＊＊＊＊＊＊＊＊789
银行开户：农业银行（基本存款户） 科技新区分理处
账号：0128＊＊＊＊＊＊＊＊＊＊999
北京银行（临时存款户）科技新区分理处
账号：0109＊＊＊＊＊＊＊＊＊＊888

会计主管：赵 刚
会 计：董 凯 隋丽娜 罗晓燕
出 纳：杨 红

① 本章中的企业名称、人名、电话等数据均为虚拟的。

二、北京市健武健身器材有限公司有关账户期初余额

2016 年 5 月 1 日账户期初余额

资产		方向	余额	负债		方向	余额
库存现金		借	35 315.00	短期借款	工商银行	贷	80 000.00
银行存款	农业银行(基本存款户)	借	371 665.00	应付票据	商业承兑(德运公司)	贷	26 000.00
	北京银行(临时存款户)	借	26 021.90		银行承兑(豪格公司)	贷	18 000.00
其他货币资金	存出投资款	借	82 000.00	应付账款	天津神龙	贷	32 000.00
	信用卡存款	借	5 000.00		北京可耐力	贷	50 000.00
交易性金融资产	唯美健身(成本)	借	120 000.00	预收账款	凯达公司	贷	94 600.00
	唯美健身(公允价值变动)	借	8 200.00	应付职工薪酬	工资	贷	59 000.00
应收票据	商业承兑(阳光公司)	借	22 000.00		福利费	贷	7 080.00
	银行承兑(天骄公司)	借	58 020.00	应交税费	未交增值税	贷	22 123.64
应收账款	华明公司	借	68 005.00		应交城建税	贷	1 548.66
	金豪公司	借	33 700.00		应交教育费	贷	663.71
其他应收款	王震	借	6 770.00		应交企业所得税	贷	41 250.00
	李聪	借	7 680.00	应付利息	工商银行	贷	773.33
	代垫保险费	借	21 099.00	应付股利	赵文华	贷	175 082.36
坏账准备		贷	15 000.00		昌泰公司	贷	75 035.30
预付账款	华丽包装公司	借	7 500.00	其他应付款	张宇	贷	8 200.00
在途物资	仪表 A	借	9 000.00	长期借款	农业银行	贷	230 000.00
原材料	电动机 250	借	36 000.00				
	电动机 200	借	30 680.00				
	控制总成 A	借	16 000.00				
	控制总成 B	借	15 930.00	所有者权益			
	仪表 A	借	14 820.00	实收资本	赵文化	贷	700 000.00
	仪表 B	借	13 870.00		昌泰公司	贷	300 000.00
	框架 A	借	45 000.00	资本公积		贷	99 282.00
	框架 B	借	40 000.00	盈余公积		贷	487 810.00
	跑带 A	借	12 779.00	本年利润		贷	294 000.00
	跑带 B	借	10 559.10	利润分配		贷	582 217.00
周转材料	包装物	借	3 800.00				
	低值易耗品	借	3 200.00				
库存商品	跑步机 250	借	171 000.00				
	跑步机 200	借	127 000.00				

资产		方向	余额	负债		方向	余额
生产成本		借	98 100.00				
工程物资	厂房物资	借	115 325.00				
在建工程	厂房	借	592 442.00				
固定资产	1号车间	借	475 200.00				
	1号办公楼	借	290 000.00				
	设备1	借	60 180.00				
	设备2	借	47 000.00				
	顺韵货车	借	100 000.00				
	电动搬运车	借	24 800.00				
累计折旧		贷	67 000.00				
固定资产清理		借	4 855.00				
无形资产		借	262 650.00				
累计摊销		贷	26 500.00				
资产合计			3 384 666.00	负债与所有者权益合计			3 384 666.00

三、北京市健武健身器材有限公司2016年5月份经济业务及业务处理

【例1】 1日，收到昌泰公司追加投资100 000元，存入银行基本存款户。

(一)原始凭证

1-1　进账单

中国农业银行　**进账单**　(回单)1

2016年5月1日　　　　第　1　号

<table>
<tr><td rowspan="3">付款人</td><td>全称</td><td>北京市昌泰公司</td><td rowspan="3">收款人</td><td>全称</td><td colspan="10">北京市健武健身器材有限公司</td><td rowspan="6">此联是开户银行交给持票人的回单</td></tr>
<tr><td>账号</td><td>0238＊＊＊＊＊＊＊＊＊＊＊675</td><td>账号</td><td colspan="10">0128＊＊＊＊＊＊＊＊＊＊＊999</td></tr>
<tr><td>开户银行</td><td>中国银行</td><td>开户银行</td><td colspan="10">农业银行科技新区分理处</td></tr>
<tr><td colspan="5" rowspan="2">人民币
(大写)壹拾万元整</td><td>千</td><td>百</td><td>十</td><td>万</td><td>千</td><td>百</td><td>十</td><td>元</td><td>角</td><td>分</td></tr>
<tr><td></td><td></td><td>1</td><td>0</td><td>0</td><td>0</td><td>0</td><td>0</td><td>0</td><td>0</td></tr>
<tr><td colspan="3">票据种类　转账支票
票据张数　壹张

主管：　会计：　复核：　记账：</td><td colspan="12">收款人开户行盖章</td></tr>
</table>

1-2 收款收据

收款收据 0021769

2016 年 5 月 1 日

<table>
<tr><td>交款单位</td><td>北京市昌泰公司</td><td>结算方式</td><td colspan="8">转账</td></tr>
<tr><td rowspan="2">金额(大写)</td><td rowspan="2" colspan="2">壹拾万元整</td><td>十</td><td>万</td><td>千</td><td>百</td><td>十</td><td>元</td><td>角</td><td>分</td></tr>
<tr><td>1</td><td>0</td><td>0</td><td>0</td><td>0</td><td>0</td><td>0</td><td>0</td></tr>
<tr><td>备注</td><td colspan="10">投资款</td></tr>
</table>

一存根黑 二收据红

复　核:董凯　　　　制　单:杨红

1-3 股东持股证明

股东持股证明

股东:昌泰公司

截至 2016 年 5 月 1 日,投资方昌泰公司以货币资金 100 000.00 元第二次投资。款项已收到,其股份已有原来的 30%提至为 36.36%。

北京市健武健身器材有限公司(盖章有效)

2016 年 5 月 1 日

(二)记账凭证

记 账 凭 证

2016 年 5 月 1 日　　　　记 字第 1 号

摘　要	总账科目	明细科目	借　方	贷　方	记账
投资	银行存款	农业银行	100 000.00		√
	实收资本	昌泰公司		100 000.00	√
合计			¥100 000.00	¥100 000.00	

会计主管:赵刚　复核:董凯　记账:罗晓燕　出纳:杨红　制证:隋丽娜

【例 2】 1 日，从工商银行科技新区分理处取得借款 50 000 元存入银行基本存款户，利率 5%，偿还期 5 个月。

（一）原始凭证

2-1 借款借据

借款借据（入账通知）

（放款）

单位编号：00558　　借款日期：2016 年 5 月 1 日　　借据编号 007523116

收款单位	名称	北京健武健身器材有限公司	借款单位	名称	工商银行北京市分行
	开户账号	0128＊＊＊＊＊＊＊＊＊＊＊999		放款户账号	0563245
	开户银行	农业银行 科技新区分理处		开户银行	工商银行北京市＊＊支行

借款金额	伍万元整	千	百	十	万	千	百	十	元	角	分
					5	0	0	0	0	0	0

借款原因及用途	购材料	借款计划指标	

借款期限			
期次	计划还款日期		计划还款金额
1	2016.10.1		50 000.00
2			
备注			

你单位上列借款，已转入你单位结算户内。借款到期时由我行按期你单位结算转还。

此致

借款单位

（银行盖章）

借款单位作入账通知

（二）记账凭证

记 账 凭 证

2016 年 5 月 2 日　　记字第 2 号

摘 要	总账科目	明细科目	借 方	贷 方	记账
借款	银行存款	农业银行	50 000.00		√
	短期借款	工商银行		50 000.00	√
合计			￥50 000.00	￥50 000.00	

会计主管：赵刚　　复核：董凯　　记账：罗晓燕　　出纳：杨红　　制证：隋丽娜

【例 3】 2 日，从天津市金陵制造有限公司购买电动机 250 型 50 台，每台 310 元，货款 15 500 元，税款 2 635 元，运费 777 元，共计 18 912 元，用银行存款支付，货未收到。

(一)原始凭证

3-1 支票存根(1)

中国农业银行
转账支票存根
V Ⅷ10061117

科　　目 银行存款
对应科目 在途物资
出票日期 2016 年 5 月 2 日

收款人:北京市金陵制造有限责任公司
金　额:¥ 18 135.00
用　途:购 250 型电动机

单位主管 赵刚　　会计 董凯

3-1 支票存根(2)

中国农业银行
转账支票存根
V Ⅷ10061118

科　　目 银行存款
对应科目 在途物资
出票日期 2016 年 5 月 2 日

收款人:北京市顺达货运公司
金　额:¥777.00
用　途:运费

单位主管 赵刚　　会计 董凯

3-2 增值税发票(1)

天津市增值税专用发票 №0002352254

发 票 联 开票日期:2016年5月2日

购货单位	名称:北京市健武健身器材有限公司 纳税人识别号:110***********789 地址电话:北京市科技新区***路100号 88667788 开户银行及账号:农业银行0128**********999			密码区	(略)	
商品或劳务名称	规格型号	数量	单价	金额	税率	税额
电动机	250	50	310.00	15500.00	17%	2635.00
合计				¥15500.00		¥2635.00
价税合计(大写)⊗壹万捌仟壹佰叁拾伍元整				(小写)¥18135.00		
销货单位	名称:北京市金陵制造有限公司 纳税人识别号:1511*********398 地址电话:天津大沽 25321309 开户银行及账号:工商银行建军支行067***8801			备注		

收款人: 复核人: 开票人:郭志新 销货单位(盖章有效)

第三联:发票联 购货方记账凭证

3-2 增值税发票(2)

货物运输业增值税专用发票 №00774521

发 票 联 开票日期:2016年5月2日

承运人及纳税人识别号	北京市顺达货运公司 00010232245627	密码区	(略)
实际受票方及纳税人识别号	北京市健武健身器材有限公司 110**********789		
收货人及纳税人识别号	北京市健武健身器材有限公司 110**********789	发货人及纳税人识别号	金陵股份有限公司 1511************398
起运点 经由 到达地			
项目及金额	费用项目 金额 费用项目 金额 运费 700.00	运输货物信息	电动机250型

合计金额	700.00	税率	11%	税额	77.00	机器编号	
价税合计(大写)	⊗柒佰柒拾柒元整				(小写)¥777.00		
车种车号	京A33583	车船吨位	10吨	备注			
主管税务机关及代码	北京市国家税务局****分局 10***025						

收款人:张航 复核人:王明磊 开票人:肖光 承运人:孙胜利

第三联:发票联 受票方记账凭证

（二）记账凭证

记 账 凭 证

2016 年 5 月 2 日　　　　记字第 3 号

摘 要	总账科目	明细科目	借 方	贷 方	记账
材料款、运费	在途物资	电动机 250 型	16 200.00		√
	应交税费	应交增值税(进项税额)	2 712.00		√
	银行存款	农业银行		18 912.00	√
合计			￥18 912.00	￥18 912.00	

会计主管:赵刚　复核:董凯　记账:罗晓燕　出纳:杨红　制证:隋丽娜

【例 4】 2 日，从银行提取现金 10 000 元备用。

（一）原始凭证

4-1　支票存根

中国农业银行

转账支票存根

Ⅴ Ⅶ100522102

科　　目　银行存款

对应科目　库存现金

出票日期　2016 年 5 月 2 日

收款人:北京市健武健身器材有限公司
金　额:￥10 000.00
用　途:备用

单位主管　赵刚　　会计　董凯

（二）记账凭证

记 账 凭 证

2016 年 5 月 2 日　　　　记字第 4 号

摘 要	总账科目	明细科目	借 方	贷 方	记账
提现备用	库存现金		10 000.00		√
	银行存款	农业银行		10 000.00	√
合计			￥10 000.00	￥10 000.00	

会计主管:赵刚　复核:董凯　记账:罗晓燕　出纳:杨红　制证:隋丽娜

【例 5】 3 日，从宏健科技购入自动检测专利技术一项，含税价 21 200 元，用银行存款支付。该专利有效期剩余 3 年。

（一）原始凭证

5-1 支票存根

中国农业银行
转账支票存根
V Ⅶ10061119

科　　目	银行存款
对应科目	无形资产
出票日期	2016 年 5 月 3 日

收款人：北京市宏健科技有限责任公司
金　额：¥21 200.00
用　途：购买专利技术

单位主管　赵刚　　会计　董凯

5-2 增值税发票

北京市增值税专用发票　　№ 000235052

发　票　联　　开票日期：2016 年 5 月 3 日

购货单位	名　　　称：北京市健武健身器材有限公司 纳税人识别号：110＊＊＊＊＊＊＊＊＊＊789 地 址 电 话：北京市科技新区＊＊＊路 100 号　88667788 开户银行及账号：农业银行 0128＊＊＊＊＊＊＊＊＊＊＊999			密码区	（略）	
商品或劳务名称	规格型号	数量	单价	金额	税率	税额
数控 专利权		1	20000.00	20000.00	6%	1200.00
合计				¥20000.00		¥1200.00
价税合计（大写）⊗ 贰万壹仟贰佰元整				（小写）¥21200.00		
销货单位	名　　　称：北京宏建科技公司 纳税人识别号：150113824556789 地 址 电 话：北京市朝阳区　52800676 开户银行及账号：工商银行朝阳支行 065＊＊＊56241			备注		

第一联：发票联　购货方记账凭证

收款人：　　复核人：　　开票人：郑菲菲　　销货单位（盖章有效）

（二）记账凭证

记 账 凭 证

2016 年 5 月 3 日　　记字第 5 号

摘 要	总账科目	明细科目	借 方	贷 方	记账
购数控技术	无形资产	自动检测技术	20 000.00		√
	应交税费	应交增值税（进项税额）	1 200.00		√
	银行存款	农业银行		21 200.00	√
合计			￥ 21 200.00	￥ 21 200.00	

会计主管：赵刚　　复核：董凯　　记账：罗晓燕　　出纳：杨红　　制证：隋丽娜

【例 6】 3 日，从天津神龙制造公司购买跑步机框架 A 60 套，每套 905 元，合计 54 300元，税率 17%；从可耐力橡胶公司购买跑带 A200 米，每米 100 元，合计 20 000 元，税率 17%；材料收到验收入库。发票收到，款未付。

（一）原始凭证

6-1　购货发票（1）

天津市增值税专用发票　　№ 000768325

发 票 联　　开票日期：2016 年 5 月 3 日

购货单位	名　　称：北京市健武健身器材有限公司 纳说人识别号：110＊＊＊＊＊＊＊＊＊789 地 址 电 话：北京市科技新区＊＊＊路 100 号　88667788 开户银行及账号：农业银行 0128＊＊＊＊＊＊＊＊＊＊999			密码区	（略）	
商品或劳务名称	规格型号	数量	单价	金额	税率	税额
框架 A		60	905.00	54300.00	17%	9231.00
合计				￥54300.00		￥9231.00
价税合计（大写）⊗ 陆万叁仟伍佰叁拾壹元整				（小写）￥63531.00		
销货单位	名　　称：天津市神龙制造有限公司 纳说人识别号：15115523398 地 址 电 话：天津市南开区　27584133 开户银行及账号：工商银行建军支行 027＊＊＊78801			备注		

第二联：发票联　购货方记账凭证

收款人：　　复核人：　　开票人：沈科　　销货单位（盖章有效）

6-2 购货发票(2)

北京市增值税专用发票 №000235687

发 票 联 开票日期:2016年5月3日

购货单位	名称:北京市健武健身器材有限公司 纳税人识别号:110＊＊＊＊＊＊＊＊＊＊789 地址电话:北京市科技新区＊＊＊路100号 88667788 开户银行及账号:农业银行0128＊＊＊＊＊＊＊＊＊＊＊999				密码区	(略)
商品或劳务名称	规格型号	数量	单价	金额	税率	税额
跑带A		200	100.00	20000.00	17%	3400.00
合计				￥20000.00		￥3400.00
价税合计(大写)⊗ 贰万叁仟肆佰元整				(小写)￥23400.00		
销货单位	名称:北京市可耐力橡胶公司 纳税人识别号:00103232545879 地址电话:北京市朝阳区 52812356 开户银行及账号:工商银行建军支行025＊＊＊56241				备注	

收款人: 复核人: 开票人: 销货单位(盖章有效)

第三联:发票联 购货方记账凭证

6-3 收料单

北京市健武健身器材有限公司

收料单

供货单位:天津神龙 北京可耐力 2016年5月3日 凭证编号:BV25634

发票编号:000768325 收料仓库:1号

材料类别	材料编号	材料名称及规格	单位	数量		金额			
				应收	实收	单价	买价	运费	合计
原材料		框架A	套	60	60	905.00	54 300.00		54 300.00
		跑带A	米	200	200	100.00	20 000.00		20 000.00
合计									74 300.00

备注:

合计 74 300.00

质量检查:赵辉 保管员:韩云 经手人:郭强

（二）记账凭证（1）

记 账 凭 证

2016 年 5 月 3 日　　　　记字第 6 号

摘 要	总账科目	明细科目	借 方	贷 方	记账
购框架 A、跑带 A	在途物资	框架 A	54 300.00		√
		跑带 A	20 000.00		√
	应交税费	应交增值税(进项税额)	12 631.00		√
	应付账款	天津神龙公司		63 531.00	√
		北京可耐力公司		23 400.00	√
合计			￥ 86 931.00	￥ 86 931.00	

会计主管：赵刚　　复核：董凯　　记账：罗晓燕　　出纳：　　制证：隋丽娜

（二）记账凭证（2）

记 账 凭 证

2016 年 5 月 3 日　　　　记字第 7 号

摘 要	总账科目	明细科目	借 方	贷 方	记账
框架 A 跑带 A	原材料	框架 A	54 300.00		√
入库		跑带 A	20 000.00		√
	在途物资	框架 A		54 300.00	√
		跑带 A		20 000.00	√
合计			￥74 300.00	￥74 300.00	

会计主管：赵刚　　复核：董凯　　记账：罗晓燕　　出纳：　　制证：隋丽娜

【例 7】 4 日，销售给新元公司跑步机 P2501 型 20 台，每台售价 4 350 元。价款 87 000元，税率 17%，税款 14 790 元，价税款合计 101 790 元，存入银行存款基本存款户。

(一)原始凭证

7-1 进账单

中国农业银行 **进账单** (回单)1

2016 年 5 月 4 日　　　　第 1 号

付款人	全称	天津市新元有限责任公司	收款人	全称	北京市健武健身器材有限公司
	账号	0378＊＊＊＊＊＊＊＊＊＊＊367		账号	0128＊＊＊＊＊＊＊＊＊＊＊999
	开户银行	中国银行		开户银行	农业银行 科技新区分理处

人民币 (大写)壹拾万壹仟柒佰玖拾元整	千	百	十	万	千	百	十	元	角	分
			1	0	1	7	9	0	0	0

票据种类 转账支票	收款人开户行盖章
票据张数 壹张	

此联是开户银行交给持票人的回单

7-2 增值税发票

北京市增值税专用发票　　№ 000001485

(此联不作报销、扣税凭证使用)

记 账 联　　开票日期:2016 年 5 月 4 日

购货单位	名 称:北京市新元物资销售公司 纳说人识别号:035＊＊＊＊＊＊＊＊＊＊＊466 地址电话:北京市朝阳区 52885336 开户银行及账号:农业银行 065＊＊＊＊＊＊＊＊＊＊＊605	密码区	(略)

商品或劳务名称	规格型号	数量	单价	金额	税率	税额
跑步机	P2501	20	4350.00	87000.00	17%	14790.00
合计				￥87000.00		￥14790.00
价税合计(大写)⊗ 壹拾万壹仟柒佰玖拾元整				(小写)￥ 101790.00		

销货单位	名 称:北京市健武健身器材有限公司 纳说人识别号:110＊＊＊＊＊＊＊＊＊＊789 地址电话:北京市科技新区＊＊＊路 100 号 88667788 开户银行及账号:农业银行 0128＊＊＊＊＊＊＊＊＊＊＊999	备注	

收款人:　　复核人:　　开票人:罗蛲燕　　销货单位(盖章有效)

第一联:记账联 销货方记账凭证

（二）记账凭证

记 账 凭 证

2016 年 5 月 4 日　　　　记字第 8 号

摘 要	总账科目	明细科目	借 方	贷 方	记账
销售 P25001	银行存款	农业银行	10 1790.00		√
20 台	主营业务收入	P25001		87 000.00	√
	应交税费	应交增值税(销项税额)		14 790.00	√
合计			￥ 101 790.00	￥ 101 790.00	

会计主管：赵刚　　复核：董凯　　记账：罗晓燕　　出纳：杨红　　制证：隋丽娜

【例 8】 4 日，向金讯广告公司支付广告费 19 080 万元，现金支付。

（一）原始凭证

8-1　广告费发票

北京市增值税专用发票　　№ 0003325678

发 票 联　　开票日期：2016 年 5 月 4 日

购货单位	名　　称：北京市健武健身器材有限公司 纳说人识别号：110＊＊＊＊＊＊＊＊＊＊789 地址电话：北京市科技新区＊＊＊路 100 号　88667788 开户银行及账号：农业银行 0128＊＊＊＊＊＊＊＊＊＊＊999			密码区	（略）	
商品或劳务名称	规格型号	数量	单价	金额	税率	税额
广告费		1	18000.00	18000.00	6％	1080.00
合计				￥18000.00		￥1080.00
价税合计(大写)⊗ 壹万玖仟零捌拾元整				(小写)￥ 19080.00		
销货单位	名　　称：北京市金迅广告公司 纳说人识别号：150113824556789 地址电话：北京市海淀区　56104432 开户银行及账号：农业银行 015＊＊＊＊＊＊＊＊＊＊＊＊257			备注		

第三联：发票联　购货方记账凭证

收款人：　　复核人：　　开票人：詹华昌　　销货单位(盖章有效)

(二)记账凭证

记 账 凭 证

2016 年 5 月 4 日　　　　记字第 9 号

摘 要	总账科目	明细科目	借 方	贷 方	记账
广告费	销售费用	宣传费	18 000.00		√
	应交税费	应交增值税(进行税额)	1 080.00		√
	库存现金			19 080.00	√
合计			¥ 19 080.00	¥ 19 080.00	

会计主管:赵刚　　复核:董凯　　记账:罗晓燕　　出纳:杨红　　制证:隋丽娜

【例 9】 5 日,上月从速达制造公司购买仪表 A60 块,每块 150.00 元,仪表收到验收入库。

(一)原始凭证

9-1　收料单

北京市健武健身器材有限公司

收 料 单

供货单位:速达公司　　2016 年 5 月 5 日　　凭证编号:BV25634

发票编号:№ 005266521　　收料仓库:×号

材料类别	材料编号	材料名称及规格	单位	数量		金　额			
				应收	实收	单价	买价	运费	合计
		仪表 A	台	60	60	150.00	9 000.00		9 000.00
备注:									
合计:9 000.00									

质量检查:赵辉　　保管员:韩云　　经手人:郭强

(二)记账凭证

记 账 凭 证

2016 年 5 月 5 日　　记字第 10 号

摘 要	总账科目	明细科目	借 方	贷 方	记账
仪表 A 入库	原材料	仪表 A	9 000.00		√
	在途物资	仪表 A		9 000.00	√
合计			￥9 000.00	￥9 000.00	

会计主管:赵刚　复核:董凯　记账:罗晓燕　出纳:　制证:隋丽娜

【例 10】 5 日,车间为生产跑步机 P25001 型领用电动机 250 型 75 台;领用控制总成 A75 块;领用框架 A75 副;领用仪表 A75 块;同时,领用跑带 A 300 米。

(一)原始凭证

10-1　领料单

北京市健武健身器材有限公司

领料单位:车间　　领 料 单　　凭证编号:CL35425

用　途:P25001 加工　　2016 年 5 月 5 日　　发料仓库:1 号

材料类别	材料编号	材料名称及规格	计量单位	数量		单价	金额
				请领	实发		
		电动机 250	台	75	75		
		控制总成 A	台	75	75		
		框架 A	副	75	75		
		跑带 A	米	300	300		
		仪表 A	台	75	75		
备注:		合计					

保管员:韩云　领用人:成敏

(说明:该经济业务可暂不处理,待月末与其他领用材料的经济业务一起处理)

【例 11】 5 日,用现金购买办公用品 936 元(含税),行政管理部门领用 300 元,销售部门领用 500 元。

（一）原始凭证

11-1　增值税发票

北京市增值税专用发票　№ 000235623

发　票　联　开票日期：2016 年 5 月 5 日

购货单位	名　　称：北京市健武健身器材有限公司 纳说人识别号：110＊＊＊＊＊＊＊＊＊＊789 地 址 电 话：北京市科技新区＊＊＊路 100 号　88667788 开户银行及账号：农业银行 0128＊＊＊＊＊＊＊＊＊＊＊999				密码区	（略）
商品或劳务名称	规格型号	数量	单价	金额	税率	税额
硒鼓		1	300.00	300.00	17%	51.00
打印机		1	500.00	500.00	17%	85.00
合计				￥800.00		￥136.00
价税合计（大写）⊗ 玖佰叁拾陆元整			（小写）￥936.00			
销货单位	名　　称：北京市太和惠民超市 纳说人识别号：110113824442536 地 址 电 话：北京市海淀区　88256678 开户银行及账号：农业银行 裕民支行 0112＊＊＊＊＊＊＊333				备注	

第三联：发票联　购货方记账凭证

收款人：　复核人：　开票人：国栋　销货单位（盖章有效）

（二）记账凭证

记账凭证

2016 年 5 月 5 日　记字第 11 号

摘要	总账科目	明细科目	借　方	贷　方	记账
支付手续费	销售费用	办公费	500.00		√
	管理费用	办公费	300.00		√
	应交税费	应交增值税（进项税额）	136.00		√
	库存现金			936.00	√
合计			￥ 936.00	￥ 936.00	

会计主管：赵刚　复核：董凯　记账：罗晓燕　出纳：杨红　制证：隋丽娜

6 日，从某证券公司购入国基商贸股票 10 000 股，银行存款支出 65 095 元，其中所含已宣告发放而尚未领取的红利 6 100 元、手续费 95 元。

(一)原始凭证

12-1 证券过户交割凭证

大通证券小商品街营业部成交过户交割凭证

2016 年 5 月 6 日 买

公司代码:35267 股东账号:3226875 资金账号:76223 股东名称:北京市健武健身器材有限公司	证券名称:国基商贸 成交数量:10 000 股 成交价格:5.89 元 成交金额:65 000.00
委托时间:2016 年 5 月 6 日 成交时间:2016 年 5 月 6 日 资金前余额: 资金余额: 证券前余额: 本次余额:	佣金:95 元 过户费: 印花税: 附加费用: 其他费用: 实际收付金额:65 095.00
备注:证券买卖	

(二)记账凭证

记 账 凭 证

2016 年 5 月 6 日 记字第 12 号

摘 要	总账科目	明细科目	借 方	贷 方	记账
购股票	交易性金融资产	成本(国基商贸)	58 900.00		√
	应收股利	国基商贸	6 100.00		√
	投资收益	股票投资收益	95.00		√
	其他货币资金	存出投资款		65 095.00	√
合计			¥ 65 095.00	¥ 65 095.00	

会计主管:赵刚 复核:董凯 记账:罗晓燕 出纳:杨红 制证:隋丽娜

【例 13】 6 日,从山东济南厦华公司购买全自动 U 形弯管机一台,交付使用。设备价款 30 000 元,税率 17%,税款 5 100 元,用银行存款支付。

（一）原始凭证

13-1　支票存根

中国农业银行
转账支票存根
ⅤⅧ10061120

科　　目　银行存款
对应科目　固定资产
出票日期　2016年5月6日

收款人：山东省济南市厦华公司
金　额：¥35 100.00
用　途：货款

单位主管　赵刚　　会计　董凯

13-2　增值税发票

山东省增值税专用发票　　№ 0004253524

发　票　联　　开票日期：2016年5月6日

<table>
<tr><td>购货单位</td><td colspan="5">名　　称：北京市健武健身器材有限公司
纳税人识别号：110＊＊＊＊＊＊＊＊＊789
地址电话：北京市科技新区＊＊＊路100号　88667788
开户银行及账号：农业银行0128＊＊＊＊＊＊＊＊＊＊999</td><td>密码区</td><td>（略）</td></tr>
<tr><td colspan="2">商品或劳务名称</td><td>规格型号</td><td>数量</td><td>单价</td><td>金额</td><td>税率</td><td>税额</td></tr>
<tr><td colspan="2">全自动弯管机</td><td>WG120</td><td>1</td><td>30000.00</td><td>30000.00</td><td>17%</td><td>5100.00</td></tr>
<tr><td colspan="2">合计</td><td></td><td></td><td></td><td>¥30000.00</td><td></td><td>¥5100.00</td></tr>
<tr><td colspan="5">价税合计（大写）⊗ 叁万伍仟壹佰元整</td><td colspan="3">（小写）¥31500.00</td></tr>
<tr><td>销货单位</td><td colspan="5">名　　称：山东厦华机械制造公司
纳税人识别号：0533＊＊＊＊＊＊＊＊＊＊＊＊＊253
地址电话：山东省济南市　81867753
开户银行及账号：工商银行历下支行054＊＊＊758</td><td>备注</td><td></td></tr>
</table>

第三联：发票联　购货方记账凭证

收款人：　　复核人：　　开票人：邢帅　　销货单位（盖章有效）

13-3　固定资产验收单

固定资产验收单

2016 年 5 月 6 日

名称	型号	来源	数量	价格	使用年限	预计净残值	月折旧率	月折旧额
U 弯机	A	购买	1	30 000	8	1 000		
使用部门	车间				实物负责人	王晓梦		
管理部门	设备科	验收员	郭慧		启用时间	2016 年 5 月 6 日		
备注								

(二)记账凭证

记 账 凭 证

2016 年 5 月 6 日　　　　记字第 13 号

摘 要	总账科目	明细科目	借　方	贷　方	记账
购设备	固定资产	弯管机	30 000.00		√
	应交税费	应交增值税(进项税额)	5 100.00		√
	银行存款	农业银行		35 100.00	√
合计			¥ 35 100.00	¥ 35 100.00	

会计主管:赵刚　　复核:董凯　　记账:罗晓燕　　出纳:杨红　　制证:隋丽娜

【例 14】 7 日,从银行购买支票等凭证共 15 元。

(一)原始凭证

14-1　银行收费凭证

银行收费凭证

中国农业银行　收费(转账)凭证(第一联)

2016 年 5 月 7 日

交款单位:北京健武健身器材有限公司　　账号:0228＊＊＊＊＊＊＊＊＊＊＊999									
种类款	份数	单价	金额						备　注
			千	百	十	元	角	分	
工本费	3	5			1	5	0	0	农行建军支行
电报费									
邮费									
人民币(大写)	壹拾伍元整	合计		¥	1	5	0	0	

(二)记账凭证

记 账 凭 证

2016 年 5 月 7 日　　　　记字第 14 号

摘 要	总账科目	明细科目	借　方	贷　方	记账
支付手续费	财务费用	手续费	15.00		√
	银行存款	农业银行		15.00	√
合计			¥ 15.00	¥ 15.00	

会计主管:赵刚　　复核:董凯　　记账:罗晓燕　　出纳:杨红　　制证:隋丽娜

【例 15】 7 日,收到新博公司租用机器设备押金 2 000 元。

(一)原始凭证

15-1　收款收据

收款收据　　0021770

2016 年 5 月 7 日

<table>
<tr><td>交款单位</td><td>新博公司</td><td>结算方式</td><td colspan="8">现金</td></tr>
<tr><td rowspan="2">金额(大写)</td><td colspan="2" rowspan="2">贰仟元整</td><td>十</td><td>万</td><td>千</td><td>百</td><td>十</td><td>元</td><td>角</td><td>分</td></tr>
<tr><td></td><td></td><td>2</td><td>0</td><td>0</td><td>0</td><td>0</td><td>0</td></tr>
<tr><td>备注</td><td colspan="10">租设备押金</td></tr>
</table>

一存根黑　二收据红

复 核:董凯　　制单:杨红　　出纳:杨红

（二）记账凭证

记 账 凭 证

2016 年 5 月 7 日　　记字第 15 号

摘 要	总账科目	明细科目	借 方	贷 方	记账
押 金	库存现金		2 000.00		√
	其他应付款	新博公司		2 000.00	√
合计			￥ 2 000.00	￥ 2 000.00	

会计主管:赵刚　　复核:董凯　　记账:罗晓燕　　出纳:杨红　　制证:隋丽娜

【例 16】 8 日,用银行存款基本存款户存款交纳税费款 65 586.01 元。

（一）原始凭证

16-1　支票存根

中国农业银行

转账支票存根

ⅤⅦ100611121

科　　目　银行存款

对应科目　应交税费

出票日期　2016 年 5 月 8 日

收款人:北京市国家税务局
金　额:￥65 586.01
用　途:税费

单位主管　赵刚　　会计　董凯

16-2 完税凭证(1)

中华人民共和国

税收通用缴款书

隶属关系:

注册类型:有限责任公司 填发日期:2016 年 5 月 8 日 征收机关:北京市科技新区国家税务局

<table>
<tr><td rowspan="4">缴款单位</td><td>代码</td><td colspan="3">11011999998</td><td rowspan="3">预算科目</td><td colspan="2">编码</td><td colspan="10">010103</td></tr>
<tr><td>全称</td><td colspan="3">北京健武健身器材有限公司</td><td colspan="2">名称</td><td colspan="10">股份制企业增值税</td></tr>
<tr><td>开户银行</td><td colspan="3">农业银行科技新区分理处</td><td colspan="2">级次</td><td colspan="10">中央级</td></tr>
<tr><td>账号</td><td colspan="3">0128＊＊＊＊＊＊＊＊＊＊999</td><td colspan="3">收缴国库</td><td colspan="10">科技新区支库</td></tr>
<tr><td colspan="4">税款所属时期 2016 年 4 月 1～30 日</td><td colspan="14">税款限缴日期 2016 年 5 月 10 日</td></tr>
<tr><td colspan="2" rowspan="2">品目名称</td><td rowspan="2">课税数量</td><td rowspan="2">计税金额或收入</td><td rowspan="2">税率或单位税额</td><td colspan="3" rowspan="2">已缴或扣除额</td><td colspan="10">实缴金额</td></tr>
<tr><td>千</td><td>百</td><td>十</td><td>万</td><td>千</td><td>百</td><td>十</td><td>元</td><td>角</td><td>分</td></tr>
<tr><td colspan="2">机械制造</td><td></td><td>305 882.35</td><td>17%</td><td colspan="3">29 876.36</td><td></td><td></td><td></td><td>2</td><td>2</td><td>1</td><td>2</td><td>3</td><td>6</td><td>4</td></tr>
<tr><td colspan="2"></td><td></td><td></td><td></td><td colspan="3"></td><td></td><td></td><td></td><td></td><td></td><td></td><td></td><td></td><td></td><td></td></tr>
<tr><td colspan="2"></td><td></td><td></td><td></td><td colspan="3"></td><td></td><td></td><td></td><td></td><td></td><td></td><td></td><td></td><td></td><td></td></tr>
<tr><td colspan="8">金额合计 (大写)贰万贰仟壹佰贰拾叁元陆角肆分</td><td></td><td></td><td></td><td></td><td></td><td></td><td></td><td></td><td></td><td></td></tr>
<tr><td colspan="2">缴款单位(人)

(盖章)
经办人</td><td colspan="2">税务机关

(盖章)
填票人(章)</td><td colspan="6">上列款项已收妥并划转收款单位账户

国库(银行)盖章 2016 年 5 月 8 日</td><td colspan="8">备注</td></tr>
</table>

16-2 完税凭证(2)

中华人民共和国

税收通用缴款书

隶属关系：

注册类型:有限责任公司　　填发日期:2016 年 5 月 8 日　征收机关:北京市科技新区国家税务局

<table>
<tr><td rowspan="4">缴款单位</td><td>代码</td><td>11011999998</td><td rowspan="3">预算科</td><td>编码</td><td>010103</td></tr>
<tr><td>全称</td><td>北京健武健身器材有限公司</td><td>名称</td><td>企业所得税</td></tr>
<tr><td>开户银行</td><td>农业银行科技新区分理处</td><td>级次</td><td>中央级</td></tr>
<tr><td>账号</td><td>0128＊＊＊＊＊＊＊＊＊＊999</td><td colspan="2">收缴国库</td><td>科技新区支库</td></tr>
</table>

<table>
<tr><td>税款所属时期</td><td>2016 年 4 月 1～30 日</td><td>税款限缴日期</td><td>2016 年 5 月 10 日</td></tr>
</table>

<table>
<tr><td rowspan="2">品目名称</td><td rowspan="2">课税数量</td><td rowspan="2">计税金额或收入</td><td rowspan="2">税率或单位税额</td><td rowspan="2">已缴或扣除额</td><td colspan="10">实缴金额</td></tr>
<tr><td>千</td><td>百</td><td>十</td><td>万</td><td>千</td><td>百</td><td>十</td><td>元</td><td>角</td><td>分</td></tr>
<tr><td>机械制造</td><td></td><td>165 000</td><td>25%</td><td></td><td></td><td></td><td></td><td>4</td><td>1</td><td>2</td><td>5</td><td>0</td><td>0</td><td>0</td></tr>
<tr><td></td><td></td><td></td><td></td><td></td><td></td><td></td><td></td><td></td><td></td><td></td><td></td><td></td><td></td><td></td></tr>
<tr><td></td><td></td><td></td><td></td><td></td><td></td><td></td><td></td><td></td><td></td><td></td><td></td><td></td><td></td><td></td></tr>
<tr><td>金额合计</td><td colspan="14">(大写)肆万壹仟贰佰伍拾元整</td></tr>
</table>

缴款单位(人) (盖章) 经办人	税务机关 (盖章) 填票人(章)	上列款项已收妥并划转收款单位账户 国库(银行)盖章　2016 年 5 月 8 日	备注

16-2　完税凭证(3)

中华人民共和国
税收通用缴款书

隶属关系：

注册类型：有限责任公司　填发日期：2016 年 5 月 8 日　征收机关：北京市科技新区国家地方税务局

<table>
<tr><td rowspan="4">缴款单位</td><td>代码</td><td colspan="3">11011999998</td><td rowspan="3">预算科</td><td colspan="2">编码</td><td colspan="10">010103</td></tr>
<tr><td>全称</td><td colspan="3">北京健武健身器材有限公司</td><td colspan="2">名称</td><td colspan="10">股份制企业增值税</td></tr>
<tr><td>开户银行</td><td colspan="3">农业银行科技新区分理处</td><td colspan="2">级次</td><td colspan="10">中央级</td></tr>
<tr><td>账号</td><td colspan="3">0128＊＊＊＊＊＊＊＊＊＊＊999</td><td colspan="3">收缴国库</td><td colspan="10">科技新区支库</td></tr>
<tr><td colspan="4">税款所属时期　2016 年 4 月 1～30 日</td><td colspan="14">税款限缴日期　2016 年 5 月 10 日</td></tr>
<tr><td colspan="2" rowspan="2">品目名称</td><td rowspan="2">课税数量</td><td rowspan="2">计税金额或收入</td><td colspan="2" rowspan="2">税率或单位税额</td><td colspan="2" rowspan="2">已缴或扣除额</td><td colspan="10">实缴金额</td></tr>
<tr><td>千</td><td>百</td><td>十</td><td>万</td><td>千</td><td>百</td><td>十</td><td>元</td><td>角</td><td>分</td></tr>
<tr><td colspan="2">机械制造</td><td></td><td>22 123.64</td><td colspan="2">7%</td><td colspan="2"></td><td></td><td></td><td></td><td></td><td>1</td><td>5</td><td>4</td><td>8</td><td>6</td><td>6</td></tr>
<tr><td colspan="2"></td><td></td><td></td><td colspan="2"></td><td colspan="2"></td><td></td><td></td><td></td><td></td><td></td><td></td><td></td><td></td><td></td><td></td></tr>
<tr><td colspan="2"></td><td></td><td></td><td colspan="2"></td><td colspan="2"></td><td></td><td></td><td></td><td></td><td></td><td></td><td></td><td></td><td></td><td></td></tr>
<tr><td>金额合计</td><td colspan="17">(大写)壹仟伍佰肆拾捌元陆角陆分</td></tr>
<tr><td colspan="2">缴款单位(人)

(盖章)
经办人</td><td colspan="2">税务机关

(盖章)
填票人(章)</td><td colspan="6">上列款项已收妥并划转收款单位账户

国库(银行)盖章　2016 年 5 月 8 日</td><td colspan="8">备注</td></tr>
</table>

16-2 完税凭证(4)

中华人民共和国

税收通用缴款书

隶属关系:

注册类型:有限责任公司　填发日期:2016 年 5 月 8 日　征收机关:北京市科技新区国家地方税务局

<table>
<tr><td rowspan="4">缴款单位</td><td>代码</td><td>11011999998</td><td rowspan="3">预算科目</td><td>编码</td><td>010103</td></tr>
<tr><td>全称</td><td>北京健武健身器材有限公司</td><td>名称</td><td>股份制企业增值税</td></tr>
<tr><td>开户银行</td><td>农业银行科技新区分理处</td><td>级次</td><td>地方级</td></tr>
<tr><td>账号</td><td>0128＊＊＊＊＊＊＊＊＊＊999</td><td colspan="2">收缴国库</td><td>科技新区支库</td></tr>
<tr><td colspan="3">税款所属时期　2016 年 4 月 1～30 日</td><td colspan="3">税款限缴日期　2016 年 5 月 10 日</td></tr>
</table>

<table>
<tr><td rowspan="2">品目名称</td><td rowspan="2">课税数量</td><td rowspan="2">计税金额或收入</td><td rowspan="2">税率或单位税额</td><td rowspan="2">已缴或扣除额</td><td colspan="10">实缴金额</td></tr>
<tr><td>千</td><td>百</td><td>十</td><td>万</td><td>千</td><td>百</td><td>十</td><td>元</td><td>角</td><td>分</td></tr>
<tr><td>机械制造</td><td></td><td>22 123.64</td><td>3%</td><td></td><td></td><td></td><td></td><td></td><td></td><td>6</td><td>6</td><td>3</td><td>7</td><td>1</td></tr>
<tr><td></td><td></td><td></td><td></td><td></td><td></td><td></td><td></td><td></td><td></td><td></td><td></td><td></td><td></td><td></td></tr>
<tr><td></td><td></td><td></td><td></td><td></td><td></td><td></td><td></td><td></td><td></td><td></td><td></td><td></td><td></td><td></td></tr>
<tr><td>金额合计</td><td colspan="4">(大写)陆佰陆拾叁元柒角壹分</td><td></td><td></td><td></td><td></td><td></td><td></td><td></td><td></td><td></td><td></td></tr>
</table>

<table>
<tr><td>缴款单位(人)

(盖章)
经办人</td><td>税务机关

(盖章)
填票人(章)</td><td>上列款项已收妥并划转收款单位账户

国库(银行)盖章　2016 年 5 月 8 日</td><td>备注</td></tr>
</table>

(二)记账凭证

记 账 凭 证

2016 年 5 月 8 日　记字第 16 号

摘 要	总账科目	明细科目	借 方	贷 方	记账
缴纳 4 份税费	应交税费	未交增值税	22 123.64		√
		应交城建税	1 548.66		√
		应交教育费附加	663.71		√
		应交企业所得税	41 250.00		√
	银行存款	农业银行		65 586.01	√
合计			￥65 586.01	￥65 586.01	

会计主管:赵刚　复核:董凯　记账:罗晓燕　出纳:杨红　制证:隋丽娜

【例 17】 8 日，根据合同约定，预收联康销售公司货款 27 000 元存入银行基本户。

(一)原始凭证

17-1 收款收据

收款收据

2016 年 5 月 8 日 0021701

<table>
<tr><td>交款单位</td><td>联康销售公司</td><td>结算方式</td><td colspan="8">转账</td><td rowspan="5">一存根黑
二收据红</td></tr>
<tr><td rowspan="2">金额(大写)</td><td rowspan="2" colspan="2">贰万柒仟元整</td><td>十</td><td>万</td><td>千</td><td>百</td><td>十</td><td>元</td><td>角</td><td>分</td></tr>
<tr><td></td><td>2</td><td>7</td><td>0</td><td>0</td><td>0</td><td>0</td><td>0</td></tr>
<tr><td>备注</td><td colspan="10">预收货款</td></tr>
</table>

复核：董凯　　制单：杨红　　出纳：杨红

17-2 进账单

中国农业银行 **进账单** (回单)1

2016 年 5 月 8 日 第 1 号

<table>
<tr><td rowspan="3">付款人</td><td>全称</td><td colspan="3">联康销售公司</td><td rowspan="3">收款人</td><td>全称</td><td colspan="10">北京市健武健身器材有限公司</td></tr>
<tr><td>账号</td><td colspan="3">0123＊＊＊＊＊＊＊＊＊＊357</td><td>账号</td><td colspan="10">0128＊＊＊＊＊＊＊＊＊＊999</td></tr>
<tr><td>开户银行</td><td colspan="3">中国银行</td><td>开户银行</td><td colspan="10">农业银行科技新区分理处</td></tr>
<tr><td colspan="7" rowspan="2">人民币
(大写)贰万柒仟元整</td><td>千</td><td>百</td><td>十</td><td>万</td><td>千</td><td>百</td><td>十</td><td>元</td><td>角</td><td>分</td></tr>
<tr><td></td><td></td><td></td><td>2</td><td>7</td><td>0</td><td>0</td><td>0</td><td>0</td><td>0</td></tr>
<tr><td colspan="4">票据种类　转账支票</td><td colspan="13" rowspan="3">收款人开户行盖章</td></tr>
<tr><td colspan="4">票据张数：壹张</td></tr>
<tr><td colspan="4"></td></tr>
</table>

（二）记账凭证

记 账 凭 证

2016 年 5 月 8 日　　　　记字第 17 号

摘 要	总账科目	明细科目	借 方	贷 方	记账
预收货款	银行存款	农业银行	27 000.00		√
	预收账款	联康销售公司		27 000.00	√
合计			￥27 000.00	￥27 000.00	

会计主管：赵刚　复核：董凯　记账：罗晓燕　出纳：杨红　制证：隋丽娜

【例 18】 9 日，用现金支付销售产品运费 770 元。

（一）原始凭证

18-1 运输费发票

货物运输业增值税专用发票　　№ 00776032

发 票 联　　开票日期：2016 年 5 月 9 日

承运人及纳税人识别号	北京市顺达货运公司 00010232245627	密码区	（略）
实际受票方及纳税人识别号	北京市健武健身器材有限公司 110＊＊＊＊＊＊＊＊＊＊789		
收货人及纳税人识别号	天津市新元有限责任公司 035＊＊＊＊＊＊＊＊＊＊466	发货人及纳税人识别号	北京健武健身器材有限公司 110＊＊＊＊＊＊＊＊＊＊＊＊＊＊789
起运点 经由 到达地			
费用项目及金额	费用项目 金额 费用项目 金额 运费 700.00	运输货物信息	跑步机
合计金额	700.00	税率 11%	税额 77.00　机器编号
价税合计（大写）	⊗柒佰柒拾柒元整		（小写）￥777.00
车种车号	京 A 33583	车船吨位 10 吨	备注
主管税务机关及代码	北京市国家税务局＊＊＊＊分局 10＊＊＊025		

第三联：发票联　受票方记账凭证

收款人：张航　复核人：王明磊　开票人：肖光　承运人：孙胜利

(二)记账凭证

记 账 凭 证

2016 年 5 月 9 日　　记字第 18 号

摘 要	总账科目	明细科目	借 方	贷 方	记账	附件
运费	销售费用	运费与保险费	700.00		√	
	应交税费	应交增值税(进项税额)	77.00		√	
	库存现金			777.00	√	
合计			¥ 777.00	¥ 777.00		张

会计主管:赵刚　复核:董凯　记账:罗晓燕　出纳:杨红　制证:隋丽娜

【例 19】 9 日,销售给天宇房地产公司跑带 B10 米,收到价税款现金 1 170 元。

(一)原始凭证

19-1　增值税发票

北京市增值税专用发票

此联不作报销、扣税凭证使用　　№ 000001486

记 账 联　　开票日期:2016 年 5 月 9 日

购货单位	名　称:北京市朝阳区天宇房地产公司 纳说人识别号:110*************536 地 址 电 话:北京市朝阳区　52862317 开户银行及账号:农业银行 013**************778	密码区	(略)			
商品或劳务名称	规格型号	数量	单价	金额	税率	税额
跑带	A180	10	100.00	1000.00	17%	170.00
合计				¥1000.00		¥170.00
价税合计(大写)⊗ 壹仟壹佰柒拾元整				(小写)¥1170.00		
销货单位	名　称:北京市健武健身器材有限公司 纳说人识别号:110**********789 地 址 电 话:北京市科技新区***路 100 号 开户银行及账号:农业银行 0128************999	备注				

第二联:信贷方记账凭证

收款人:　复核人:　开票人:罗晓燕　销货单位(盖章有效)

(二)记账凭证

记 账 凭 证

2016 年 5 月 9 日　　　　记字第 19 号

摘 要	总账科目	明细科目	借　方	贷　方	记账
销售跑带 A	库存现金		1 170.00		√
	其他业务收入	材料销售		1 000.00	√
	应交税费	应交增值税(销项税额)		170.00	√
合计			¥ 1 170.00	¥ 1 170.00	

会计主管:赵刚　　复核:董凯　　记账:罗晓燕　　出纳:杨红　　制证:隋丽娜

【例 20】 10 日,郭晓梅预借差旅费 1 000 元,现金支付。

(一)原始凭证

20-1　借款单

北京市健武健身器材有限公司

借 款 单

2016 年 5 月 10 日

借款单位	行政科	借款人	郭晓梅
借款用途	出差		
借款金额(大写)	壹仟元整	借款金额(小写)	¥ 1 000.00
付款方式	现金　√　支票　　其他		
计划归还日期	2016 年 5 月 20 日		
单位负责人签字	王亮	借款人签字	郭晓梅

(二)记账凭证

记 账 凭 证

2016 年 5 月 10 日　　记字第 20 号

摘 要	总账科目	明细科目	借 方	贷 方	记账	附件
预借差旅费	其他应收款	郭晓梅	1 000.00		√	
	库存现金			1 000.00	√	
合计			￥1 000.00	￥1 000.00		张

会计主管:赵刚　　复核:董凯　　记账:罗晓燕　　出纳:杨红　　制证:隋丽娜

【例 21】 10 日,销售给宏大公司跑步机 P20001 型 18 台,每台 4 100.00 元,价款 73 800.00元,税款 12 546.00 元,收到对方签发的为期 3 个月不带息的银行承兑汇票一张,面额 86 346.00 元。

(一)原始凭证

21-1　商业汇票

银行承兑汇票　2　　ⅦⅤ 3768737

出票日期(大写)　贰零壹陆年零伍月壹拾日　　第 1 号

<table>
<tr><td>出票人全称</td><td>北京市宏大商贸公司</td><td rowspan="3">收款人</td><td>名称</td><td colspan="4">北京市健武健身器材有限公司</td></tr>
<tr><td>出票人账号</td><td>0228＊＊＊＊＊＊＊＊＊＊＊＊151</td><td>账号</td><td colspan="4">0128＊＊＊＊＊＊＊＊999</td></tr>
<tr><td>付款行全称</td><td>农业银行科技新区分理处</td><td>开户银行</td><td>农行</td><td>行号</td><td colspan="2">0105523</td></tr>
<tr><td>汇票金额</td><td colspan="3">人民币
(大写)捌万陆仟叁佰肆拾陆元整</td><td colspan="4">千 百 十 万 千 百 十 元 角 分
　　　 8 6 3 4 6 0 0</td></tr>
<tr><td>汇票到期日</td><td colspan="7">贰零壹陆年零捌月壹拾日</td></tr>
<tr><td colspan="2" rowspan="2">本汇票送请你行承兑,并确认《银行结算本法》和承兑协议的各项规定。
此致
承兑银行
承兑申请人盖章
年 月 日</td><td colspan="2">承兑协议编号</td><td colspan="2">交易合同码</td><td colspan="2"></td></tr>
<tr><td colspan="2" rowspan="2">汇票签发人盖章
负责　经办</td><td colspan="4" rowspan="2">科目(付)
对方科目(收)
转账
日期 年 月 日
复核 记账</td></tr>
<tr><td colspan="2">本汇票经本行承兑到期日由本行交付。
承兑银行盖章</td></tr>
</table>

21-2　增值税发票

北京市增值税专用发票　　№ 0001487

此联不作报销、扣税凭证使用　　开票日期：2016年5月10日

购货单位	名称：北京市宏大商贸公司 纳说人识别号：110 * * * * * * * * * * 275 地址电话：北京市科技新区 * * * 路256号 88633598 开户银行及账号：农业银行 0228 * * * * * * * * * * * 356	密码区	（略）

商品或劳务名称	规格型号	单位	数量	单价	金额	税率	税额
跑步机	P20001	台	18	4100.00	73800.00	17%	12546.00
合计					￥73800.00		￥12546.00
价税合计（大写）⊗ 捌万陆仟叁佰肆拾陆元整					（小写）￥ 86346.00		

销货单位	名称：北京市健武健身器材有限公司 纳说人识别号：110 * * * * * * * * * * 789 地址电话：北京市科技新区 * * * 路100号 88667788 开户银行及账号：农业银行 0128 * * * * * * * * * * * 999	备注	

收款人：　　复核人：　　开票人：罗海燕　　销货单位（盖章有效）

第一联：记账联　销货方记账凭证

（二）记账凭证

记账凭证

2016年5月10日　　记字第21号

摘要	总账科目	明细科目	借方	贷方	记账	附件
销售20001 18台	应收票据	银行承兑汇票（宏大公司）	86 346.00		√	
	主营业务收入	跑20001型		73 800.00	√	
	应交税费	应交增值税（销项税额）		12 546.00	√	
合计			￥ 86 346.00	￥ 86 346.00		张

会计主管：赵刚　　复核：董凯　　记账：罗晓燕　　出纳：杨红　　制证：隋丽娜

【例 22】 11 日，本月 2 日所购电动机 250 型验收入库。

(一)原始凭证

22-1 收料单

北京市健武健身器材有限公司

收 料 单

供货单位：金陵股份公司　　2016 年 5 月 11 日　　凭证编号：BV25634

发票编号：№ 2352254　　收料仓库：1 号

材料类别	材料编号	材料名称及规格	计量单位	数量		金额			
				应收	实收	单价	买价	运费	合计
原材料		电动机 250 型	台	50	50	324	15 500.00	700	16 200.00
合计：16 200.00									

质量检查：赵辉　　保管员：韩云　　经手人：郭强

(二)记账凭证

记 账 凭 证

2016 年 5 月 11 日　　记字第 22 号

摘 要	总账科目	明细科目	借 方	贷 方	附件
电动机 250 入库	原材料	电动机 250 型	16 200.00		
50 台	在途物资	电动机 250 型		16 200.00	
合计			¥ 16 200.00	¥ 16 200.00	张

会计主管：赵刚　　复核：董凯　　记账：罗晓燕　　出纳：　　制证：隋丽娜

【例 23】 11 日,用银行存款归还前欠可耐力公司货款 30 000 元。

(一)原始凭证

23-1　支票存根

中国农业银行
转账支票存根
VⅧ10061122

科　　目　银行存款
对应科目　应付账款
出票日期　2016 年 5 月 11 日

收款人:北京市可耐力公司
金　额:¥30 000.00
用　途:材料款

单位主管　赵刚　　会计　董凯

(二)记账凭证

记 账 凭 证

2016 年 5 月 11 日　　记字第 23 号

摘 要	总账科目	明细科目	借　方	贷　方	记账	附件
还款	应付账款	北京市可耐力公司	30 000.00		√	
	银行存款	农业银行		30 000.00	√	
合计			¥ 30 000.00	¥ 30 000.00		张

会计主管:赵刚　　复核:董凯　　记账:罗晓燕　　出纳:杨红　　制证:隋丽娜

【例 24】 12 日，收到北京市华丽包装物公司发来的包装物 200 件，每件 25 元，价款 5 000 元，税款 850 元。原预付该公司货款 7 500 元。

(一)原始凭证

24-1 收料单

北京市健武健身器材有限公司

收 料 单

供货单位：华丽包装制品公司　　2016 年 5 月 12 日　　凭证编号：BV25634

发票编号：　　收料仓库：1 号

材料类别	材料编号	材料名称及规格	计量单位	数量		金 额			
				应收	实收	单价	买价	运费	合计
周转材料		包装物	件	200	200	25	5 000.00		5 000.00
合计：5 000.00									

质量检查：赵辉　　保管员：韩云　　经手人：郭强

(二)记账凭证

记 账 凭 证

2016 年 5 月 12 日　　记字第 24 号

摘 要	总账科目	明细科目	借 方	贷 方	记账	附件
包装物入库	周转材料	包装物	5 000.00		√	
	应交税费	应交增值税(进项税额)	850.00		√	
	预付账款	北京市华丽包装制品公司		5 850.00	√	
合计			¥ 5 850.00	¥ 5 850.00		张

会计主管：赵刚　　复核：董凯　　记账：罗晓燕　　出纳：　　制证：隋丽娜

【例 25】 12 日，支付电汇手续费 20 元。

（一）原始凭证

25-1 银行收费凭证

中国农业银行 收费（现金）凭证（第一联）

2016 年 5 月 12 日

交单位：北京健武健身器材有限公司 账号：0228＊＊＊＊＊＊＊＊＊＊＊999

种类款	份数	单价	金额						备 注
			千	百	十	元	角	分	
手续费	1	20.00			2	0	0	0	农行科技新区支行
人民币（大写）	贰拾元整	合计		¥	2	0	0	0	

（二）记账凭证

记 账 凭 证

2016 年 5 月 12 日 记字第 25 号

摘 要	总账科目	明细科目	借 方	贷 方	记账	附件
购买支票	财务费用	手续费	20.00		√	
	银行存款	农业银行		20.00	√	
合计			¥ 20.00	¥ 20.00		张

会计主管：赵刚 复核：董凯 记账：罗晓燕 出纳：杨红 制证：隋丽娜

【例 26】 13 日，用现金为销售部门支付汽车修理费 900 元、支付汽油费 3 000 元。

（一）原始凭证

26-1 维修发票

北京市增值税专用发票 № 000254128

发 票 联 开票日期:2016 年 5 月 13 日

购货单位	名 称:北京市健武健身器材有限公司 纳说人识别号:110＊＊＊＊＊＊＊＊＊＊789 地 址 电 话:北市市科技新区＊＊＊路 100 号 88667788 开户银行及账号:农业银行 0128＊＊＊＊＊＊＊＊＊＊＊999	密码区	(略)

商品或劳务名称	规格型号	单位	数量	单价	金额	税率	税额
维修费		次	1	769.24	769.24	17%	130.76
合计					￥769.24		￥130.76

价税合计(大写)⊗ 玖佰元整	(小写)￥ 900.00

销货单位	名 称:北京市广通汽车维修公司 纳说人识别号:110＊＊＊＊＊＊＊＊＊＊＊＊＊＊623 地 址 电 话:北京市科技新区 ＊＊＊路 049 号 88661299 开户银行及账号:农业银行 0128＊＊＊＊＊＊＊＊＊321	备注	

收款人: 复核人: 开票人:肖德 销货单位(盖章有效)

第三联:发票联 购货方记账凭证

26-2 加油发票

北京市增值税专用发票 № 00015280

发 票 联 开票日期:2016 年 5 月 13 日

购货单位	名 称:北京市健武健身器材有限公司 纳说人识别号:110＊＊＊＊＊＊＊＊＊＊789 地 址 电 话:北市市科技新区＊＊＊路 100 号 88667788 开户银行及账号:农业银行 0128＊＊＊＊＊＊＊＊＊＊＊999	密码区	(略)

商品或劳务名称	规格型号	单位	数量	单价	金额	税率	税额
汽油	93 号	升	420.34	6.10	2564.10	17%	435.90
合计					￥2564.10		￥435.90

价税合计(大写)⊗ 叁仟元整	(小写)￥ 3000.00

销货单位	名 称:中国石油公司北京市科技新区分公司 纳说人识别号:110＊＊＊＊＊＊＊＊＊＊744 地 址 电 话:北京市科技新区＊＊＊路 101 号 88625677 开户银行及账号:农业银行 0128＊＊＊＊＊＊＊＊＊＊＊436	备注	

收款人: 复核人: 开票人:郭明 销货单位(盖章有效)

第三联:发票联 购货方记账凭证

（二）记账凭证

记 账 凭 证

2016 年 5 月 13 日　　记字第 26 号

摘要	总账科目	明细科目	借方	贷方	记账	附件
维修费	销售费用	修理与汽油费	3 333.34		√	
	应交税费	应交增值税(进项税额)	566.66		√	
	库存现金			3 900.00	√	
合计			￥3 900.00	￥3 900.00		张

会计主管:赵刚　复核:董凯　记账:罗晓燕　出纳:杨红　制证:隋丽娜

【例 27】 13 日，用现金支付车间设备日常修理费 1 200 元。

（一）原始凭证

27-1 修理费发票

北京市增值税专用发票　No 000254128

发 票 联　　开票日期:2016 年 5 月 13 日

购货单位	名称:北京市健武健身器材有限公司 纳说人识别号:110＊＊＊＊＊＊＊＊＊＊789 地址电话:北市市科技新区＊＊＊路 100 号 开户银行及账号:农业银行 0128＊＊＊＊＊＊＊＊＊＊＊＊999				密码区	(略)	
商品或劳务名称	规格型号	单位	数量	单价	金额	税率	税额
维修费		次	1	1025.64	1025.64	17%	174.36
合计					￥1025.64		￥174.36
价税合计(大写)⊗ 壹仟贰佰元整				(小写)￥1200.00			
销货单位	名称:北京市精机制造有限责任公司 纳说人识别号:110＊＊＊＊＊＊＊＊＊＊＊＊＊230 地址电话:北京市科技新区＊＊＊路 055 号 开户银行及账号:农业银行 0128＊＊＊＊＊＊＊＊＊＊＊＊146				备注		

第三联：发票联　购货方记账凭证

收款人:　复核人:　开票人:袁明　销货单位(盖章有效)

（二）记账凭证

记 账 凭 证

2016 年 5 月 13 日　　　　记字第 27 号

摘要	总账科目	明细科目	借方	贷方	记账	附件
车间日常维修费	管理费用	维修费	1 025.64		√	
	应交税费	应交增值税（进项税额）	174.36		√	
	库存现金			1 200.00	√	
合计			￥1 200.00	￥1 200.00		张

会计主管：赵刚　　复核：董凯　　记账：罗晓燕　　出纳：杨红　　制证：隋丽娜

【例 28】 14 日，再从天津市神龙制造公司购买控制总成 A32 套，每套 215 元；框架 B32 副，每副 820 元；跑带 B150 米，每米 85 元。税率均为 17%。价税款合计 53 667.90 元，连同本月 3 日所欠款项共 63 531 元，合计 117 198.9 元，一并通过银行存款基本存款户转账支付。货物收到验收入库。

（一）原始凭证

28-1　支票存根

中国农业银行

转账支票存根

Ⅴ Ⅶ 10061123

科　　目　银行存款

对应科目　原材料

出票日期　2016 年 5 月 14 日

收款人：北京市神龙制造股份有限公司
金　额：￥117 198.90
用　途：购材料

单位主管　赵刚　　会计　董凯

28-2 增值税发票

天津市增值税专用发票 №000767766

发 票 联 开票日期:2016 年 5 月 14 日

购货单位	名 称:北京市健武健身器材有限公司 纳说人识别号:110＊＊＊＊＊＊＊＊＊＊789 地 址 电 话:北京市科技新区＊＊＊路100号 88667788 开户银行及账号:农业银行0128＊＊＊＊＊＊＊＊＊＊999				密码区	(略)
商品或劳务名称	规格型号	数量	单价	金额	税率	税额
控制总成A		32	215.00	6880.00	17%	1169.60
框架B		32	820.00	26240.00	17%	4460.80
跑带B		150	85.00	12750.00	17%	2167.50
合计				￥45870.00		￥7797.90
价税合计(大写)⊗ 伍万叁仟陆佰陆拾柒元玖角整				(小写)￥53667.90		
销货单位	名 称:天津神龙制造有限责任公司 纳说人识别号:15115523398 地 址 电 话:天津市南开区 27584133 开户银行及账号:工商银行建军支行067＊＊＊78801				备注	

第三联:发票联 购货方记账凭证

收款人: 复核人: 开票人:沈科 销货单位(盖章有效)

(二)记账凭证

记 账 凭 证

2016 年 5 月 14 日 记字第 $28\frac{1}{2}$ 号

摘要	总账科目	明细科目	借方	贷方	记账	附件
购控制总成等	原材料	控制总成A	6 880.00		√	
并归还货款		框架B	26 240.00		√	
		跑带B	12 750.00		√	
	应交税费	应交增值税(进项税额)	7 797.90		√	
	应付账款	神龙制造	63 531.00		√	
						张

会计主管:赵刚 复核:董凯 记账:罗晓燕 出纳: 制证:隋丽娜

记 账 凭 证

2016 年 5 月 14 日　　　　记字第 28 $\frac{2}{2}$ 号

摘 要	总账科目	明细科目	借 方	贷 方	记账	附件
	银行存款	农业银行		117 198.90	√	
合计			¥117 198.90	¥117 198.90		张

会计主管：赵刚　　复核：董凯　　记账：罗晓燕　　出纳：杨红　　制证：隋丽娜

【例 29】 14 日，用现金购买肥皂、毛巾、中性笔一宗，共 78 元，供办公室使用。

(一)原始凭证

29-1　购物发票

北京市增值税专用发票　　№ 000112249

发 票 联　　开票日期：2016 年 5 月 14 日

购货单位	名　　称：北京市健武健身器材有限公司 纳说人识别号：110＊＊＊＊＊＊＊＊＊＊789 地 址 电 话：北市市科技新区＊＊＊路 100 号 88667788 开户银行及账号：农业银行 0128＊＊＊＊＊＊＊＊＊＊＊999				密码区	（略）	
商品或劳务名称	规格型号	单位	数量	单价	金额	税率	税额
笔记本等			1	78.00	78.00	17%	13.26
合计					¥78.00		¥13.26
价税合计（大写）⊗ 玖拾壹元贰角陆分　　（小写）¥ 91.26							
销货单位	名　　称：惠群超市 纳说人识别号：110＊＊＊＊＊＊＊＊＊＊＊2546 地 址 电 话：北京市科技新区　88213091 开户银行及账号：农业银行 0128＊＊＊＊＊＊＊＊＊＊＊434				备注		

第一联：发票联　购货方记账凭证

收款人：　　复核人：　　开票人：孟广　　销货单位（盖章有效）

（二）记账凭证

记 账 凭 证

2016 年 5 月 14 日　　记字第 29 号

摘要	总账科目	明细科目	借方	贷方	记账	附件
购买笔记本等	管理费用	办公费	78.00		√	
	应交税费	应交增值税（进项税额）	13.26		√	
	库存现金			91.26	√	
合计			￥ 91.26	￥ 91.26		张

会计主管：赵刚　复核：董凯　记账：罗晓燕　出纳：杨红　制证：隋丽娜

【例 30】 15 日，华明公司归货款 20 000 元，存入银行存款基本存款户。

（一）原始凭证

30-1　进账单

中国农业银行　**进账单**　（回单）1

2016 年 5 月 15 日　　第 1 号

付款人	全称	石家庄市华明商贸公司	收款人	全称	北京市健武健身器材有限公司
	账号	0238＊＊＊＊＊＊＊＊＊＊＊445		账号	0128＊＊＊＊＊＊＊＊＊＊＊999
	开户银行	中国银行		开户银行	农业银行　科技新区分理处

人民币（大写）贰万元整	千	百	十	万	千	百	十	元	角	分
				2	0	0	0	0	0	0

票据种类　银行汇票	
票据张数　壹张	
单位主管：　会计：　复核：　记账：	收款人开户行盖章

此联是开户银行交给持票人的回单

30-2 收款收据

收款收据 00217702

2016 年 5 月 15 日

交款单位	石家庄市华明商贸公司	结算方式	转账							
金额(大写)	贰万元整		十	万	千	百	十	元	角	分
				2	0	0	0	0	0	0
备注	归还货款									

一存根黑 二收据红

复核:董凯 制单:杨红

(二)记账凭证

记 账 凭 证

2016 年 5 月 14 日 记字第 30 号

摘 要	总账科目	明细科目	借 方	贷 方	记账	附件
收回货款	银行存款	农业银行	20 000.00		√	
	应收账款	华明商贸公司		20 000.00	√	
合计			¥ 20 000.00	¥ 20 000.00		张

会计主管:赵刚 复核:董凯 记账:罗晓燕 出纳:杨红 制证:隋丽娜

【例 31】 15 日,委托银行代发 2 月份工资 59 000 元,手续费 25 元。

(一)原始凭证

31-1 支票存根

转账支票存根

V Ⅶ10061124

科　　目　银行存款

对应科目　应付职工薪酬

出票日期　2016 年 5 月 15 日

收款人:农业银行科技新区分理处
金　额:¥59 025.00
用　途:代发工资

单位主管　赵刚　　会计　董凯

（二）记账凭证

记 账 凭 证

2016 年 5 月 15 日　　　　记字第 31 号

摘 要	总账科目	明细科目	借　方	贷　方	记账	附件
发工资	应付职工薪酬	工资	59 000.00		√	
	财务费用	手续费	25.00		√	
	银行存款	农业银行		37 926.00	√	
	其他应收款	代垫保险费		21 099.00	√	
						张
合计			¥ 59 025.00	¥ 59 025.00		

会计主管:赵刚　　复核:董凯　　记账:罗晓燕　　出纳:杨红　　制证:隋丽娜

【例 32】 16 日,公司转售电动搬运机一台,原价 24 800 元,已提折旧 18 500 元。销售款 4 680 元存入银行(价税合计),发生运费 222 元。

（一）原始凭证

32-1　固定资产注销单据

电动搬运机原值与折旧

单位:元

固定资产项目	固定资产原值	累计折旧	预计残值	使用年限
电动搬运车	24 800.00	18 500.00	100.00	5 年
合计				

32-2 进账单

中国农业银行 **进账单** （回单）1

2016 年 5 月 16 日　　　　第 1 号

付款人	全称	北京市金湖拓展训练基地	收款人	全称	北京健武健身器材有限公司
	账号	0256＊＊＊＊＊＊＊＊＊＊＊833		账号	0128＊＊＊＊＊＊＊＊＊＊＊999
	开户银行	中国银行		开户银行	农业银行

人民币（大写）肆仟陆佰捌拾元整	千	百	十	万	千	百	十	元	角	分
					4	6	8	0	0	0

票据种类　转账支票	
票据张数　壹张	
单位主管：　会计：　复核：　记账：	收款人开户行盖章

此联是开户银行交给持票人的回单

32-3 增值税发票

北京市增值税专用发票

此联不作报销、扣税凭证使用　　№ 000001488

记　账　联　　开票日期：2016 年 5 月 16 日

购货单位	名　　称：北京市宣武区金湖拓展训练基地 纳税人识别号：110＊＊＊＊＊＊＊＊＊＊789 地址 电话：北京宣武区＊＊＊路 120 号　53512800 开户银行及账号：农业银行 0148＊＊＊＊＊＊＊＊＊＊435	密码区	（略）

商品或劳务名称	规格型号	单位	数量	单价	金额	税率	税额
搬运机	YD105	台	1	4000.00	4000.00	17%	680.00
合计					￥4000.00		￥680.00
价税合计（大写）⊗ 肆仟陆佰捌拾元整					（小写）￥ 4680.00		

销货单位	名　　称：北京市健武健身器材有限公司 纳税人识别号：110＊＊＊＊＊＊＊＊＊＊＊＊＊789 地址 电话：北京市科技新区＊＊＊路 100 号　88667788 开户银行及账号：农业银行 0128＊＊＊＊＊＊＊＊＊＊999	备注	

收款人：　　复核人：　　开票人：罗晓燕　　销货单位（盖章有效）

第一联：记账联　销货方记账凭证

32-4 运费报销单

货物运输业增值税专用发票 № 00725038

发 票 联 开票日期:2016 年 5 月 16 日

<table>
<tr><td>承运人及纳税人识别号</td><td>北京市科技新区鸿运物流公司
110＊＊＊＊＊＊＊＊＊＊627</td><td rowspan="2">密码区</td><td colspan="2" rowspan="2">(略)</td></tr>
<tr><td>实际受票方及纳税人识别号</td><td>北京市健武健身器材有限公司
110＊＊＊＊＊＊＊＊＊＊789</td></tr>
<tr><td>收货人及纳税人识别号</td><td>北京市科技新区向荣货运公司
110＊＊＊＊＊＊＊＊＊＊466</td><td>发货人及纳税人识别号</td><td colspan="2">北京市健武健身器材有限公司
110＊＊＊＊＊＊＊＊＊＊＊789</td></tr>
<tr><td>起运点 经由 到达地</td><td colspan="4"></td></tr>
<tr><td>项目及金额</td><td colspan="2">费用项目 金额 费用项目 金额
运费 200.00</td><td>货物信息</td><td>搬运机</td></tr>
</table>

合计金额	200.00	税率	11%	税额	22.00	机器编号	

价税合计(大写)	贰佰贰拾元整	(小写)￥222.00

<table>
<tr><td>车种车号</td><td>京 F X823A56</td><td>车船吨位</td><td>10 吨</td><td rowspan="2">备注</td><td rowspan="2"></td></tr>
<tr><td>主管税务机关及代码</td><td colspan="3">北京市国家税务局＊＊＊＊分局
10＊＊＊025</td></tr>
</table>

收款人: 复核人: 开票人:袁成 承运人:赵明涛

第三联:发票联 受票方记账凭证

(二)记账凭证(1)

记 账 凭 证

2016 年 5 月 16 日 记字第 32 号

摘要	总账科目	明细科目	借方	贷方	记账	附件
处置搬运机	固定资产清理	搬运机清理	6 300.00		√	
	累计折旧		18 500.00		√	
	固定资产	电动搬运机		24 800.00	√	
合计			￥ 24 800.00	￥ 24 800.00		张

会计主管:赵刚 复核:董凯 记账:罗晓燕 出纳:杨红 制证:隋丽娜

记账凭证(2)

记账凭证

2016 年 5 月 16 日　　记字第 33 号

摘要	总账科目	明细科目	借方	贷方	记账	附件
支付搬运机	固定资产清理	搬运机清理	200.00		√	
运费	应交税费	应交增值税(进项税额)	22.00		√	
	库存现金			222.00	√	
合计			¥ 222.00	¥ 222.00		张

会计主管:赵刚　　复核:董凯　　记账:罗晓燕　　出纳:杨红　　制证:隋丽娜

记账凭证(3)

记账凭证

2016 年 5 月 16 日　　记字第 34 号

摘要	总账科目	明细科目	借方	贷方	记账	附件
出售款	库存现金		4 680.00		√	
	固定资产清理	搬运机清理		4 000.00	√	
	应交税费	应交增值税(销项税额)		680.00	√	
合计			¥ 4 680.00	¥ 4 680.00		张

会计主管:赵刚　　复核:董凯　　记账:罗晓燕　　出纳:杨红　　制证:隋丽娜

记账凭证(4)

记 账 凭 证

2016 年 5 月 15 日　　　　记字第 35 号

摘 要	总账科目	明细科目	借 方	贷 方	记账	附件
结转损失	营业外支出	处置固定资产净损失	2 500.00		√	
	固定资产清理	搬运机清理		2 500.00	√	
合计			¥ 2 500.00	¥ 2 500.00		张

会计主管:赵刚　　复核:董凯　　记账:罗晓燕　　出纳:　　制证:隋丽娜

【例 33】 16 日,为生产跑步机 P20002 型,领用电动机 200 型 50 台;控制总成 B50 台;领用框架 B50 副;领用仪表 B50 块;同时,领用跑带 B 260 米。

(一)原始凭证

33-1　领料单

北京市健武健身器材有限公司

领料单位:车间　　　　领 料 单　　　　凭证编号:

用　　途:P25001 加工　　2016 年 5 月 16 日　　发料仓库:1 号

材料类别	材料编号	材料名称及规格	计量单位	数量		单价	金额
				请领	实发		
原材料		电动机 200	台	50	50		
		控制总成 B	台	50	50		
		框架 B	副	50	50		
		跑带 B	米	260	260		
		仪表	台	50	50		
备注:		合计					

保管员:韩云　　　　领用人:王小华

(说明:该经济业务可暂不处理,待月末与其他领用材料的经济业务一起处理)

【例 34】 17 日，为车间购买取暖器 2 台，每台 800 元，共 1 600 元，税费 272 元，均用现金支付。

（一）原始凭证

34-1　增值税发票

北京市增值税专用发票　　№ 000264750

发　票　联　　开票日期：2016 年 5 月 17 日

购货单位	名　　称：北京市健武健身器材有限公司 纳说人识别号：110＊＊＊＊＊＊＊＊＊789 地址电话：北市市科技新区＊＊＊路 100 号　88667788 开户银行及账号：农业银行 0128＊＊＊＊＊＊＊＊＊＊999					密码区	（略）
商品或劳务名称	规格型号	单位	数量	单价	金额	税率	税额
取热器	GT431	台	2	800.00	1 600.00	17%	272.00
合计					￥1 600.00		￥272.00
价税合计（大写）⊗ 壹仟捌佰柒拾贰元整					（小写）￥ 1872.00		
销货单位	名　　称：北京市润豪超市有限公司 纳说人识别号：110＊＊＊＊＊＊＊＊＊535 地址电话：北京市科技新区＊＊＊路 124 号　88644366 开户银行及账号：农业银行 0228＊＊＊＊＊＊＊＊＊＊497					备注	

收款人：　　复核人：　　开票人：张明　　销货单位（盖章有效）

第三联：发票联　购货方记账凭证

（二）记账凭证

记 账 凭 证

2016 年 5 月 17 日　　记字第 36 号

摘要	总账科目	明细科目	借　方	贷　方	附件
车间使用	制造费用	办公费	1 600.00		
	应交税费	应交增值税（进项税额）	272.00		
	库存现金			1 872.00	
合计			￥ 1 872.00	￥ 1 872.00	张

会计主管：赵刚　　复核：董凯　　记账：罗晓燕　　出纳：杨红　　制证：隋丽娜

【例 35】 17 日，确认金豪公司所欠货款中的 2 200 元已经无法收回，做坏账处理。

（一）原始凭证

35-1　坏账损失确认情况表

凭 100　　坏账损失确认情况表　　单位：元

应收坏账金额	应收款单位	账龄时间	坏账原因	已计提坏账准备	确认损失金额
2200	金豪公司	3 年	财务状况差		3 000.00
合计					￥ 3 000.00

会计主管：赵刚　　制单：董凯

（二）记账凭证

记 账 凭 证

2016 年 5 月 17 日　　记字第 37 号

摘 要	总账科目	明细科目	借 方	贷 方	记账	附件
坏账	坏账准备		3 000.00		√	件
	应收账款	金豪公司		3 000.00	√	
					√	
合计			￥ 3 000.00	￥ 3 000.00		张

会计主管：赵刚　　复核：董凯　　记账：罗晓燕　　出纳：　　制证：隋丽娜

【例 36】 18 日，从银座买购物卡一张，面值 1 000 元，现金支付，用于奖励一名刚获得一项专利技术的员工。

(一)原始凭证

36-1 购卡发票

北京市增值税专用发票 № 000123684

发 票 联 开票日期：2016 年 5 月 18 日

购货单位	名称：北京市健武健身器材有限公司 纳税人识别号：110＊＊＊＊＊＊＊＊＊＊789 地址电话：北市市科技新区＊＊＊路 100 号 88667788 开户银行及账号：农业银行 0128＊＊＊＊＊＊＊＊＊＊＊999	密码区	(略)				
商品或劳务名称	规格型号	单位	数量	单价	金额	税率	税额
办公用品		件	1	1000.00	854.70	17%	145.30
合计					￥854.70		￥145.30
价税合计(大写)⊗ 壹仟元整				(小写)￥ 1000.00			
销货单位	名称：北京市润豪超市有限公司 纳税人识别号：110＊＊＊＊＊＊＊＊＊＊＊535 地址电话：北京市科技新区＊＊＊路 124 号 开户银行及账号：农业银行 0228＊＊＊＊＊＊＊＊＊＊＊497	备注					

第三联：发票联 购货方记账凭证

收款人： 复核人： 开票人：李晓明 销货单位(盖章有效)

(二)记账凭证

记 账 凭 证

2016 年 5 月 18 日 记字第 38 号

摘要	总账科目	明细科目	借方	贷方	记账	附件
购物卡	管理费用	其他	1 000.00		√	
	库存现金			1 000.00	√	
合计			￥ 1 000.00	￥ 1 000.00		张

会计主管：赵刚 复核：董凯 记账：罗晓燕 出纳：杨红 制证：隋丽娜

【例 37】 18 日，公司所持有阳光公司面额为 22 000 元的商业汇票到期收款。

（一）原始凭证

1-1 进账单

中国农业银行 **进账单** （回单）1

2016 年 5 月 18 日 第 1 号

<table>
<tr><td rowspan="3">付款人</td><td>全称</td><td>宏大公司</td><td rowspan="3">收款人</td><td>全称</td><td colspan="10">北京市健武健身器材有限公司</td></tr>
<tr><td>账号</td><td>0238＊＊＊＊＊＊＊＊＊＊＊＊675</td><td>账号</td><td colspan="10">0128＊＊＊＊＊＊＊＊＊＊＊＊999</td></tr>
<tr><td>开户银行</td><td>中国银行</td><td>开户银行</td><td colspan="10">农业银行科技新区分理处</td></tr>
<tr><td colspan="5" rowspan="2">人民币
（大写）贰万贰仟元整</td><td>千</td><td>百</td><td>十</td><td>万</td><td>千</td><td>百</td><td>十</td><td>元</td><td>角</td><td>分</td></tr>
<tr><td></td><td></td><td></td><td>2</td><td>2</td><td>0</td><td>0</td><td>0</td><td>0</td><td>0</td></tr>
<tr><td colspan="4">票据种类 银行承兑汇票</td><td colspan="11" rowspan="3">收款人开户行盖章</td></tr>
<tr><td colspan="4">票据张数 壹张</td></tr>
<tr><td colspan="4"></td></tr>
</table>

（二）记账凭证

记 账 凭 证

2016 年 5 月 18 日 记字第 39 号

摘 要	总账科目	明细科目	借 方	贷 方	记账	附件
汇票兑现	银行存款	农业银行	22 000.00		√	
	应收票据	商业承兑汇票（阳光公司）		22 000.00	√	
合计			¥ 22 000.00	¥ 22 000.00		张

会计主管：赵刚 复核：董凯 记账：罗晓燕 出纳：杨红 制证：隋丽娜

【例 38】 19 日，公司向北京希望工程基金会捐赠 4 000 元，基本存款户转账。

（一）原始凭证

38-1 银钱收据

北京市行政事业单位统一银钱收据

京财 A-01-01　　2016 年 5 月 19 日　　№ 4585325

今收到　北京健武健身器材有限公司

交来　捐 款

人民币(大写)　肆仟元整　　¥ 4 000.00

收款单位　北京希望工程基金会

(公章)

38-2　支票存根

中国农业银行

转账支票存根

ⅤⅦ10061125

科　　目　银行存款

对应科目　营业外支出

出票日期　2016 年 5 月 19 日

收款人:北京希望工程基金会
金　额:¥4 000.00
用　途:捐赠助学

单位主管　赵刚　　会计　董凯

(一)记账凭证

记 账 凭 证

2016 年 5 月 19 日　　记字第 40 号

摘要	总账科目	明细科目	借方	贷方	记账	附件
捐赠	营业外支出	捐赠支出	4 000.00		√	
	银行存款	农业银行		4 000.00	√	
合计			¥ 4 000.00	¥ 4 000.00		张

会计主管:赵刚　　复核:董凯　　记账:罗晓燕　　出纳:杨红　　制证:隋丽娜

【例 39】 19 日，收回李聪暂借款现金 5 000 元。

（一）原始凭证

39-1　收款收据

收款收据　　0021705

2016 年 5 月 19 日

交款单位	李聪	结算方式	转账							
金额（大写）	伍仟元整		十	万	千	百	十	元	角	分
					5	0	0	0	0	0
备注	收回借款									

复核：董凯　　制单：杨红

（二）记账凭证

记 账 凭 证

2016 年 5 月 19 日　　记字第 41 号

摘要	总账科目	明细科目	借方	贷方	记账	附件
收回借款	库存现金		5 000.00		√	
	其他应收款	李聪		5 000.00	√	
合计			￥5 000.00	￥5 000.00		张

会计主管：赵刚　　复核：董凯　　记账：罗晓燕　　出纳：杨红　　制证：隋丽娜

【例 40】 20 日，接银行通知，基本存款户存款利息 1 680 元到账。

(一)原始凭证

40-1 利息回单

凭 128　　中国农业银行 利息回单

2016 年 5 月 20 日

<table>
<tr><td rowspan="3">收款单位</td><td>账号</td><td>账号:0128＊＊＊＊＊＊＊＊＊＊＊999</td><td rowspan="3">付款单位</td><td>账号</td><td colspan="2">45278362</td></tr>
<tr><td>户名</td><td>北京健武健身器材有限公司</td><td>户名</td><td colspan="2">市农行</td></tr>
<tr><td>开户银行</td><td>农业银行北京科技新区分理处</td><td>开户银行</td><td colspan="2">市农行</td></tr>
<tr><td colspan="3">积数:¥ 168 000.00</td><td>利率</td><td>4%</td><td>利息</td><td>1 680.00</td></tr>
<tr><td colspan="7">______ 户第 1 季度利息 ¥ 1 680.00

银行盖章</td></tr>
</table>

代付、收款通知书

(二)记账凭证

记 账 凭 证

2016 年 5 月 20 日　　记字第 42 号

摘 要	总账科目	明细科目	借 方	贷 方	记账	附件
季度利息	银行存款	农业银行	1 680.00		√	
	财务费用	利息收入		1 680.00	√	
合计			¥ 1 680.00	¥ 1 680.00		张

会计主管:赵刚　　复核:董凯　　记账:罗晓燕　　出纳:杨红　　制证:隋丽娜

【例 41】 20 日，销售给维达客超市跑步机 2501 型 30 台，每台售价 4 350.00 元，税率 17%，已经开出增值税发票，并办理好委托收款手续。

(一)原始凭证

41-1 委托收款手续

承付

农业银行托收承付结算凭证（支款　　）通知 4　第　号

委托日期：2016 年 5 月 20 日

托收号码

承付期限
到期 2016 年 5 月 20 日

<table>
<tr><td rowspan="3">收款单位</td><td>全称</td><td colspan="2">北京健武健身器材有限公司</td><td rowspan="3">付款单位</td><td>全称</td><td colspan="10">北京朝阳区维达客超市公司</td></tr>
<tr><td>账号</td><td colspan="2">0128＊＊＊＊＊＊＊＊＊999</td><td>账号或地址</td><td colspan="10">0010＊＊＊＊＊＊＊＊＊＊＊897</td></tr>
<tr><td>开户银行</td><td colspan="2">中国农业银行</td><td>开户银行</td><td colspan="10">中国工商银行</td></tr>
<tr><td rowspan="2">托收金额</td><td colspan="5" rowspan="2">人民币（大写）壹拾伍万贰仟陆佰捌拾伍元整</td><td>千</td><td>百</td><td>十</td><td>万</td><td>千</td><td>百</td><td>十</td><td>元</td><td>角</td><td>分</td></tr>
<tr><td></td><td></td><td>1</td><td>5</td><td>2</td><td>6</td><td>8</td><td>5</td><td>0</td><td>0</td></tr>
<tr><td colspan="2">附件</td><td colspan="4">商品发运情况</td><td colspan="10">合同名称号码</td></tr>
<tr><td colspan="2">附寄单证
张数或册数　叁</td><td colspan="4">跑步机 30 台，已发货</td><td colspan="10">购销合同 0032 号</td></tr>
<tr><td colspan="3">备注：</td><td colspan="13">付款单位注意：（略）</td></tr>
</table>

单位主管：　　会计：　　复核：　　记账：　　付款单位开户行盖章：　　2016 年 5 月 20 日

41-2　增值税发票

北京市增值税专用发票

№ 000001489

此联不作报销、扣税凭证使用　　开票日期：2016 年 5 月 20 日

<table>
<tr><td>购货单位</td><td colspan="5">名　　称：北京市朝阳区维达客超市公司
纳说人识别号：110＊＊＊＊＊＊＊＊＊＊＊＊＊＊331
地　址　电　话：北京市朝阳区区＊＊＊路 358 号
开户银行及账号：农业银行 0010＊＊＊＊＊＊＊＊＊＊＊＊＊897</td><td>密码区</td><td colspan="2">（略）</td></tr>
<tr><td>商品或劳务名称</td><td>规格型号</td><td>单位</td><td>数量</td><td>单价</td><td>金额</td><td>税率</td><td colspan="2">税额</td></tr>
<tr><td>跑步机 250 型</td><td></td><td>件</td><td>30</td><td>4350.00</td><td>130500.00</td><td>17%</td><td colspan="2">22185.00</td></tr>
<tr><td>合计</td><td></td><td></td><td></td><td></td><td>￥130500.00</td><td></td><td colspan="2">￥22185.00</td></tr>
<tr><td colspan="9">价税合计（大写）⊗ 壹拾伍万贰仟陆佰捌拾伍元整　　（小写）￥ 152685.00</td></tr>
<tr><td>销货单位</td><td colspan="5">名　　称：北京市健武健身器材有限公司
纳说人识别号：110＊＊＊＊＊＊＊＊＊＊789
地　址　电　话：北京市科技新区＊＊＊路 100 号　88667788
开户银行及账号：农业银行 0128＊＊＊＊＊＊＊＊＊＊＊999</td><td>备注</td><td colspan="2"></td></tr>
</table>

第一联：记账联　售货方记账凭证

收款人：　　复核人：　　开票人：罗晓燕　　销货单位（盖章有效）

（二）记账凭证

记 账 凭 证

2016 年 5 月 20 日　　　　记字第 43 号

摘 要	总账科目	明细科目	借 方	贷 方	记账	附件
赊销 25001	应收账款	维达客超市	152 685.00		√	
10 台	主营业务收入	跑步机 25001		130 500.00	√	
	应交税费	应交增值税（销项税额）		22 185.00	√	
合计			￥ 152 685.00	￥ 152 685.00		张

会计主管：赵刚　　复核：董凯　　记账：罗晓燕　　出纳：　　制证：隋丽娜

【例 42】 21 日，郭晓梅出差回来，报销差旅费 700 元（发票不合法，无法抵扣），退回现金 300 元。

（一）原始凭证

42-1　还款凭证

还 款 凭 证

开票日期：2016 年 5 月 21 日

借款原因 技术咨询	借款人签章　郭晓梅	还款记账凭证
借款金额（小写） 1 000.00 元 金额（大写） 壹仟元整	左列款项已于 5 月 21 日全部结清 报销数 ￥ 700.00 退还数 ￥ 300.00 补付数 ______	

42-2 差旅费报销单

差旅费报销单

单位：　　　　　　　　　　　　2016 年 5 月 21 日填

姓名			程限	出差事由	技术培训						
出差天数			自 5 月 15 日起至 5 月 20 日止共 6 天								备注
2016 年			起止	起讫地点（由何处到何地）	伙食补助费			车旅补助费		金额合计	
月	日	时			天数	定额	金额	单张收据	金额		
5	15		起	＊＊市——＊＊市	4	50	200.00	1	100.00	300.00	
	20		止								
			起	＊＊市——＊＊市				5	400.00	400.00	
			止								
合计							200.0		500.00	700.00	
实报金额（大写）				柒佰元整							

主管人：赵刚　　会计：罗晓燕　　出纳：杨红　　领报人：郭晓梅

（二）记账凭证

记 账 凭 证

2016 年 5 月 21 日　　　　记字第 44 号

摘 要	总账科目	明细科目	借 方	贷 方	记账	附件
出差结算	库存现金		300.00		√	
	管理费用	差旅费	700.00		√	
	其他应收款	郭晓梅		1 000.00	√	
合计			¥ 1000.00	¥ 1000.00		张

会计主管：赵刚　　复核：董凯　　记账：罗晓燕　　出纳：杨红　　制证：隋丽娜

【例 43】 21 日，用现金支付汽车违章罚款 200 元。

(一)原始凭证

43-1 交易凭单

中国银行
BANK OF CHINA

持卡人联(CARDHOLDER COPY)

商户名称(MERCHANT NAME)
北京市国库科技新区支库
商户号(MER) 104370383985003
终端号(TER) 37030398

发卡方(ISSUER) 农行银行卡
卡 号(CARD NO.)
6222 08＊＊ ＊＊＊＊＊ ＊＊＊3523/C
有效期(EXP DATE):2023/05
交易类型(TXN TYPE):
消费/SALE
批次号(BATCH NO.):090120
……
交易时间(DATE):2016/05/21
交易时间(TIME):14:24:18
……
金额(AMOUNT):

RMB 200.00
操作员(OPERATOR NO.):001
……
温馨提示:
本次交易以芯片方式完成
持卡人签名(CARDHOLDER SIGNATURE)

本人确认以上交易同意将其记入本卡账户.
I ACKNOWLEDGE SATISFACTORY RECEIPT OF
RELATIVE GOODS/SERVICES.

(凭单格式简化)

43-2 **违 章 罚 款 单**

北京市非税收入收款收据
(公安交通管理罚款专用) NO: 22667894

填制日期 2016 年 5 月 21 日

交款人:北京市健身器材健武有限公司

项目编码	16－7040
项目名称	公安交通违章罚款
金　　额	□10 元 □20 元 □50 元 □100 元 ☑200 元 人民币(大写):贰佰元

第二联 收据

注:此联经执法单位与代收银行签章生效。

制单人: 效验码:5699789

（二）记账凭证

记 账 凭 证

2016 年 5 月 21 日　　　　记字第 45 号

摘 要	总账科目	明细科目	借　方	贷　方	记账	附件
违章罚款	营业外支出	罚没及违约金支出	200.00		√	
	其他货币资金	信用卡存款		200.00	√	
合计			¥ 200.00	¥ 200.00		张

会计主管：赵刚　　复核：董凯　　记账：罗晓燕　　出纳：杨红　　制证：隋丽娜

【例 44】 22 日，职工王颖违规操作，按公司规定罚款 60 元。

（一）原始凭证

44-1　罚款单

健武公司罚款单

事由	金额	当事人签字
违规操作	60.00	王颖

日期：2016 年 5 月 22 日　　　　车间主任：冯滨

（二）记账凭证

记 账 凭 证

2016 年 5 月 22 日　　　　记字第 46 号

摘 要	总账科目	明细科目	借　方	贷　方	记账	附件
罚款收入	库存现金		60.00		√	
	营业外收入	其他		60.00	√	
合计			¥ 60.00	¥ 60.00		张

会计主管：赵刚　　复核：董凯　　记账：罗晓燕　　出纳：杨红　　制证：隋丽娜

【例 45】 22 日，交纳电话费 1 875 元，其中行政办公室固话费 390 元，销售科固话 850 元，销售科手机费 450 元。信用卡转账支付。

（一）原始凭证

45-1　增值税发票

北京市增值税专用发票　　№ 000653211

发　票　联　　开票日期：2016 年 5 月 22 日

<table>
<tr><td>购货单位</td><td colspan="5">名　　称：北京市健武健身器材有限公司
纳说人识别号：110＊＊＊＊＊＊＊＊＊789
地 址 电 话：北市市科技新区＊＊＊路 100 号 88667788
开户银行及账号：农业银行 0128＊＊＊＊＊＊＊＊＊＊999</td><td>密码区</td><td colspan="2">（略）</td></tr>
<tr><td colspan="2">商品或劳务名称</td><td>规格型号</td><td>单位</td><td>数量</td><td>单价</td><td>金额</td><td>税率</td><td>税额</td></tr>
<tr><td colspan="2">电话费</td><td></td><td>1</td><td>1</td><td>1 690.00</td><td>1690.00</td><td>11%</td><td>185.90</td></tr>
<tr><td colspan="2">合计</td><td></td><td></td><td></td><td></td><td>¥1690.00</td><td></td><td>¥185.90</td></tr>
<tr><td colspan="9">价税合计（大写）⊗ 壹仟捌佰柒拾伍元玖角整　　（小写）¥ 1875.90</td></tr>
<tr><td>销货单位</td><td colspan="5">名　　称：中国联合网络通信有限公司北京分公司
纳说人识别号：110＊＊＊＊＊＊＊＊＊＊＊＊＊466
地 址 电 话：北京市科技新区＊＊＊路 105 号　88627533
开户银行及账号：农业银行 0128＊＊＊＊＊＊＊＊＊＊＊757</td><td>备注</td><td colspan="2">通信服务费 2016 年 4 月 22 日至 2016 年 5 月 21 日</td></tr>
</table>

收款人：　　复核人：　　开票人：陆辉　　销货单位（盖章有效）

第三联：发票联　购货方记账凭证

45-2　电话费分配表

凭 130　　电话费用分配表

使用部门	使用电话号码	分配金额
销售科	88667799	1 300.00
行管办	88667788	390.00
合计		1 690.00

制单：董凯

（二）记账凭证

记 账 凭 证

2016 年 5 月 22 日　　　　记字第 47 号

摘 要	总账科目	明细科目	借 方	贷 方	记账	附件
电话费	销售费用	通信费	1 300.00		√	
	管理费用	通信费	390.00		√	
	应交税费	应交增值税（进项税额）	185.90		√	
	其他货币资金	信用卡存款		1 875.90	√	
合计			¥ 1 875.90	¥ 1 875.90		张

会计主管：赵刚　　复核：董凯　　记账：罗晓燕　　出纳：杨红　　制证：隋丽娜

【例 46】 23 日，车间工人李春过生日，公司为其定做蛋糕以示祝贺，现金支出 150 元。

（一）原始凭证

46-1　通用发票

北京市国家税务局通用机打发票

北京味佳食品超市

时间 2016/5/22 15:15　NO:0023－235641

发票代码　0105648523458

发票号码　35412645

客户名称　健武公司

编码	数量	品名规格	金额
356427	1	蛋糕	150.00
合计	数量　1	总额：	150.00

收银员：52111123

实　付：200.00　　找　零：00.00

会员卡：2444783

人民币　150.00

发票金额　150.00

请和对您的发票并妥善保管

如果有问题请拨打　85432566

（001 款台处找零）四舍五入金额：00.00

密码：

（二）记账凭证（1）

记账凭证

2016 年 5 月 22 日　　　　记字第 48 号

摘 要	总账科目	明细科目	借 方	贷 方	记账	附件
蛋糕	应付职工薪酬	福利费	150.00		√	
	库存现金			150.00	√	
合计			¥ 150.00	¥ 150.00		张

会计主管：赵刚　　复核：董凯　　记账：罗晓燕　　出纳：杨红　　制证：隋丽娜

（二）记账凭证（2）

记账凭证

2016 年 5 月 22 日　　　　记字第 49 号

摘 要	总账科目	明细科目	借 方	贷 方	记账	附件
分摊福利费	制造费用	工资与福利费	150.00		√	
	应付职工薪酬	福利费		150.00	√	
合计			¥ 150.00	¥ 150.00		张

会计主管：赵刚　　复核：董凯　　记账：罗晓燕　　出纳：　　制证：隋丽娜

【例 47】 23 日，办公室打印机墨盒充墨，现金支出 50 元，未获得增值税发票。

（一）原始凭证

47-1　购物发票

北京市国家税务局通用机打发票

发票联

发票代码:11100055457763

发票号码:06312457

开票日期:2016-05-23 行业分类:零售业

机打代码:11100055457763 机器编号:599956554122

机打号码:06312457 税控码:01122548654752324584532

付款单位:北京市健武健身器材有限公司

品名	规格	单位	数量	单价金额	
墨盒		个	1	50.00	50.00

大写金额:伍拾元整 小写金额:￥50.00

收款单位:北京市科技新区科苑计算机公司 收款单位税号:0112542658742

备注:

第二联:发票联 购货方记账凭证

开票人:朱帅 发票密码:

(二)记账凭证

记 账 凭 证

2016年5月22日 记字第50号

摘要	总账科目	明细科目	借方	贷方	记账	附件
充墨	管理费用	物料消耗	50.00		√	
	库存现金			50.00	√	
合计			￥50.00	￥50.00		张

会计主管:赵刚 复核:董凯 记账:罗晓燕 出纳:杨红 制证:隋丽娜

【例48】 24日,用现金支付工商局年审费和会计师事务所财务审计报告各500元。

(一)原始凭证

48-1 年检费收费单据

北京市行政事业单位结算凭证(08A) No 305496

2016 年 5 月 24 日

名称	北京市健武健身器材有限公司
事由	年检资料费
人民币(大写)伍佰元整　　¥ 500.00	
备注	本凭证限用于行政事业单位结算暂存、暂付款项、分摊代办费、冲减经费支出等,填开其他内容无效。

48-2　财务审计收费单

北京市行政事业单位结算凭证(08A) No 305496

2016 年 5 月 24 日

名称	北京市健武健身器材有限公司
事由	财务审计费
人民币(大写)伍佰元整　　¥ 500.00	
备注	本凭证限用于行政事业单位结算暂存、暂付款项、分摊代办费、冲减经费支出等,填开其他内容无效。

(二)记账凭证

记 账 凭 证

2016 年 5 月 24 日　　记字第 51 号

摘要	总账科目	明细科目	借方	贷方	记账	附件
公司年审	管理费用	办公费	1 000.00		√	
	库存现金			1 000.00	√	
合计			¥ 1 000.00	¥ 1 000.00		张

会计主管:赵刚　　复核:董凯　　记账:罗晓燕　　出纳:杨红　　制证:隋丽娜

【例 49】 24 日,为职工缴纳养老保险,其中养老保险、医疗保险、工伤保险、失业保险、生育保险共计 22 620 元,其中公司承担 17 220 元,职工承担 5 400 元。公司承担部分按照职工人数，管理费用分摊 2 755 元；销售费用分摊 3 444 元；制造费用分摊 1 837 元；跑步机 P25001 和跑步机 20001 生产成本各分摊 4 592 元。

（一）原始凭证

49-1 保险费缴款收据

北京市社会保险专用收款票据

流水号：0102355562322 № 01023222356

交款单位：北京健武健身器材有限公司 其他

收费项目	起始年月	终止年月	人数	单位缴纳额	个人缴纳额	滞纳金	利息	合计金额
基本养老保险	201605	201605	15	10 500.00	4 200.00			14 700.00
基本医疗保险	201605	201605	15	5 250.00	1 095.00			6 345.00
失业保险	201605	201605	15	525.00	105.00			630.00
工伤保险	201605	201605	15	525.00				525.00
生育保险	201605	201605	15	420.00				420.00
合计				17 220.00	5 400.00			22 620.00

人民币合计：22 620.00

收款单位（章） 财务复核人：于明 复核人：尚辉 操作员：葛平 开具时间：2016 年 5 月 24 日

49-2 保险费用分配表

保险费用分配表

制表日期：2016 年 5 月 24 日

应借总账科目	应借明细科目	金额
生产成本	跑步机 P25001	4 592.00
	跑步机 20001	4 592.00
制造费用	工资及福利费	1 837.00
销售费用	工资及福利费	3 444.00
管理费用	工资及福利费	2 755.00
合计		17 220.00

复核：董凯 制表：赵刚

（二）记账凭证（1）

记 账 凭 证

2016 年 5 月 24 日　　　　记字第 52 号

摘 要	总账科目	明细科目	借 方	贷 方	记账	附件
缴纳本月职工	其他应收款	代垫保险费	5 400.00		√	
保险	应付职工薪酬	社会保险费	17 220.00		√	
	银行存款	农业银行		22 620.00	√	
合计			￥ 22 620.00	￥ 22 620.00		张

会计主管：赵刚　　复核：董凯　　记账：罗晓燕　　出纳：杨红　　制证：隋丽娜

（二）记账凭证（2）

记 账 凭 证

2016 年 5 月 24 日　　　　记字第 53 $\frac{1}{2}$ 号

摘 要	总账科目	明细科目	借 方	贷 方	记账	附件
分摊五险	生产成本	跑步机 p25001（直接人工）	4 592.00		√	
		跑步机 p20001（直接人工）	4 592.00		√	
	制造费用	工资及福利费	1 837.00		√	
	销售费用	工资及福利费	3 444.00		√	
	管理费用	工资及福利费	2 755.00		√	
合计						张

会计主管：赵刚　　复核：董凯　　记账：罗晓燕　　出纳：　　制证：隋丽娜

记 账 凭 证

2016 年 5 月 23 日　　　　记字第 53 $\frac{2}{2}$ 号

摘 要	总账科目	明细科目	借 方	贷 方	记账	附件
分摊五险	应付职工薪酬	社会保险费		17 220.00	√	
合计			￥ 17 220.00	￥ 17 220.00		张

会计主管：赵刚　　复核：董凯　　记账：罗晓燕　　出纳：　　制证：隋丽娜

【例 50】 25 日，将天骄公司银行承兑汇票贴现，贴现率 5.5%，贴现时间 30 天，实收款 57 754.08 元，存入银行存款基本存款户。

（一）原始凭证

50-1 贴现收账通知

贴现凭证（收账通知）4

申请日期：2016 年 5 月 25 日　　第 2351 号

<table>
<tr><td rowspan="3">贴现汇票</td><td>种类</td><td colspan="2">银行承兑汇票</td><td rowspan="3">持票人</td><td>全称</td><td colspan="10">北京市健武健身器材有限公司</td><td rowspan="9">此联银行给贴现申请人的收账通知</td></tr>
<tr><td>出票日</td><td colspan="2">2016 年 4 月 24 日</td><td>账号</td><td colspan="10">0128 * * * * * * * * * *999</td></tr>
<tr><td>到期日</td><td colspan="2">2016 年 5 月 24 日</td><td>开户银行</td><td colspan="10">农业银行　科技新区分理处</td></tr>
<tr><td rowspan="2">汇票金额</td><td colspan="5" rowspan="2">人民币大写：伍万捌仟零贰拾元整</td><td>千</td><td>百</td><td>十</td><td>万</td><td>千</td><td>百</td><td>十</td><td>元</td><td>角</td><td>分</td></tr>
<tr><td></td><td></td><td>1</td><td>0</td><td>0</td><td>0</td><td>0</td><td>0</td><td>0</td><td>0</td></tr>
<tr><td>贴现率</td><td>5.5%</td><td>贴现利息</td><td colspan="3">265.92</td><td colspan="4">实付贴现金额</td><td colspan="6">57 754.08</td></tr>
<tr><td colspan="2">汇票承兑人名称</td><td colspan="3"></td><td colspan="4">账户开户行</td><td colspan="7"></td></tr>
<tr><td colspan="2">贴现款项已入你单位账户
（银行盖章）</td><td colspan="14">备注</td></tr>
</table>

（二）记账凭证

记 账 凭 证

2016 年 5 月 24 日　　记字第 54 号

摘 要	总账科目	明细科目	借 方	贷 方	记账	附件
贴现	银行存款	农业银行	57 754.08		√	
	财务费用	利息支出	265.92		√	
	应收票据	银行承兑汇票（天骄）		58 020.00	√	
合计			¥ 58 020.00	¥ 58 020.00		张

会计主管：赵刚　　复核：董凯　　记账：罗晓燕　　出纳：杨红　　制证：隋丽娜

【例 51】 25 日，汽车年审，用现金交纳年审费 120 元，车船使用税 420 元，保险费 3 800元。

（一）原始凭证

51-1 年审费报销单

北京市国有资产收益专用收据

2016 年 5 月 25 日　　　　№ 3523007

交款单位名称	京 B　NK055		
交款方式	现金		
执收单位名称	北京市机动车检测中心朝阳分中心		
资产(资源)名称	年审费		
机动车检测费	120.00		
合计			
人民币(大写)⊗壹佰贰拾元整			

收款单位(盖章):　　　　　　　　经办人:车江

51-2　商业险增值税专用发票

北京市增值税专用发票

№ 000224588

发　票　联　　　　开票日期:2016 年 5 月 25 日

购货单位	名　　称:北京市健武健身器材有限公司 纳税人识别号:110＊＊＊＊＊＊＊＊＊789 地址电话:北市市科技新区＊＊＊路 100 号 88667788 开户银行及账号:农业银行 0128＊＊＊＊＊＊＊＊＊＊999	密码区	(略)

商品或劳务名称	规格型号	单位	数量	单价	金额	税率	税额
机动车商业险		1	1	2826.50	2826.50	6%	169.59
号牌号码							
京 A BN616							
合计					￥2826.50		￥169.59
价税合计(大写)⊗ 贰仟玖佰玖拾陆元零玖分					(小写)￥ 2996.09		

销货单位	名　　称:永平财产保险股份有限公司北京分公司 纳税人识别号:110＊＊＊＊＊＊＊＊＊＊563 地址电话:北京市科技新区＊＊＊路 200 号　88645567 开户银行及账号:农业银行 0128＊＊＊＊＊＊＊＊＊＊412	备注	

收款人:　　　复核人:　　　开票人:刘少存　　　销货单位(盖章有效)

第三联:发票联　购货方记账凭证

51-3　交强险和车船使用税报销单

北京市国家税务局通用机打发票

发票联

发票代码:01012235722

发票号码:001124513

开票日期:2016 年 5 月 25 日　　行业分类:金融保险业一保险业

付款人:北京市健武健身器材有限公司

承保险种:机动车交通事故强制保险(号牌号码:京 A BN616)

保单号:1050693010112585251141

保险费金额(大写):人民币 捌佰伍拾伍元整　　(小写):CNY 855.00

代缴车船税(小写):420.00 元　　滞纳金(小写):

合计(大写):人民币 壹仟贰佰柒拾伍元整　　(小写):CNY 1 275.00

附注:

保险公司名称:永平财产保险股份有限公司北京分公司　　复核:自动核保　　经手人:万桂琴

保险公司签章:　　地址:北京市科技新区健康路尚城大厦 3 楼　　电话:400-281-0066

保险公司纳税人识别号:　　(手写无效)

51-4　存根支票

中国农业银行

转账支票存根

Ⅴ Ⅶ10061126

科　　目　银行存款

对应科目　管理费用

出票日期　2016 年 5 月 25 日

收款人:永平财产保险股份公司
金　额:¥4 391.09
用　途:车辆保险等

单位主管　赵刚　　会计　董凯

(二)记账凭证

记 账 凭 证

2016 年 5 月 25 日　　　　记字第 55 号

摘 要	总账科目	明细科目	借 方	贷 方	记账	附件
汽车年审	管理费用	办公费	120.00		√	
		保险费与税费	4 101.50		√	
	应交税费	应交增值税(进项税额)	169.59		√	
	银行存款	农业银行		4 391.09	√	
合计			￥4 391.09	￥4 391.09		张

会计主管:赵刚　　复核:董凯　　记账:罗晓燕　　出纳:杨红　　制证:隋丽娜

【例 52】 26 日,接银行通知公司签发给豪格公司面额为 18 000 元的无息商业汇票到期已经兑付。

(一)原始凭证

52-1　电汇凭证

中国农业银行　电汇凭证(回单)

委托日期:2016 年 5 月 26 日　　　　第 4478 号

<table>
<tr><td rowspan="3">汇款人</td><td>全称</td><td colspan="3">北京市健武健身器材有限公司</td><td rowspan="3">持票人</td><td>全称</td><td colspan="3">北京市朝阳区豪格商贸公司</td></tr>
<tr><td>账号</td><td colspan="3">0128＊＊＊＊＊＊＊＊＊999</td><td>账号</td><td colspan="3">0128＊＊＊＊＊＊＊＊＊＊＊444</td></tr>
<tr><td>汇出地点</td><td>北京市</td><td>汇出行名称</td><td>中国农业银行科技新区分理处</td><td>汇入地点</td><td>北京市</td><td>汇入行名称</td><td>中国建设银行朝阳区分理处</td></tr>
<tr><td colspan="2">汇入金额</td><td colspan="6">人民币大写:壹万捌仟元整</td><td colspan="3">千 百 十 万 千 百 十 元 角
　 　 　 1 8 0 0 0 0</td></tr>
<tr><td colspan="2">汇款用途</td><td colspan="6">支付货款</td><td colspan="3">汇出银行盖章</td></tr>
</table>

（二）记账凭证

记 账 凭 证

2016 年 5 月 26 日　　　　记字第 56 号

摘 要	总账科目	明细科目	借 方	贷 方	记账	附件
票据兑现	应付票据	银行承兑汇票	18 000.00		√	
	银行存款	农业银行		18 000.00	√	
合计			￥18 000.00	￥18 000.00		张

会计主管：赵刚　　复核：董凯　　记账：罗晓燕　　出纳：杨红　　制证：隋丽娜

【例 53】 26 日，购买 2016 年全国联合旅游年票 10 张，每张 98 元，用现金支付，用以奖励车间 10 位员工。

（一）原始凭证

53-1　增值税发票

北京市增值税专用发票　　№ 000137921

开票日期：2016 年 5 月 26 日

购货单位	名　　称：北京市健武健身器材有限公司 纳说人识别号：110＊＊＊＊＊＊＊＊＊＊789 地 址 电 话：北市市科技新区＊＊＊路 100 号 88667788 开户银行及账号：农业银行 0128＊＊＊＊＊＊＊＊＊＊＊999	密码区	（略）

商品或劳务名称	规格型号	单位	数量	单价	金额	税率	税额
旅游年票		张	10	98.00	924.52	6%	55.48
合计					￥924.52		￥924.52
价税合计（大写）⊗ 玖佰捌拾元整				（小写）￥ 980.00			

销货单位	名　　称：北京市科技新区新视野旅游公司 纳说人识别号：110＊＊＊＊＊＊＊＊＊＊275 地 址 电 话：北京市科技新区＊＊＊路 450 号　88625732 开户银行及账号：农业银行 0128＊＊＊＊＊＊＊＊＊＊＊549	备注	

第三联：发票联　购货方记账凭证

收款人：　　复核人：　　开票人：刘少存　　销货单位（盖章有效）

（二）记账凭证

记 账 凭 证

2016 年 5 月 26 日　　　　记字第 57 号

摘 要	总账科目	明细科目	借 方	贷 方	记账	附件
购买旅游年票	应付职工薪酬	福利费	980.00		√	
10 张并分摊费用	库存现金			980.00	√	
	制造费用	工资与福利费	980.00		√	
	应付职工薪酬	福利费		980.00	√	
合计			￥ 1 960.00	￥ 1 960.00		张

会计主管：赵刚　　复核：董凯　　记账：罗晓燕　　出纳：杨红　　制证：隋丽娜

【例 54】 27 日，所持国基商贸股票 5000 股售出，扣除手续费后，实收款 32 750.00元。

（一）原始凭证

54-1　证券过户交割凭证

大通证券小商品街营业部成交过户交割凭证

日期：2016 年 5 月 27 日　　　　卖

公司代码：35267 股东账号：3226875 资金账号：76223 股东名称：北京市健武健身器材有限公司	证券名称：国基商贸 成交数量：5000 股 成交价格：6.55 元 成交金额：32 790.00
委托时间：2016 年 5 月 27 日 成交时间：2016 年 5 月 27 日 资金前余额： 资金余额： 证券前余额： 本次余额：	佣金：40 元 过户费： 印花税： 附加费用： 其他费用： 实际收付金额：32 750.00
备注：证券买卖	

（二）记账凭证

记 账 凭 证

2016 年 5 月 27 日　　　　记字第 58 号

摘 要	总账科目	明细科目	借 方	贷 方	记账	附件
售出股票	其他货币资金	存出投资款	32 750.00		√	
5000 股	交易性金融资产	成本		29 450.00	√	
	投资收益	股票投资收益		3 300.00	√	
合计			¥ 32 750.00	¥ 32 750.00		张

会计主管：赵刚　　复核：董凯　　记账：罗晓燕　　出纳：杨红　　制证：隋丽娜

【例 55】 27 日，为企业交纳财产保险费 5 406 元（含税），其中管理部门应分摊 2 300 元，销售部门分摊 2 800 元，税费 306 元，从银行基本存款户中支付。

（一）原始凭证

55-1　增值税发票

北京市增值税专用发票　　№ 000992356

发　票　联　　开票日期：2016 年 5 月 27 日

购货单位	名　　称：北京市健武健身器材有限公司 纳税人识别号：110＊＊＊＊＊＊＊＊＊789 地 址 电 话：北市市科技新区＊＊＊路 100 号 88667788 开户银行及账号：农业银行 0128＊＊＊＊＊＊＊＊＊＊999	密码区	（略）

商品或劳务名称	规格型号	单位	数量	单价	金额	税率	税额
企业财产保险费			1	5100.00	5100.00	6%	306.00
合计					¥5100.00		¥306.00
价税合计（大写）⊗ 伍仟肆佰零陆元整				（小写）¥ 5406.00			

销货单位	名　　称：中国人民财产保险股份有限公司 纳税人识别号：110＊＊＊＊＊＊＊＊＊222 地 址 电 话：北京市科技新区＊＊＊路 186 号 88656778 开户银行及账号：农业银行 0128＊＊＊＊＊＊＊＊＊＊551	备注	

第三联：发票联　购货方记账凭证

收款人：　　复核人：　　开票人：郭明明　　销货单位（盖章有效）

(二)记账凭证

记 账 凭 证

2016 年 5 月 27 日　　记字第 59 号

摘要	总账科目	明细科目	借方	贷方	记账	附件
财产保险	销售费用	税费和保险费	2 800.00		√	
税费和保险费	管理费用	税费和保险费	2 300.00		√	
	应交税费	应交增值税(进项税额)	306.00		√	
	银行存款	农业银行		5 406.00	√	
合计			￥5 406.00	￥5 406.00		张

会计主管:赵刚　复核:董凯　记账:罗晓燕　出纳:杨红　制证:隋丽娜

【例 56】 28 日,存货清查,发现跑带 A 短缺 5 米,经调查研究决定由仓库保管员韩云赔偿。

(一)原始凭证

56-1　存货实存账存对比表

存货实存账存对比表

2016 年 5 月 28 日

类别	名称	单位	实存		账存		盘盈		盘亏		备注
			数量	金额	数量	金额	数量	金额	数量	金额	
材料	跑带 A	米	35		40				5		
合计					——		——		5		
处理意见	清查小组							部门签字	当事人签字		
	责任人全额赔偿							聂蕾	韩云		

(该业务放在月末处理)

【例 57】 28 日,收到供应商高科公司合同违约金现金 300 元。

(一)原始凭证

57-1　收款收据

<table>
<tr><td colspan="11">收款收据　　　　0021705
2016 年 5 月 28 日</td><td rowspan="4">一存根黑二收据红</td></tr>
<tr><td>交款单位</td><td>高科公司</td><td>结算方式</td><td colspan="8">现金</td></tr>
<tr><td rowspan="2">金额(大写)</td><td rowspan="2" colspan="2">叁佰元整</td><td>十</td><td>万</td><td>千</td><td>百</td><td>十</td><td>元</td><td>角</td><td>分</td></tr>
<tr><td></td><td></td><td></td><td>3</td><td>0</td><td>0</td><td>0</td><td>0</td></tr>
<tr><td>备注</td><td colspan="10">违约金</td><td></td></tr>
<tr><td colspan="12">复核:董凯　　　制单:杨红</td></tr>
</table>

(二)记账凭证

记 账 凭 证

2016 年 5 月 28 日　　　　记字第 60 号

摘 要	总账科目	明细科目	借 方	贷 方	记账	附件
高科违约金	库存现金		300.00		√	
	营业外收入	违约金罚款收入		300.00	√	
合计			¥ 300.00	¥ 300.00		张

会计主管:赵刚　　复核:董凯　　记账:罗晓燕　　出纳:杨红　　制证:隋丽娜

【例 58】 29 日,地税局代收企业残保金和工会经费,共计 700 元,银行转账。

(一)原始凭证

58-1　付款凭单

中国农业银行 **凭证**

转账日期 2016 年 5 月 29 日 凭证字号:2016052956544578

纳税人全称及纳税人识别号:北京市健武健身器材有限公司 110 * * * * * * * * * * * 789

付款人全称:北京市健武健身器材有限公司

付款人账号:0128 * * * * * * * * * * * 999 征收机关名称:北京市地方税务局科技新区分局

付款人开户银行:农行北京科技新区支行 收缴国库(银行)名称:国家金库北京市科技新区支库

小写(合计)金额:¥ 700.00 缴款书交易流水号:50664149

税(费)种名称

其他收入 所属日期 实缴金额:¥ 700.00

2015 年 0101—20151231

(二)记账凭证

记 账 凭 证

2016 年 5 月 29 日 记字第 61 号

摘 要	总账科目	明细科目	借 方	贷 方	记账	附件
税务局代收残保	管理费用	税费保险费	700.00		√	
金和工会经费	银行存款	农业银行		700.00	√	
合计			¥ 700.00	¥ 700.00		张

会计主管:赵刚 复核:董凯 记账:罗晓燕 出纳:杨红 制证:隋丽娜

【例 59】 29 日,车间领用纸装箱 66 个,其中 36 个用于包装跑步机 P25001,另外 30 个用于包装跑步机 P20001。同时,车间领用 2 个,作物料消耗用,销售部门领用 10 个,行管部门领用 2 个。

(一)原始凭证

59-1 领料单

北京市健武健身器材有限公司

领料单位：车间　　　　领 料 单　　　　凭证编号：

用　　途：包装跑步机　　　2016 年 5 月 29 日　　　发料仓库：1 号

材料类别	材料编号	材料名称及规格	用途	计量单位	数量		单价	金额
					请领	实发		
周转材料	01	包装箱	跑 25001 型	个	36	36		
	01	包装箱	跑 25002 型	个	30	30		
	01	包装箱	车间其他使用	个	2	2		
	01	包装箱	销售部门使用	个	10	10		
	01	包装箱	行管部门使用	个	2	2		
					80	80		
备注：		合计						

保管员：韩云　　　　领用人：成敏

（月末处理）

【例 60】 30 日，收到新博公司交来本月设备租赁费现金 1 700 元。

（一）原始凭证

60-1　增值税发票

北京市增值税专用发票　　№ 000001490

此联不作报销、扣税凭证使用　　开票日期：2016 年 5 月 30 日

购货单位	名　　称：北京市新博公司 纳说人识别号：110＊＊＊＊＊＊＊＊＊＊＊＊＊＊284 地 址 电 话：北京朝阳区区＊＊＊路 255 号　57590213 开户银行及账号：农业银行 010＊＊＊＊＊＊＊＊＊＊＊＊231	密码区	（略）

商品或劳务名称	规格型号	单位	数量	单价	金额	税率	税额
设备租赁费		次	1		1700.00	17%	289.00
合计					￥1700.00		￥289.00
价税合计（大写）⊗ 壹仟玖佰捌拾玖元整					（小写）￥ 1989.00		

销货单位	名　　称：北京市健武健身器材有限公司 纳说人识别号：110＊＊＊＊＊＊＊＊＊789 地 址 电 话：北京市科技新区＊＊＊路 100 号　88667788 开户银行及账号：农业银行 0128＊＊＊＊＊＊＊＊＊＊＊999	备注	

收款人：　　复核人：　　开票人：罗晓燕　　销货单位（盖章有效）

第一联：记账联　销货方记账凭证

（二）记账凭证

记 账 凭 证

2016 年 5 月 30 日　　　　记字第 62 号

摘　要	总账科目	明细科目	借　方	贷　方	记账	附件
收新博房租	库存现金		1 989.00		√	
	其他业务收入	设备租赁		1 700.00	√	
	应交税费	应交增值税(销项税额)		289.00	√	
合计			￥ 1 989.00	￥ 1 989.00		张

会计主管：赵刚　　复核：董凯　　记账：罗晓燕　　出纳：杨红　　制证：隋丽娜

【例 61】 30 日，国贸城会展中心 5 月份展位租赁费 954 元，现金支付。

（一）原始凭证

61-1　增值税发票

北京市增值税专用发票　　№ 000008213

发　票　联　　开票日期：2016 年 5 月 30 日

购货单位	名　称：北京市健武健身器材有限公司 纳税人识别号：110＊＊＊＊＊＊＊＊＊789 地址电话：北市市科技新区＊＊＊路 100 号　88667788 开户银行及账号：农业银行 0128＊＊＊＊＊＊＊＊＊＊999			密码区	（略）	
商品或劳务名称	规格型号	单位	数量	单价	金额	税率	税额
展位租赁费		次	1	900.00	900.00	6%	54.00
合计					￥900.00		￥54.00
价税合计（大写）⊗ 玖佰伍拾肆元整				（小写）￥ 954.00			
销货单位	名　称：北京市国贸城会展中心 纳税人识别号：110＊＊＊＊＊＊＊＊＊244 地址电话：北京市宣武区＊＊＊路 005 号　83197255 开户银行及账号：农业银行 0228＊＊＊＊＊＊＊＊＊＊321			备注		

第三联：发票联　购货方记账凭证

收款人：　　复核人：　　开票人：张艺龄　　销货单位（盖章有效）

（二）记账凭证

记 账 凭 证

2016 年 5 月 30 日　　记字第 63 号

摘要	总账科目	明细科目	借方	贷方	记账	附件
会展摊位费	销售费用	宣传费	900.00		√	
	应交税费	应交增值税(进项税额)	54.00		√	
	库存现金			954.00	√	
						张
合计			￥954.00	￥954.00		

会计主管：赵刚　　复核：董凯　　记账：罗晓燕　　出纳：杨红　　制证：隋丽娜

【例 62】 30 日，归还工行北京分行短期借款本息和 11 160 元，其中本金 10 000 元，三个月利息 1 160 元，银行转账支付。

（一）原始凭证

62-1　应付利息计算表

应付利息计算表

企业名称：北京市健武健身器材有限公司　　2016 年 5 月 30 日　　单位：元

种类	金额	本期计息时间	年利率	本期利息	已计提利息	偿还 3—5 月份利息
短期借款	80 000.00	2016 年 3 月 1 日至 2016 年 5 月 31 日	5.8%	386.67	773.33	1 160.00
合计				386.67		1 160.00

制表：董凯

62-2　结息通知

结息通知

日期：2016 年 5 月 30 日　　贷款户

收款单位	账号	80563357	付款单位	账号	0128＊＊＊＊＊＊＊＊＊＊＊999
	户名	工商银行		户名	北京市健武健身器材有限公司
	开户银行	工行科技新区分理处		开户银行	农行　科技新区分理处
积数		利率　5.8%		利息 386.67	
第		季度利息		银行盖章	

62-3 支票存根

中国农业银行
转账支票存根
V Ⅶ10061128

科　　目　银行存款
对应科目　短期借款
出票日期　2016 年 5 月 30 日

收款人:工商银行北京分行
金　额:¥11 160.00
用　途:还借款本金与利息

单位主管　赵刚　　会计　董凯

(二)记账凭证

记 账 凭 证

2016 年 5 月 30 日　　记字第 64 号

摘 要	总账科目	明细科目	借　方	贷　方	记账	附件
归还借款	短期借款	工商银行	10 000.00		√	
	应付利息	工商银行	773.33		√	
	财务费用	利息支出	386.67		√	
	银行存款	农业银行		11 160.00	√	
合计			¥ 11 160.00	¥ 11 160.00		张

会计主管:赵刚　　复核:董凯　　记账:罗晓燕　　出纳:杨红　　制证:隋丽娜

【例 63】 30 日,大通机械制造公司技术咨询费 1 378 元转入银行存款基本存款户。

(一)原始凭证

63-1 进账单

中国农业银行 **进账单** （回单）1

2016 年 5 月 30 日 第 1 号

<table>
<tr><td rowspan="3">付款人</td><td>全称</td><td>大通机械制造公司</td><td rowspan="3">收款人</td><td>全称</td><td colspan="10">北京市健武健身器材有限公司</td></tr>
<tr><td>账号</td><td>065＊＊＊＊＊＊＊＊＊＊＊＊605</td><td>账号</td><td colspan="10">0128＊＊＊＊＊＊＊＊＊＊999</td></tr>
<tr><td>开户银行</td><td>中国银行</td><td>开户银行</td><td colspan="10">农业银行 科技新区分理处</td></tr>
<tr><td colspan="5" rowspan="2">人民币
（大写）壹仟叁佰柒拾捌元整</td><td>千</td><td>百</td><td>十</td><td>万</td><td>千</td><td>百</td><td>十</td><td>元</td><td>角</td><td>分</td></tr>
<tr><td></td><td></td><td></td><td></td><td>1</td><td>3</td><td>7</td><td>8</td><td>0</td><td>0</td></tr>
<tr><td colspan="4">票据种类 转账支票</td><td colspan="11" rowspan="3">收款人开户行盖章</td></tr>
<tr><td colspan="4">票据张数 壹张</td></tr>
<tr><td colspan="4">主管： 会计： 复核： 记账：</td></tr>
</table>

此联是开户银行交给持票人的回单

63-2 增值税发票

北京市增值税专用发票 № 000001491

此联不做报销、扣税凭证使用 开票日期：2016 年 5 月 30 日

<table>
<tr><td>购货单位</td><td colspan="5">名 称：北京市大通机械制造公司
纳说人识别号：110＊＊＊＊＊＊＊＊＊＊＊＊＊＊＊471
地 址 电 话：北京市朝阳区＊＊＊路 380 号 56230015
开户银行及账号：农业银行 010＊＊＊＊＊＊＊＊＊＊＊＊112</td><td>密码区</td><td colspan="2">（略）</td></tr>
<tr><td>商品或劳务名称</td><td>规格型号</td><td>单位</td><td>数量</td><td>单价</td><td>金额</td><td>税率</td><td>税额</td></tr>
<tr><td>技术咨询费</td><td></td><td>次</td><td>1</td><td>1300.00</td><td>1300.00</td><td>6%</td><td>78.00</td></tr>
<tr><td>合计</td><td></td><td></td><td></td><td></td><td>¥1300.00</td><td></td><td>¥78.00</td></tr>
<tr><td colspan="8">价税合计（大写）⊗ 壹仟叁佰柒拾捌元整 （小写）¥ 1378.00</td></tr>
<tr><td>销货单位</td><td colspan="5">名 称：北京市健武健身器材有限公司
纳说人识别号：110＊＊＊＊＊＊＊＊＊＊789
地 址 电 话：北京市科技新区＊＊＊路 100 号 88667788
开户银行及账号：农业银行 0128＊＊＊＊＊＊＊＊＊＊999</td><td>备注</td><td></td></tr>
</table>

收款人： 复核人： 开票人：罗晓燕 销货单位（盖章有效）

第一联：记账联 销货方记账凭证

（二）记账凭证

记 账 凭 证

2016 年 5 月 30 日　　　　记字第 65 号

摘 要	总账科目	明细科目	借 方	贷 方	记账	附件
大通技术咨询费	银行存款	农业银行	1 378.00		√	
	其他业务收入	提供劳务		1 300.00	√	
	应交税费	应交增值税（销项税额）		78.00	√	
合计			¥ 1 378.00	¥ 1 378.00		张

会计主管：赵刚　　复核：董凯　　记账：罗晓燕　　出纳：杨红　　制证：隋丽娜

【例 64】 30 日，处理废旧品（旧报纸、旧包装箱、旧饮水机、废墨盒、废硬盘和内存条、旧电话机及废旧电线）一宗，收到现金 185.00 元。公司开具增值税发票，税款 26.88 元。

（一）原始凭证

64-1　增值税发票

北京市增值税专用发票　　№ 000001492

此联不做报销、扣税凭证使用　　开票日期：2016 年 5 月 30 日

购货单位	名　　称：北京市好多再生资源公司 纳税人识别号：110＊＊＊＊＊＊＊＊＊523 地 址 电 话：北京市丰台区　69444550 开户银行及账号：农业银行 0112＊＊＊＊＊＊＊＊＊＊707					密码区	（略）
商品或劳务名称	规格型号	单位	数量	单价	金额	税率	税额
废旧品			1	158.12	158.12	17%	26.88
合计					¥158.12		¥26.88
价税合计（大写）⊗ 壹佰捌拾伍元整					（小写）¥ 185.00		
销货单位	名　　称：北京市健武健身器材有限公司 纳税人识别号：110＊＊＊＊＊＊＊＊＊789 地 址 电 话：北京市科技新区＊＊＊路 100 号 88667788 开户银行及账号：农业银行 0128＊＊＊＊＊＊＊＊＊＊999					备注	

第一联：记账联　销货方记账凭证

收款人：　　复核人：　　开票人：罗晓燕　　销货单位（盖章有效）

（二）记账凭证

记 账 凭 证

2016 年 5 月 30 日　　　　记字 66 号

摘 要	总账科目	明细科目	借 方	贷 方	记账	附件
处理废旧物品	库存现金		185.00		√	
	应交税费	应交增值税（销项税额）		26.88	√	
	营业外收入	其他		158.12	√	
合计			￥185.00	￥185.00		张

会计主管：赵刚　　复核：董凯　　记账：罗晓燕　　出纳：杨红　　制证：隋丽娜

【例 65】 30 日，购入电动机生产线 A5 一条，价款 50 000 元，税款 8 500 元，从银行基本存款户中支付。

（一）原始凭证

65-1　电汇凭证

农业银行电汇凭证（回单）

委托日期：2016 年 5 月 30 日　　　　第 1 号

<table>
<tr><td rowspan="3">付款人</td><td>名称</td><td colspan="3">北京市健武健身器材有限公司</td><td rowspan="3">收款人</td><td>全称</td><td colspan="3">天津市广行机械制造公司</td><td rowspan="6">此联是付款人开户行交给付款人的回单</td></tr>
<tr><td>账号或住址</td><td colspan="3">0128＊＊＊＊＊＊＊＊999
北京市科技新区＊＊＊路 100 号
88667788</td><td>账号或地址</td><td colspan="3">2560＊＊＊＊＊＊＊＊＊＊456 天津市简阳路＊＊＊号</td></tr>
<tr><td>汇出地点</td><td>北京市</td><td>汇出行名称</td><td>农行科技新区分理处</td><td>汇入地点</td><td>天津市</td><td>汇入行名称</td><td>工行前门分理处</td></tr>
<tr><td>金额</td><td colspan="5">人民币（大写）伍万捌仟伍佰元整</td><td colspan="4">千 百 十 万 千 百 十 元 角 分
　 　 　 5 8 5 0 0 0 0</td></tr>
<tr><td colspan="6">汇款用途　货款</td><td colspan="4" rowspan="2">汇出行盖章
2016 年 5 月 30 日</td></tr>
<tr><td colspan="6">单位主管　　　会计　　　复核</td></tr>
</table>

65-2　增值税发票

天津市增值税专用发票　　№ 000565245

发　票　联　　开票日期:2016 年 5 月 30 日

购货单位	名　　称:北京市健武健身器材有限公司 纳说人识别号:110＊＊＊＊＊＊＊＊＊＊789 地址电话:北京市科技新区＊＊＊路 100 号　88667788 开户银行及账号:农业银行 0128＊＊＊＊＊＊＊＊＊＊＊999	密码区	(略)			
商品或劳务名称	规格型号	数量	单价	金额	税率	税额
装配机	A5	1	50000.00	50000.00	17%	8500.00
合计				¥50000.00		¥8500.00
价税合计(大写)⊗ 伍万捌仟伍佰元整				(小写)¥58500.00		
销货单位	名　　称:天津广行机械制造公司 纳说人识别号:151＊＊＊＊＊＊＊＊＊＊＊＊＊398 地址电话:天津市简行路＊＊＊号　77225266 开户银行及账号:工商银行红桥支行 067＊＊＊＊＊＊＊＊＊＊＊74530	备注				

收款人:　　复核人:　　开票人:史翠英　　销货单位(盖章有效)

第三联:发票联　购货方记账凭证

65-3　固定资产验收单

固定资产验收单

2016 年 5 月 30 日

名称	型号	来源	数量	价格	使用年限	预计净残值	月折旧率	月折旧额
电动机生产线	A5	购买	1	50 000.00	5	2 000.00		
使用部门	车间					实物负责人	王明	
管理部门	设备科		验收员	郭慧		启用时间	2016 年 5 月 30 日	
备注								

制单:董数

(二)记账凭证

记账凭证

2016 年 5 月 30 日　　记字第 67 号

摘要	总账科目	明细科目	借方	贷方	记账	附件
购生产线	固定资产	A5 生产线	50 000.00		√	
	应交税费	应交增值税(进项税额)	8 500.00		√	
	银行存款	农业银行		58 500.00	√	
合计			￥58 500.00	￥58 500.00		张

会计主管:赵刚　复核:董凯　记账:罗晓燕　出纳:杨红　制证:隋丽娜

【例 66】 30 日,向赵文华支付 2015 年现金股利 100 000 元,用银行存款支付。

(一)原始凭证

66-1　支票存根

中国农业银行
转账支票存根
V Ⅶ10061129

科　　目　银行存款
对应科目　应付股利
出票日期　2016 年 5 月 30 日

收款人:赵文华
金　额:￥100 000.00
用　途:支付利润

单位主管　赵刚　　会计　董凯

（二）记账凭证

记 账 凭 证

2016 年 5 月 21 日　　　　记字第 68 号

摘 要	总账科目	明细科目	借 方	贷 方	记账	附件
支付股利	应付股利	赵文华	100 000.00		√	
	银行存款	农业银行		100 000.00	√	
合计			¥ 100 000.00	¥ 100 000.00		张

会计主管：赵刚　　复核：董凯　　记账：罗晓燕　　出纳：杨红　　制证：隋丽娜

【例 67】 31 日，和丽景大酒店结算 4 月份招待费共计 4 240 元（含税），其中属于行政办公室招待 1 200 元，销售部门 3 040 元，从银行基本存款户中支付。

（一）原始凭证

67-1　增值税发票

北京市增值税专用发票　　№ 000992356

发　票　联　　开票日期：2016 年 5 月 31 日

购货单位	名　　称：北京市健武健身器材有限公司 纳税人识别号：110＊＊＊＊＊＊＊＊＊＊789 地 址 电 话：北京市科技新区＊＊＊路 100 号　88667788 开户银行及账号：农业银行 0128＊＊＊＊＊＊＊＊＊＊＊999				密码区	（略）	
商品或劳务名称	规格型号	单位	数量	单价	金额	税率	税额
餐费			1	4000.00	4000.00	6%	240.00
合计					¥4000.00		¥240.00
价税合计（大写）	⊗ 肆千贰佰肆拾元整			（小写）¥ 4240.00			
销货单位	名　　称：北京市丽景餐饮有限责任公司 纳税人识别号：110＊＊＊＊＊＊＊＊＊＊222 地 址 电 话：北京市科技新区 ＊＊＊路 256 号　88695498 开户银行及账号：农业银行 0128＊＊＊＊＊＊＊＊＊＊＊416				备注		

收款人：　　复核人：　　开票人：郭明明　　销货单位（盖章有效）

（二）记账凭证

记 账 凭 证

2016 年 5 月 31 日　　记字 69 号

摘要	总账科目	明细科目	借方	贷方	记账	附件
丽晶酒店结算	销售费用	招待费	3 040.00		√	
招待费	管理费用	招待费	1 200.00		√	
	银行存款	农业银行		4 240.00	√	
合计			￥185.00	￥185.00		张

会计主管：赵刚　复核：董凯　记账：罗晓燕　出纳：杨红　制证：隋丽娜

【例 68】 31 日，预提工行银行短期借款利息 208.33 元。

（一）原始凭证

68-1　结息通知

应付利息计算表

企业名称：北京市健武健身器材有限公司　2016 年 5 月 31 日　　单位：元

种类	金额	本期计息时间	年利率	本期利息	已计提利息
短期借款	50 000.00	2016 年 5 月份	5%	208.33	无
合计				208.33	

制表：董凯

（二）记账凭证

记 账 凭 证

2016 年 5 月 31 日　　记字第 70 号

摘要	总账科目	明细科目	借方	贷方	记账	附件
预提借款利息	财务费用	利息支出	208.33		√	
	应付利息	工商银行		208.33	√	
合计			￥208.33	￥208.33		张

会计主管：赵刚　复核：董凯　记账：罗晓燕　出纳：　制证：隋丽娜

【例 69】 31 日，公司继续持有的国基商贸的股票，市场公允价值升至 64 900 元。

(一)原始凭证

69-1 公允价格变动说明情况表

持有股票公允价格变动说明情况表

2016 年 5 月 31 日 单位：元

股票名称	账面价值	资产负债表日市价	价值调整金额	总调整数	备注
国基贸易	58 900.00	64 900.00	6 000.00	6 000.00	
合计				¥ 6 000.00	

会计主管：赵刚 制单：董凯

(二)记账凭证

记 账 凭 证

2016 年 5 月 31 日 记字第 71 号

摘 要	总账科目	明细科目	借 方	贷 方	记账	附件
公允价值调整	交易性金融资产	(国基贸易)公允价值变动	6 000.00		√	
	公允价值变动损溢			6 000.00	√	
合计			¥ 6 000.00	¥ 6 000.00		张

会计主管：赵刚 复核：董凯 记账：罗晓燕 出纳： 制证：隋丽娜

【例 70】 31 日，本月电费支出共 714.87 元，由车间、销售部门和行政管理部门分摊。本月水费 62.15 元，因金额较小，全部由管理部门承担。电费与水费均从银行存款基本存款户中支付。

(一)原始凭证

70-1 委托付款凭证

委托收款凭证(缴款通知)

委托号码:第 3366 号

付款日期:2016 年 5 月 31 日

<table>
<tr><td rowspan="3">收款单位</td><td>全　　称</td><td>北京市韵达电力公司</td><td rowspan="3">付款单位</td><td>全　　称</td><td>北京市健武健身器材有限公司</td></tr>
<tr><td>账　　号</td><td>0788＊＊＊＊＊＊＊＊＊921</td><td>账　　号</td><td>0128＊＊＊＊＊＊＊＊＊＊999</td></tr>
<tr><td>开户银行</td><td>中国银行科技新区分理处</td><td>开户银行</td><td>农业银行 科技新区分理处</td></tr>
<tr><td>委托金额</td><td colspan="3">人民币
（大写）柒佰壹拾肆捌角柒分</td><td colspan="2">小写金额
714.87</td></tr>
<tr><td colspan="3">备注:电费</td><td colspan="3">付款单位注意:
1.付款结算办法,上列委托收款,如在付款期限内未拒付时,即同全部同意付款,以此联代支款通知。
2.如需提前付款或多付款时,应另写书面通知书送银行办理。
3.如系全部或部分拒付,应在付款期限内另填拒绝付款理由书送银行办理。</td></tr>
</table>

此联付款人开户银行给付款人按时付款的通知

70-2　委托付款凭证

委托收款凭证(缴款通知)

委托号码:第 3365 号

付款日期:2016 年 5 月 31 日

<table>
<tr><td rowspan="3">收款单位</td><td>全　　称</td><td>北京市碧清自来水公司</td><td rowspan="3">付款单位</td><td>全　　称</td><td>北京市健武健身器材有限公司</td></tr>
<tr><td>账　　号</td><td>0165＊＊＊＊＊＊＊＊＊921</td><td>账　　号</td><td>0128＊＊＊＊＊＊＊＊＊＊999</td></tr>
<tr><td>开户银行</td><td>中国银行科技新区分理处</td><td>开户银行</td><td>农业银行 科技新区分理处</td></tr>
<tr><td>委收金额</td><td colspan="3">人民币（大写）陆拾贰元壹角伍分</td><td colspan="2">小写金额
62.15</td></tr>
<tr><td colspan="3">备注:水费</td><td colspan="3">付款单位注意:
1.付款结算办法,上列委托收款,如在付款期限内未拒付时,即同全部同意付款,以此联代支款通知。
2.如需提前付款或多付款时,应另写书面通知书送银行办理。
3.如系全部或部分拒付,应在付款期限内另填拒绝付款理由书送银行输。</td></tr>
</table>

此联付款人开户银行给付款人按时付款的通知

70-3　电费增值税发票

北京市增值税专用发票　　№ 000264750

发　票　联　　开票日期：2016年5月31日

购货单位	名　　称：北京市健武健身器材有限公司 纳说人识别号：110＊＊＊＊＊＊＊＊＊＊789 地址电话：北市市科技新区＊＊＊路100号 88667788 开户银行及账号：农业银行0128＊＊＊＊＊＊＊＊＊＊＊999	密码区	（略）				
商品或劳务名称	规格型号	单位	数量	单价	金额	税率	税额
电费		度	509.17	1.2	611.00	17%	103.87
合计					￥611.00		￥103.87
价税合计（大写）⊗ 柒佰壹拾肆元捌角柒分				（小写）￥714.87			
销货单位	名　　称：北京市韵达电力公司 纳说人识别号：110＊＊＊＊＊＊＊＊＊＊＊641 地址电话：北京市科技新区＊＊＊路005号 88653379 开户银行及账号：农业银行0228＊＊＊＊＊＊＊＊＊＊＊357	备注					

收款人：　　复核人：　　开票人：徐明　　销货单位（盖章有效）

第三联：发票联　购货方记账凭证

70-4　水费增值税发票

北京市增值税专用发票　　№ 000352456

发　票　联　　开票日期：2016年5月31日

购货单位	名　　称：北京市健武健身器材有限公司 纳说人识别号：110＊＊＊＊＊＊＊＊＊＊789 地址电话：北市市科技新区＊＊＊路100号　88667788 开户银行及账号：农业银行0128＊＊＊＊＊＊＊＊＊＊＊999	密码区	（略）				
商品或劳务名称	规格型号	单位	数量	单　价	金额	税率	税额
水费		吨	10	5.50	55.00	13%	7.15
合计					￥55.00		￥7.15
价税合计（大写）⊗ 陆拾贰元壹角伍分				（小写）￥62.15			
销货单位	名　　称：北京市碧清自来水公司 纳说人识别号：110＊＊＊＊＊＊＊＊＊＊756 地址电话：北京市科技新区＊＊＊路205号　88682256 开户银行及账号：农业银行0122＊＊＊＊＊＊＊＊＊＊＊559	备注					

收款人：　　复核人：　　开票人：叶明刚　　销货单位（盖章有效）

第三联：发票联　购货方记账凭证

70-5　电费分配表

电费分配表

2016年5月份

使用部门	分配率(年初统一计算规定)	分配金额
生产车间	65%	397.15
销售部门	20%	122.2
管理部门	15%	91.65
合计		611.00

会计主管:赵刚　　制单:董凯

(二)记账凭证

记账凭证

2016年5月31日　　记字第72号

摘要	总账科目	明细科目	借方	贷方	记账	附件
支付水电费	制造费用	水电费	397.15		√	
	销售费用	水电费	122.20		√	
	管理费用	水电费	146.65		√	
	应交税费	应交增值税(进项税额)	111.02		√	
	银行存款	农业银行		777.02	√	张
合计			￥777.02	￥777.02		

会计主管:赵刚　复核:董凯　记账:罗晓燕　出纳:杨红　制证:隋丽娜

【例71】　31日,计提折旧费9 778元,其中车间应分摊5 166元,销售部门分摊3 228元,行政管理部门1 384元。

(一)原始凭证

71-1　折旧费用分配表

固定资产折旧费用计算汇总表

2016年5月份

使用部门	月初固定资产原价	折旧率	本月应提折旧额
车间	(略)	(略)	5 166.00
销售部门	(略)	(略)	3 228.00
行管部门	(略)	(略)	1 384.00
合计			9 778.00

2016年5月31日　　制表:董凯

（二）记账凭证

记 账 凭 证

2016 年 5 月 31 日　　　　记字第 73 号

摘 要	总账科目	明细科目	借 方	贷 方	记账	附件
计提折旧	制造费用	折旧费	5 166.00		√	
	销售费用	折旧费	3 228.00		√	
	管理费用	折旧与摊销	1 384.00		√	
	累计折旧			9 778.00	√	
合计			￥ 9 778.00	￥ 9 778.00		张

会计主管：赵刚　　复核：董凯　　记账：罗晓燕　　出纳：　　制证：隋丽娜

【例 72】 31 日，无形资产摊销 1 721 元。

（一）原始凭证

72-1　摊销计算表表

无形资产摊销计算表

2016 年 5 月份

项目名称	原价	使用年限	月摊销额	合计
土地使用权	200 000.00	（略）	416.00	416.00
自动控制技术	62 650.00	（略）	1 305.00	1 305.00
合计				1 721.00

日期：2016 年 5 月 31 日　　　　制表：董凯

（二）记账凭证

记 账 凭 证

2016 年 5 月 31 日　　　　记字第 74 号

摘 要	总账科目	明细科目	借 方	贷 方	记账	附件
无形资产摊销	管理费用	折旧与摊销	1 721.00		√	
	累计摊销			1 721.00	√	
合计			￥ 1 721.00	￥ 1 721.00		张

会计主管：赵刚　　复核：董凯　　记账：罗晓燕　　出纳：　　制证：隋丽娜

【例 73】 31 日，根据本月 3 张领料的领料单，对原材料费用进行分配。

(一)原始凭证

73-1　领料单(补充完成 5 月 5 日的领料单)

北京市健武健身器材有限公司

领料单位：车间　　　　领 料 单　　　　凭证编号：

用　　途：P25001 加工　　　　2016 年 5 月 5 日　　　　发料仓库：1 号

材料类别	材料编号	材料名称及规格	计量单位	数量		单价	金额
				请领	实发		
		电动机 250	台	75	75	307.06	23 029.50
		控制总成 A	台	75	75	204.29	15 321.75
		框架 A	副	75	75	902.73	67 704.75
		跑带 A	米	300	300	99.33	29 799.00
		仪表 A	台	75	75	153.68	11 526.00
备注：		合计					147 381.00

仓库保管：韩云　　　　领用人：成敏

73-2　领料单(补充完成 5 月 16 日的领料单)

北京市健武健身器材有限公司

领料单位：车间　　　　领 料 单　　　　凭证编号：

用　　途：P25002 加工　　　　2016 年 5 月 16 日　　　　发料仓库：1 号

材料类别	材料编号	材料名称及规格	计量单位	数量		单价	金额
				请领	实发		
原材料		电动机 200 型	台	50	50	260.00	13 000.00
		控制总成 B	台	50	50	177.00	8 850.00
		框架 B	副	50	50	807.8	40 390.00
		跑带 B	米	260	260	86.33	22 445.80
		仪表 B	台	50	50	95.00	4 750.00
备注：		合计					89 435.80

仓库保管：韩云　　　　领用人：王小华

73-3　领料单(补充完成 5 月 29 日的领料单)

北京市健武健身器材有限公司

领料单位:车间　　　　领 料 单　　　　凭证编号:

用　　途:包装跑步机　　　2016 年 5 月 29 日　　　发料仓库:1 号

材料类别	材料编号	材料名称及规格	用途	计量单位	数量		单价	金额
					请领	实发		
周转材料	01	包装箱	包装跑 25001 型	个	36	36	25.00	900.00
	01	包装箱	包装跑 25002 型	个	30	30	25.00	750.00
	01	包装箱	车间其他使用	个	2	2	25.00	50.00
	01	包装箱	销售部门使用	个	10	10	25.00	250.00
	01	包装箱	行管部门使用	个	2	2	25.00	50.00
备注:		合计			80	80	25.00	2 000.00

仓库保管:韩云　　　　领用人:成敏

利用月末一次加权平均法计算各项发出存货的实际成本:

1. 根据 5 月 5 日领料单计算如下:

电动机 250 型月末一次加权平均单位成本$=\dfrac{300\times120+324\times50}{120+50}=307.06$ 元

发出电动机 250 型发出存货实际成本＝307.06 元×35 台＝23029.50 元

控制总成 A 月末一次加权平均单位成本$=\dfrac{200\times80+215\times32}{80+32}=204.29$ 元

控制总成 A 发出存货实际成本＝204.29 元×75 台＝15321.75 元

框架 A 月末一次加权平均单位成本$=\dfrac{900\times50+905\times60}{50+60}=902.73$ 元

框架 A 发出存货实际成本＝902.73 元×75 台＝67704.75 元

跑带 A 月末一次加权平均单位成本$=\dfrac{98.3\times130+100\times200}{130+200}=99.33$ 元

跑带 A 发出存货实际成本＝99.33 元×300 米＝29799.00 元

仪表 A 月末一次加权平均单位成本$=\dfrac{156\times95+150\times60}{95+60}=153.68$ 元

仪表 A 发出存货实际成本＝153.68 元×75 块＝11 526.00 元

2. 根据 5 月 16 日领料单计算如下:

电动机 200 型月末一次加权平均单位成本$=\dfrac{260\times118}{118}=260.00$ 元

电动机 200 型发出存货实际成本＝260.00 元×50 台＝13 000.00 元

控制总成B月末一次加权平均单位成本$=\frac{177\times90}{90}=177.00$元

控制总成B发出存货实际成本=177.00元×50台=8 850.00元

框架B月末一次加权平均单位成本$=\frac{800\times50+820\times32}{50+32}=807.8$元

框架B发出存货实际成本=807.8元×50台=40 390.00元

跑带B月末一次加权平均单位成本$=\frac{87.99\times120+85\times150}{120+150}=86.33$元

跑带B发出存货实际成本=86.33元×260米=22 445.8元

仪表B月末一次加权平均单位成本$=\frac{146\times95}{95}=95.00$元

仪表B发出存货实际成本=95.00元×50块=4 750.00元

3. 根据5月29日领料单计算如下：

纸装箱月末一次加权平均单位成本$=\frac{25\times125+25\times200}{152+200}=25.00$元

纸装箱发出存货实际成本=25.00元×80个=2 000.00元

其中，用于包装跑步机25001型为25.00元×36个，合计900.00元；用于包装跑步机20001型为25.00元×30个，合计750.00元；车间做物料消耗使用25.00元×2个，合计50.00元，销售部门使用10个，合计250元；行政管理部门使用2个，合计50.00元。共计2000.00元。

73-4 材料费用统计表(见235页)

73-5 材料费用分配表

原材料费用分配表

2016年5月份

应借科目		成本项目	原材料	包装物	合计
生产成本	跑步机 P20001	直接材料	147 381.00	900.00	148 281.00
	跑步机 P25002	直接材料	89 435.80	750.00	90 185.80
制造费用	物料消耗			50.00	50.00
销售费用	物料消耗			250.00	250.00
管理费用	物料消耗			50.00	50.00
合计			236 816.80	2 000.00	238 816.80

制表：董凯

（一）记账凭证

记账凭证

2016 年 5 月 31 日　　记字第 75 $\frac{1}{4}$ 号

摘要	总账科目	明细科目	借方	贷方	记账	附件
根据原材料	生产成本	跑步机 P250011(直接材料)	148 281.00		√	
费用分配表		跑步机 P20002(直接材料)	90 185.80		√	
	制造费用	物料消耗	50.00		√	
	销售费用	物料消耗	250.00		√	
	管理费用	物料消耗	50.00		√	
合计						张

会计主管：赵刚　复核：董凯　记账：罗晓燕　出纳：　制证：隋丽娜

记账凭证

2016 年 5 月 31 日　　记字第 75 $\frac{2}{4}$ 号

摘要	总账科目	明细科目	借方	贷方	记账	附件
根据原材料	原材料	电动机 250 型		23 029.50	√	
费用分配表		电动机 200 型		13 000.00	√	
		控制总成 A		15 321.75	√	
		控制总成 B		8 850.00	√	
		框架 A		67 704.75	√	
合计						张

会计主管：赵刚　复核：董凯　记账：罗晓燕　出纳：　制证：隋丽娜

记账凭证

2016 年 5 月 31 日　　记字第 75 $\frac{3}{4}$ 号

摘要	总账科目	明细科目	借方	贷方	记账	附件
根据原材料		框架 B		40 390.00	√	
费用分配表		跑带 A		29 799.00	√	
		跑带 B		22 445.80	√	
		仪表 A		11 526.00	√	
		仪表 B		4 750.00	√	
合计						张

会计主管：赵刚　复核：董凯　记账：罗晓燕　出纳：　制证：隋丽娜

记账凭证

2016年5月31日　　记字第75 $\frac{4}{4}$ 号

摘要	总账科目	明细科目	借方	贷方	记账	附件
根据原材料	周转材料	包装箱		2 000.00	√	
费用分配表						
合计			￥238 816.80	￥238 816.80		张

会计主管:赵刚　　复核:董凯　　记账:罗晓燕　　出纳:　　制证:隋丽娜

【例74】 31日,本月应付工资74 889元,其中车间工人工资50 028元;车间管理人员9 600元;行政管理部门9 800元,销售部门人员15 461元。

(一)原始凭证

74-1　工资结算汇总表

工资结算汇总表

2016年5月

人员	标准工资	事病假工资	奖金	津贴	应付工资	代扣款项	实发工资
生产工人	略	略	略	略	50 028.00	2 864.00	47 164.00
车间管理人员					9 600.00	730.00	8 880.00
销售科人员					15 461.00	1 086.00	14 381.00
部门管理人员					9 800.00	720.00	9 080.00
合计					84 889.00	5 400.00	79 489.00

74-2　工资费用分配表

工资费用分配表

2016年5月份

应借账户	部门或产品	直接计入	工时	分配计入(分配率125.07)	合计
生产成本	跑步机25001		229	22 916.03	28 641.03
	跑步机20001		171	21 386.97	21 386.97
	合计		400	50 028.00	50 028.00
制造费用	车间管理	9 600.00			9 600.00
销售费用	销售科	15 461.00			15 461.00
管理费用	行政办	9 800.00			9 800.00
合计		34 861.00	50 028.00		84 889.00

日期:2016年5月31日　　制表:董凯

(二)记账凭证

记 账 凭 证

2016 年 5 月 31 日　　　　记字第 76 $\frac{1}{2}$ 号

摘 要	总账科目	明细科目	借 方	贷 方	记账	附件
计提工资	生产成本	跑步机 p25001(直接人工)	28 641.03		√	
		跑步机 p20001(直接人工)	21 386.97		√	
	制造费用	工资及福利费	9 550.00		√	
	销售费用	工资及福利费	15 461.00		√	
	管理费用		9 800.00		√	
合计						张

会计主管:赵刚　　复核:董凯　　记账:罗晓燕　　出纳:　　制证:隋丽娜

记 账 凭 证

2016 年 5 月 31 日　　　　记字第 76 $\frac{2}{2}$ 号

摘 要	总账科目	明细科目	借 方	贷 方	记账	附件
计提工资	应付职工薪酬	工资		84 839.00	√	
合计			¥ 84 839.00	¥ 84 839.00		张

会计主管:赵刚　　复核:董凯　　记账:罗晓燕　　出纳:　　制证:隋丽娜

【例 75】 31 日,分配制造费用 19 730.15 元。

(一)原始凭证

75-1　制造费用分配表

制造费用分配表

2016 年 5 月份　　　　单位:元

产品名称	分配标准(工时)	分配率	分配金额
跑步机 25001	229	49.3254	11 295.51
跑步机 25002	171	49.3254	8 434.64
合计	400		19 730.15

日期:2016 年 5 月 31 日　　　　制表:董凯

（二）记账凭证

记 账 凭 证

2016 年 5 月 31 日　　　　　　　　　　记字第 77 号

摘 要	总账科目	明细科目	借 方	贷 方	记账	附件
分配制造费用	生产成本	跑步机 25001(制造费用)	11 295.51		√	
		跑步机 20001(制造费用)	8 434.64		√	
	制造费用			19 730.15	√	
合计			￥ 19 730.15	￥ 19 730.15		张

会计主管：赵刚　　复核：董凯　　记账：罗晓燕　　出纳：　　制证：隋丽娜

【例 76】 31 日，跑步机 P25001 月初在产品 35 台，本月投产 75 台，月末有 80 台加工完毕，验收入库，30 台为未完工产品，加工程度为 50%；跑步机 P20001 本月投产 50 台，月末全部加工完毕，验收入库。

（一）原始凭证

76-1　生产费用分配表

生产费用分配表

产品名称：跑步机 25001 型　　2016 年 5 月 31 日　　单位：元

月	日	摘 要		产量（台）	直接材料	直接人工	制造费用	合计
3	31	在产品费用		35	75 078.00	17 042	5 980.00	98 100.00
	31	根据表 49－2				4 592.00		4 592.00
	31	根据表 73－4		75	148 281.00			148 281.00
	31	根据表 74－2				28 641.03		28 641.03
	31	根据表 75－1					11 295.51	11 295.51
	31	本月生产费用合计		110	223 359.00	50 275.03	17 275.51	290 909.54
	31	完工产品	单位成本		2 030.54	529.21	181.85	
			总成本		162 443.20	42 336.80	14 548.00	219 328.00
	31	月末在产品数量		30	60 915.80	7 938.23	2 727.51	71 581.54
		月末在产品约当产量		15				

制表：董凯

76-2　产品成本计算表

产品成本计算表　　单位:元

成本项目 / 产品名称	本月发生费用			单位成本	总成本合计
	直接材料	直接人工	制造费用		
跑步机 25001	162 443.20	42 336.80	14 548.00	2 741.60	219 328.00
跑步机 20001	90 185.80	25 978.97	8 434.64	2 491.99	124 599.41
合计					

会计主管:赵刚　　制表:董凯

76-3　入 库 单

入 库 单

收货单位　　2016 年 12 月 31 日　　单位:元

货号	品名	单位	数量	单价	金额	备注
	跑步机 25001	台	80	2 741.60	219 328.00	
	跑步机 20001	台	50	2 491.98	124 599.41	
合计					343 927.41	

会计主管:赵刚　　制单:董凯

(二)记账凭证

记 账 凭 证

2016 年 5 月 31 日　　记字第 78 号

摘 要	总账科目	明细科目	借 方	贷 方	记账	附件
验收入库	库存商品	跑步机 p25001	219 328.00		√	
		跑步机 p20002	124 599.41		√	
	生产成本	跑步机 p25001		219 328.00	√	
		跑步机 p20002		124 599.41	√	
合计			¥ 343 927.41	¥ 343 927.41		张

会计主管:赵刚　　复核:董凯　　记账:罗晓燕　　出纳:　　制证:隋丽娜

【例 77】 31 日，处理 28 日材料短缺业务。

根据【例 73】的计算结果已知跑带 A 的单位成本是 99.33 元，完善 28 日所填存货实存账存对比表。

(一)原始凭证

77-1 账存实存对照表

实存账存对比表

2016 年 5 月 28 日

类别	名称	单位	实存		账存		盘盈		盘亏		备注
			数量	金额	数量	金额	数量	金额	数量	金额	
材料	跑带 A	米	35	3476.55	40	3973.20			5	496.65	
合计					——		——		5	496.65	
处理意见	清查小组						部门签字		当事人签字		
	责任人全额赔偿						聂蕾		韩云		

(二)记账凭证(1)

记 账 凭 证

2016 年 5 月 31 日 记字第 79 号

摘要	总账科目	明细科目	借方	贷方	记账	附件
跑带 A 盘亏	待处理财产损溢	待处理流动财产损溢	581.08		√	
10 米	原材料	跑带 A		496.65	√	
	应交税费	应交增值税(进项税转出)		84.43	√	
合计			¥ 581.08	¥ 581.08		张

会计主管：赵刚　　复核：董凯　　记账：罗晓燕　　出纳：　　制证：隋丽娜

（二）记账凭证(2)

记 账 凭 证

2016 年 5 月 31 日　　　　记字第 80 号

摘 要	总账科目	明细科目	借 方	贷 方	记账	附件
应收员工	其他应收款	韩云	581.08		√	
赔偿款	待处理财产损溢	待处理流动财产损溢		581.08	√	
合计			￥581.08	￥581.08		张

会计主管：赵刚　　复核：董凯　　记账：罗晓燕　　出纳：　　制证：隋丽娜

【例 78】 31 日，销售给北京市延庆豪强健身俱乐部跑步机 P25001 型 30 台、跑步机 P20001 型 40 台，售价分别是 4 200 元和 3 950 元，税率 17%，收到转账支票存入银行。

78-1　进账单

中国农业银行　**进账单**　（回单）1

2016 年 5 月 31 日　　　　第 1 号

付款人	全称	北京市延庆豪强健身俱乐部	收款人	全称	北京市健武健身器材有限公司									
	账号	0135＊＊＊＊＊＊＊＊＊＊255		账号	0128＊＊＊＊＊＊＊＊＊＊999									
	开户银行	中国工商银行		开户银行	农业银行　科技新区分理处									
人民币（大写）叁拾叁万贰仟贰佰捌拾元整					千	百	十	万	千	百	十	元	角	分
							3	3	2	2	8	0	0	0
票据种类：转账支票														
票据张数：壹张														
主管：　会计：　复核：　记账：					收款人开户行盖章									

此联是开户银行交给持票人的回单

78-2 增值税发票

北京市增值税专用发票 № 000001493

此联不做报销、扣税凭证使用 开票日期：2016 年 5 月 31 日

购货单位	名　　称：北京市延庆豪强健身俱乐部 纳税人识别号：110＊＊＊＊＊＊＊＊＊632 地址电话：北京市市延庆区 75218536 开户银行及账号：农业银行 0128＊＊＊＊＊＊＊＊＊＊442	密码区	（略）

商品或劳务名称	规格型号	单位	数量	单价	金额	税率	税额
跑步机	P2501		30	4200.00	126000.00	17%	21420.00
	P2001		40	3950.00	158000.00	17%	26860.00
合计					￥284000.00		￥48280.00
价税合计（大写）⊗ 叁拾叁万贰仟贰佰捌拾元整					（小写）￥ 332280.00		

销货单位	名　　称：北京健武健身器材有限公司 纳税人识别号：110＊＊＊＊＊＊＊＊＊789 地址电话：北京市科技新区＊＊＊路 100 号 88667788 开户银行及账号：农业银行 0128＊＊＊＊＊＊＊＊＊＊999	备注	

收款人：　　复核人：　　开票人：罗晓燕　　销货单位（盖章有效）

第一联：记账联　销售方记账凭证

（二）记账凭证

记 账 凭 证

2016 年 5 月 31 日 记字第 81 号

摘要	总账科目	明细科目	借方	贷方	记账	附件
豪强健身俱乐部	银行存款	农业银行	332 280.00		√	
P25001 型 30 台	应交税费	应交增值税（销项税额）		48 280.00	√	
P20001 型 40 台	主营业务收入	P25001 型销售收入		126 000.00	√	
		P20001 型销售收入		158 000.00	√	
合计			￥ 332 280.00	￥ 332 280.00		张

会计主管：赵刚　　复核：董凯　　记账：罗晓燕　　出纳：杨红　　制证：隋丽娜

【例 79】 31 日，经核算，本月应交增值税 57 170.62 元，所以月末需计提的城建税和教育费附加的计税基础只有增值税 57 170.62 元。

(一)原始凭证

79-1　城建税和教育费附加计算表

城建税和教育费附加计算表

2016 年 5 月份

城建税计税依据与金额	增值税	消费税	合计	税率	税额
	57170.62		57 170.62	7%	4 001.94
教育费附加计费依据与金额	57 170.62		57 170.62	3%	1 715.12

会计主管：赵刚　　　　制表：董凯

(二)记账凭证

记 账 凭 证

2016 年 5 月 31 日　　　　记字第 82 号

摘 要	总账科目	明细科目	借　方	贷　方	记账	附件
	营业税金及附加	城建税	4 001.94		√	
		教育费附加	1 715.12		√	
	应交税费	应交城建税		4 001.94	√	
		应交教育费附加		1 715.12	√	
合计			￥ 5 717.06	￥ 5 717.06		张

会计主管：赵刚　　复核：董凯　　记账：罗晓燕　　出纳：杨红　　制证：隋丽娜

【例 80】 31 日，将未交增值税转入未交增值税明细账。

(一)记账凭证

记 账 凭 证

2016 年 5 月 31 日　　　　记字第 83 号

摘 要	总账科目	明细科目	借　方	贷　方	记账	附件
未交增值税	应交税费	应交增值税(未交增值税转出)	57 170.62		√	
结转	应交税费	未交增值税		57 170.62	√	
合计			￥ 57 170.62	￥ 57 170.62		张

会计主管：赵刚　　复核：董凯　　记账：罗晓燕　　出纳：　　制证：隋丽娜

【例 81】 31 日，有证据表明，公司的全部存货减值了 35 000 元。

（一）原始凭证

81-1　存货减值计算表

存货减值计算表

2016 年 5 月 31 日填

存货名称	规格或型号	账面价值	可变现净值	减值损失
跑步机	25001 型	127 683.20	102 683.20	25 000.00
	20001 型	105 671.99	100 671.99	5 000.00
电动机	250 型	29 170.50	25 670.50	3 500.00
周转材料	包装箱	6 800.00	5 300.00	1 500.00
合　计		269 325.69	234 325.69	35 000.00

制表：董凯

（二）记账凭证

记 账 凭 证

2016 年 5 月 31 日　　记字第 84 号

摘 要	总账科目	明细科目	借　方	贷　方	记账	附件
存货减值	资产减值损失	存货减值损失	35 000.00		√	
	存货跌价准备			35 000.00	√	
合计			￥35 000.00	￥35 000.00		张

会计主管：赵刚　　复核：董凯　　记账：罗晓燕　　出纳：　　制证：隋丽娜

【例 82】 31 日，结转已销售跑步机 P25001 型和 P25001 型产品成本。

计算库存商品单位成本

$$跑步机 P25001 型月末一次加权平均单位成本=\frac{2\ 850\times60+2\ 741.60\times80}{60+80}$$

$$=2\ 788.06$$

$$跑步机 P20001 型月末一次加权平均单位成本=\frac{2\ 540\times50+2\ 491.98\times50}{50+50}$$

$$=2\ 515.99$$

(一)原始凭证

82-1　出库单(1)

出库单

物资类别：库存商品　　发票号码：______　　发出仓库：2　　出货日期：2016年5月4日

序号	名称	型号	单位	单价	数量	金额	提货单位与联系方式
1	跑步机	25001	台	2 788.06	20	55 761.2	新元公司 18601025778

仓库经手人：郭敏　　领取人：李峰

82-1　出库单(2)

出库单

物资类别：库存商品　　发票号码：______　　发出仓库：2　　出货日期：2016年5月10日

序号	名称	型号	单位	单价	数量	金额	提货单位与联系方式
1	跑步机	20001	台	2 515.99	18	45 287.82	宏大公司 18601066166

仓库经手人：郭敏　　领取人：吴昆

82-1 出库单(3)

出库单

物资类别：库存商品　　发票号码：______　　发出仓库：2　　出货日期：2016 年 5 月 20 日

序号	名称	型号	单位	单价	数量	金额	提货单位与联系方式
1	跑步机	25001	台	2 788.06	30	83 641.80	维达客超市 18601033123

仓库经手人：郭敏　　领取人：胡树

82-1 出库单(4)

出库单

物资类别：库存商品　　发票号码：______　　发出仓库：2　　出货日期：2016 年 5 月 31 日

序号	名称	型号	单位	单价	数量	金额	提货单位与联系方式
1	跑步机	25001	台	2 788.06	30	83 641.80	豪强健身俱乐部 81800588
2	跑步机	20001	台	2 515.99	40	100 639.60	豪强健身俱乐部 81800588

仓库经手人：郭敏　　领取人：李萌

(二)记账凭证

记 账 凭 证

2016 年 5 月 31 日　　记字第 85 号

摘要	总账科目	明细科目	借方	贷方	记账	附件
结转已销售	主营业务成本	跑步机 25001	223 044.80		√	
产品成本		跑步机 20001	145 927.42		√	
	库存商品	跑步机 25001		223 044.80	√	
		跑步机 20001		145 927.42	√	
合计			￥368 972.22	￥368 972.22		张

会计主管：赵刚　　复核：董凯　　记账：罗晓燕　　出纳：　　制证：隋丽娜

【例 83】 31 日，结转其他业务成本。

(一)原始凭证

根据跑带 B 月末一次加权平均单位成本，补充填写 5 月 9 日领料单。

83-1 领料单

北京市健武健身器材有限公司

领料单位：销售科　　领料单　　凭证编号：

用　　途：销售　　2016 年 5 月 9 日　　发料仓库：1 号

材料类别	材料编号	材料名称及规格	计量单位	数量		单价	金额
				请领	实发		
原材料		跑带 B	米	10	10	86.33	863.30
备注：		合计					863.30

仓库保管：韩云　　领用人：郭敏

(二)记账凭证

记 账 凭 证

2016 年 5 月 31 日　　记字第 86 号

摘要	总账科目	明细科目	借方	贷方	记账	附件
结转其他业务	其他业务成本	材料销售成本	863.30		√	
成本	原材料	跑带 B		863.30	√	
合计			￥863.30	￥863.30		张

会计主管：赵刚　复核：董凯　记账：罗晓燕　出纳：　制证：隋丽娜

【例 84】 31 日，核算企业所得税费用。

(一)原始凭证

84-1 企业所得税计算表

企业所得税计算表

2016 年 5 月份

利润总额	纳税调整		应纳税所得额	税率	税额
	调增	调减			
	（略）	（略）	90 629.29	25%	22 657.32

会计主管：赵刚　　制单：董凯

（二）记账凭证

记 账 凭 证

2016 年 5 月 31 日　　记字第 87 号

摘 要	总账科目	明细科目	借 方	贷 方	记账	附件
计提所得税费用	所得税费用		22 657.32		√	
	应交税费	应交企业所得税		22 657.32	√	
合计			¥ 22 657.32	¥ 22 657.32		张

会计主管：赵刚　复核：董凯　记账：罗晓燕　出纳：　制证：隋丽娜

【例 85】 31 日，结转损益。

记账凭证（1）

记 账 凭 证

2016 年 5 月 31 日　　记字第 88 $\frac{1}{2}$ 号

摘 要	总账科目	明细科目	借 方	贷 方	记账	附件
结转收入	主营业务收入		575 300.00		√	
	其他业务收入		4 000.00		√	
	投资收益		3 205.00		√	
	公允价值变动损溢		6 000.00		√	
	营业外收入		518.12		√	
合计						张

会计主管：赵刚　复核：董凯　记账：罗晓燕　出纳：　制证：隋丽娜

记 账 凭 证

2016 年 5 月 31 日　　　　记字第 88 $\frac{2}{2}$ 号

摘 要	总账科目	明细科目	借 方	贷 方	记账	附件
结转收入	财务费用		759.08		√	
	本年利润			589 782.20	√	
合计			￥ 589 782.20	￥ 589 782.20		张

会计主管：赵刚　　复核：董凯　　记账：罗晓燕　　出纳：　　制证：隋丽娜

记账凭证(2)

记 账 凭 证

2016 年 5 月 31 日　　　　记字第 89 $\frac{1}{2}$ 号

摘 要	总账科目	明细科目	借 方	贷 方	记账	附件
结转费用	本年利润		521 810.32		√	
	主营业务成本			368 972.22	√	
	其他业务成本			863.30	√	
	营业税金及附加			5 717.06	√	
	销售费用			53 078.54	√	
合计						张

会计主管：赵刚　　复核：董凯　　记账：罗晓燕　　出纳：　　制证：隋丽娜

记 账 凭 证

2016 年 5 月 31 日　　　　记字第 89 $\frac{2}{2}$ 号

摘 要	总账科目	明细科目	借 方	贷 方	记账	附件
结转费用	管理费用			28 821.79	√	
	资产减值损失			35 000.00	√	
	营业外支出			6 700.00	√	
	所得税费用			22 657.32	√	
合计			￥ 521 810.23	￥ 521 810.23		张

会计主管：赵刚　　复核：董凯　　记账：罗晓燕　　出纳：　　制证：隋丽娜

72-4 材料费用统计汇总表

原材料费用统计汇总表

2016 年 5 月份

汇总科目		成本项目	原材料											周转材料	合计
			电动机 250	控制总成 A	框架 A	跑带 A	仪表 A	电动机 200	控制总成 B	框架 B	跑带 B	仪表 B	纸装箱		
生产成本	跑步机 P20001	直接材料	23 029.5	15 321.75	67 704.75	29 799.00	11 526.00						900.00	148 281.00	
	跑步机 P25001	直接材料						13 000.00	8 850.00	40 390.00	22 445.80	4 750.00	750.00	90 185.80	
制造费用	物料消耗												50.00	50.00	
销售费用	物料消耗												250.00	250.00	
管理费用	物料消耗												50.00	50.00	
小计			23 029.5	15 321.75	67 704.75	29 799.00	11 526.00	13 000.00	8 850.00	40 390.00	22 445.80	4 750.00	2 000.00		
合计			236 816.80											2 000.00	238 816.80

现金日记账

第　页

2016年		凭证		摘要	借方											贷方											借或贷	余额										
月	日	种类	号数		亿	千	百	十	万	千	百	十	元	角	分	亿	千	百	十	万	千	百	十	元	角	分		亿	千	百	十	万	千	百	十	元	角	分
5	1			月初余额																							借					3	5	3	1	5	0	0
	2	记	4	提现备用					1	0	0	0	0	0	0												借					4	5	3	1	5	0	0
	4	记	9	广告费																1	9	0	8	0	0	0	借					2	6	2	3	5	0	0
	5	记	11	办公用品																		9	3	6	0	0	借					2	5	2	9	9	0	0
	7	记	15	新博公司押金						2	0	0	0	0	0												借					2	7	2	9	9	0	0
	9	记	18	付运费																		7	7	7	0	0	借					2	6	5	2	2	0	0
	9	记	19	售跑带A						1	1	7	0	0	0												借					2	7	6	9	2	0	0
	10	记	20	郭晓梅预借																	1	0	0	0	0	0	借					2	6	6	9	2	0	0
	13	记	26	付机修汽油费																	3	9	0	0	0	0	借					2	2	7	9	2	0	0
	13	记	27	车间修机器																	1	2	0	0	0	0	借					2	1	5	9	2	0	0
	14	记	29	购笔记本等																			9	1	2	6	借					2	1	5	0	0	7	4
	16	记	33	搬运机运费																		2	2	2	0	0	借					2	1	2	7	8	7	4
	16	记	34	售搬运车						4	6	8	0	0	0												借					2	5	9	5	8	7	4
	17	记	36	购取暖器																	1	8	7	2	0	0	借					2	4	0	8	6	7	4
	18	记	38	购物卡																	1	0	0	0	0	0	借					2	3	0	8	6	7	4
	19	记	41	收回李聪借款						5	0	0	0	0	0												借					2	8	0	8	6	7	4
	21	记	44	郭晓梅结算							3	0	0	0	0												借					2	8	3	8	6	7	4

2016年		凭证		摘要	借方											贷方											借或贷	余额										
月	日	种类	号数		亿	千	百	十	万	千	百	十	元	角	分	亿	千	百	十	万	千	百	十	元	角	分		亿	千	百	十	万	千	百	十	元	角	分
	22	记	46	收违章罚款								6	0	0	0												借					2	8	4	4	6	7	4
	22	记	48	职工生日蛋糕																		1	5	0	0	0	借					2	8	2	9	6	7	4
	22	记	50	墨盒充墨																			5	0	0	0	借					2	8	2	4	6	7	4
	24	记	51	年审费																	1	0	0	0	0	0	借					2	7	2	4	6	7	4
	26	记	57	购旅游年票																		9	8	0	0	0	借					2	6	2	6	6	7	4
	28	记	60	高科违约金							3	0	0	0	0												借					2	6	5	6	6	7	4
	30	记	62	收新博租金						1	9	8	9	0	0												借					2	8	5	5	5	7	4
	30	记	65	宣传摊位费																		9	5	4	0	0	借					2	7	6	0	1	7	4
	30	记	66	出售废旧物品							1	8	5	0	0												借					2	7	7	8	6	7	4
	31			本月合计					2	5	6	8	4	0	0					3	3	2	1	2	2	6	借					2	7	7	8	6	7	4

银行存款日记账(农业银行)

第　页

2016年		凭证		摘要	借方											贷方											借或贷	余额										
月	日	种类	号数		亿	千	百	十	万	千	百	十	元	角	分	亿	千	百	十	万	千	百	十	元	角	分		亿	千	百	十	万	千	百	十	元	角	分
5	1			月初余额																							借				3	7	1	6	6	5	0	0
	1	记	1	投资款				1	0	0	0	0	0	0	0												借				4	7	1	6	6	5	0	0
	2	记	2	工商银行借款					5	0	0	0	0	0	0												借				5	2	1	6	5	5	0	0

2016年		凭证		摘要	借方											贷方											借或贷	余额										
月	日	种类	号数		亿	千	百	十	万	千	百	十	元	角	分	亿	千	百	十	万	千	百	十	元	角	分		亿	千	百	十	万	千	百	十	元	角	分
	2	记	3	电动机价税款																1	8	9	1	2	0	0	借				5	0	2	7	5	3	0	0
	2	记	4	提现备用																1	0	0	0	0	0	0	借				4	9	2	7	5	3	0	0
	3	记	5	购检测技术																2	1	2	0	0	0	0	借				4	7	1	5	5	3	0	0
	4	记	8	售 P250116 台				1	0	1	7	9	0	0	0												借				5	7	3	3	4	3	0	0
	6	记	13	购弯管机																3	5	1	0	0	0	0	借				5	3	8	2	4	3	0	0
	7	记	14	购凭证																			1	5	0	0	借				5	3	8	2	2	8	0	0
	8	记	16	缴纳 4 月税款																6	5	5	8	6	0	1	借				4	7	2	6	4	1	9	9
	8	记	17	预收联康货款					2	7	0	0	0	0	0												借				4	9	9	6	4	1	9	9
	11	记	23	还可耐力款																3	0	0	0	0	0	0	借				4	6	9	6	4	1	9	9
	12	记	25	电汇手续费																			2	0	0	0	借				4	6	9	6	2	1	9	9
	14	记	28	归还神武货款															1	1	7	1	9	8	9	0	借				3	5	2	4	2	3	0	9
	14	记	30	华明归还货款					2	0	0	0	0	0	0												借				3	7	2	4	2	3	0	9
	15	记	31	代发工资																3	7	9	2	6	0	0	借				3	3	4	4	9	7	0	9
	18	记	39	汇票收账					2	2	0	0	0	0	0												借				3	5	6	4	9	7	0	9
	19	记	40	希望工程捐赠																	4	0	0	0	0	0	借				3	5	2	4	9	7	0	9
	20	记	42	银行存款利息						1	6	8	0	0	0												借				3	5	4	1	7	7	0	9
	24	记	52	社会保险费																2	2	6	2	0	0	0	借				3	3	1	5	5	7	0	9
	24	记	54	票据贴现					5	7	7	5	4	0	8												借				3	8	9	3	1	1	1	7
	25	记	55	汽车保险费等																	4	3	9	1	0	9	借				3	8	4	9	2	0	0	8
	26	记	56	票据兑付																1	8	0	0	0	0	0	借				3	6	6	9	2	0	0	8

2016年		凭证		摘要	借方											贷方											借或贷	余额										
月	日	种类	号数		亿	千	百	十	万	千	百	十	元	角	分	亿	千	百	十	万	千	百	十	元	角	分		亿	千	百	十	万	千	百	十	元	角	分
	27	记	59	招待费																	5	4	0	6	0	0	借				3	6	1	5	1	4	0	8
	29	记	61	残保金等																		7	0	0	0	0	借				3	6	0	8	1	4	0	8
	30	记	64	归还工行借款																1	1	1	6	0	0	0	借				3	4	9	6	5	4	0	8
	30	记	65	大通咨询费						1	3	7	8	0	0												借				3	5	1	0	3	2	0	8
	30	记	67	购 A5 流水线																5	8	5	0	0	0	0	借				2	9	2	5	3	2	0	8
	31	记	68	付赵文华利润															1	0	0	0	0	0	0	0	借				1	9	2	5	3	2	0	8
	31	记	69	付招待费																	4	2	4	0	0	0	借				1	8	8	2	9	2	0	8
	31	记	72	付水电费																		7	7	7	0	2	借				1	8	7	5	1	5	0	6
	31	记	80	售跑步机				3	3	2	2	8	0	0	0												借				5	1	9	7	9	5	0	6
	31			本月合计				7	1	3	8	8	2	0	8				5	6	5	7	5	2	0	2	借				5	1	9	7	9	5	0	6

银行存款日记账(北京银行)

第　页

2016年		凭证		摘要	借方											贷方											借或贷	余额										
月	日	种类	号数		亿	千	百	十	万	千	百	十	元	角	分	亿	千	百	十	万	千	百	十	元	角	分		亿	千	百	十	万	千	百	十	元	角	分
5	1			月初余额																							借					2	6	0	2	1	9	0
	31			月末合计																							借					2	6	0	2	1	9	0

其他货币资金 明细账

科目:存出投资款　　　　第　页

2016年		凭证		摘要	借方											贷方											借或贷	余额										
月	日	种类	号数		亿	千	百	十	万	千	百	十	元	角	分	亿	千	百	十	万	千	百	十	元	角	分		亿	千	百	十	万	千	百	十	元	角	分
5	1			月初余额																							借					8	2	0	0	0	0	0
	6	记	12	购国基股票																6	5	0	9	5	0	0	借					1	6	9	0	5	0	0
	27	记	58	出售国基股票					3	2	7	5	0	0	0												借					4	9	6	5	5	0	0
	31			本月合计					3	2	7	5	0	0	0					6	5	0	9	5	0	0	借					4	9	6	5	5	0	0

其他货币资金 明细账

科目:信用卡存款　　　　第　页

2016年		凭证		摘要	借方											贷方											借或贷	余额										
月	日	种类	号数		亿	千	百	十	万	千	百	十	元	角	分	亿	千	百	十	万	千	百	十	元	角	分		亿	千	百	十	万	千	百	十	元	角	分
5	1			月初余额																							借						5	0	0	0	0	0
	21	记	45	汽车违章罚款																		2	0	0	0	0	借						4	8	0	0	0	0
	22	记	46	电话费																	1	8	7	5	9	0	借						2	9	2	4	1	0
	31			本月合计																	2	0	7	5	9	0	借						2	9	2	4	1	0

交易性金融资产 明细账

明细科目:唯美健身(成本)　　　　第　页

2016年		凭证		摘要	借方											贷方											借或贷	余额										
月	日	种类	号数		亿	千	百	十	万	千	百	十	元	角	分	亿	千	百	十	万	千	百	十	元	角	分		亿	千	百	十	万	千	百	十	元	角	分
5	1			月初余额																							借				1	2	0	0	0	0	0	0
	31			本月合计																							借				1	2	0	0	0	0	0	0

交易性金融资产 明细账

明细科目:唯美健身(公允价值变动)　　　　第　页

2016年		凭证		摘要	借方											贷方											借或贷	余额										
月	日	种类	号数		亿	千	百	十	万	千	百	十	元	角	分	亿	千	百	十	万	千	百	十	元	角	分		亿	千	百	十	万	千	百	十	元	角	分
5	1			月初余额																							借						8	2	0	0	0	0
	31			本月合计																							借						8	2	0	0	0	0

交易性金融资产 明细账

明细科目:国基商贸(成本)　　　　第　页

2016年		凭证		摘要	借方											贷方											借或贷	余额										
月	日	种类	号数		亿	千	百	十	万	千	百	十	元	角	分	亿	千	百	十	万	千	百	十	元	角	分		亿	千	百	十	万	千	百	十	元	角	分
5	1			月初余额																							平									0		
	6	记	12	购入10 000股					5	8	9	0	0	0	0												借					5	8	9	0	0	0	0
	27	记	58	出售5 000股																2	9	4	5	0	0	0	借					2	9	4	5	0	0	0
	31			本月合计					5	8	9	0	0	0	0					2	9	4	5	0	0	0	借					2	9	4	5	0	0	0

交易性金融资产 明细账

明细科目:国基商贸(公允价值变动)　　　　第　页

2016年		凭证		摘要	借方											贷方											借或贷	余额										
月	日	种类	号数		亿	千	百	十	万	千	百	十	元	角	分	亿	千	百	十	万	千	百	十	元	角	分		亿	千	百	十	万	千	百	十	元	角	分
5	1			月初余额																							平									0		
	31	记	71	公允价值调整						6	0	0	0	0	0												借						6	0	0	0	0	0
	31			本月合计						6	0	0	0	0	0												借						6	0	0	0	0	0

应收票据 明细账

明细科目:商业承兑汇票(阳光公司)　　　　第　页

2016年		凭证		摘要	借方											贷方											借或贷	余额										
月	日	种类	号数		亿	千	百	十	万	千	百	十	元	角	分	亿	千	百	十	万	千	百	十	元	角	分		亿	千	百	十	万	千	百	十	元	角	分
5	1			月初余额																							借					2	2	0	0	0	0	0
	18	记	39	到期收账																2	2	0	0	0	0	0	平									θ		
	31			本月合计																2	2	0	0	0	0	0	平									θ		

应收票据 明细账

明细科目:银行承兑汇票(天骄公司)　　　　第　页

2016年		凭证		摘要	借方											贷方											借或贷	余额										
月	日	种类	号数		亿	千	百	十	万	千	百	十	元	角	分	亿	千	百	十	万	千	百	十	元	角	分		亿	千	百	十	万	千	百	十	元	角	分
5	1			月初余额																							贷					5	8	0	2	0	0	0
	24	记	54	贴现																5	8	0	2	0	0	0	平									θ		
	31			本月合计																5	8	0	2	0	0	0	平									θ		

应收票据 明细账

明细科目：银行承兑汇票（宏大公司）

第　页

2016年		凭证		摘要	借方											贷方											借或贷	余额										
月	日	种类	号数		亿	千	百	十	万	千	百	十	元	角	分	亿	千	百	十	万	千	百	十	元	角	分		亿	千	百	十	万	千	百	十	元	角	分
5	1			月初余额																							平									0		
	10	记	21	售20001 18台					8	6	3	4	6	0	0												借					8	6	3	4	6	0	0
	31			本月合计					8	6	3	4	6	0	0												借					8	6	3	4	6	0	0

应收账款 明细账

明细科目：华明商贸公司

第　页

2016年		凭证		摘要	借方											贷方											借或贷	余额										
月	日	种类	号数		亿	千	百	十	万	千	百	十	元	角	分	亿	千	百	十	万	千	百	十	元	角	分		亿	千	百	十	万	千	百	十	元	角	分
5	1			月初余额																							借					6	8	0	0	5	0	0
	14	记	30	归还货款																2	0	0	0	0	0	0	借					4	8	0	0	5	0	0
	31			本月合计																2	0	0	0	0	0	0	借					4	8	0	0	5	0	0

应收账款 明细账

明细科目：金豪公司　　　　第　页

2016年		凭证		摘要	借方											贷方											借或贷	余额										
月	日	种类	号数		亿	千	百	十	万	千	百	十	元	角	分	亿	千	百	十	万	千	百	十	元	角	分		亿	千	百	十	万	千	百	十	元	角	分
5	1			月初余额																							借					3	3	7	0	0	0	0
	17	记	37	注销坏账																	3	0	0	0	0	0	借					3	0	7	0	0	0	0
	31			本月合计																	3	0	0	0	0	0	借					3	0	7	0	0	0	0

应收账款 明细账

明细科目：维达客超市　　　　第　页

2016年		凭证		摘要	借方											贷方											借或贷	余额										
月	日	种类	号数		亿	千	百	十	万	千	百	十	元	角	分	亿	千	百	十	万	千	百	十	元	角	分		亿	千	百	十	万	千	百	十	元	角	分
5	1			月初余额																							平									0		
	20	记	43	P25001				1	5	2	6	8	5	0	0												借				1	5	2	6	8	5	0	0
	31			本月合计				1	5	2	6	8	5	0	0												借				1	5	2	6	8	5	0	0

预付账款 明细账

明细科目:华丽包装制品公司

第　页

2016年		凭证		摘要	借方											贷方											借或贷	余额										
月	日	种类	号数		亿	千	百	十	万	千	百	十	元	角	分	亿	千	百	十	万	千	百	十	元	角	分		亿	千	百	十	万	千	百	十	元	角	分
5	1			月初余额																							借						7	5	0	0	0	0
	12	记	24	收到包装物																	5	8	5	0	0	0	借						1	6	5	0	0	0
	31			本月合计																	5	8	5	0	0	0	借						1	6	5	0	0	0

应收股利 明细账

明细科目:国基商贸

第　页

2016年		凭证		摘要	借方											贷方											借或贷	余额										
月	日	种类	号数		亿	千	百	十	万	千	百	十	元	角	分	亿	千	百	十	万	千	百	十	元	角	分		亿	千	百	十	万	千	百	十	元	角	分
5	1			月初余额																							平									θ		
	6	记	12	应收股利						6	1	0	0	0	0												借						6	1	0	0	0	0
	31			本月合计						6	1	0	0	0	0												借						6	1	0	0	0	0

其他应收款 明细账

明细科目:王震　　　　第　页

2016年		凭证		摘要	借方											贷方											借或贷	余额										
月	日	种类	号数		亿	千	百	十	万	千	百	十	元	角	分	亿	千	百	十	万	千	百	十	元	角	分		亿	千	百	十	万	千	百	十	元	角	分
5	1			月初余额																							借						6	7	7	0	0	0
	31			本月合计																							借						6	7	7	0	0	0

其他应收款 明细账

明细科目:李聪　　　　第　页

2016年		凭证		摘要	借方											贷方											借或贷	余额										
月	日	种类	号数		亿	千	百	十	万	千	百	十	元	角	分	亿	千	百	十	万	千	百	十	元	角	分		亿	千	百	十	万	千	百	十	元	角	分
5	1			月初余额																							借						7	6	8	0	0	0
	19	记	41	收回借款																	5	0	0	0	0	0	借						2	6	8	0	0	0
	31			本月合计																	5	0	0	0	0	0	借						2	6	8	0	0	0

其他应收款 明细账

明细科目:代垫保险费　　　　　　第　页

2016年		凭证		摘要	借方											贷方											借或贷	余额										
月	日	种类	号数		亿	千	百	十	万	千	百	十	元	角	分	亿	千	百	十	万	千	百	十	元	角	分		亿	千	百	十	万	千	百	十	元	角	分
5	1			月初余额																							借					2	1	0	9	9	0	0
	15	记	31	扣回代垫保险																2	1	0	9	9	0	0	平									θ		
	24	记	52	代垫社保费						5	4	0	0	0	0												借						5	4	0	0	0	0
	31			本月合计						5	4	0	0	0	0					2	1	0	9	9	0	0	借						5	4	0	0	0	0

其他应收款 明细账

明细科目:郭晓梅　　　　　　第　页

2016年		凭证		摘要	借方											贷方											借或贷	余额										
月	日	种类	号数		亿	千	百	十	万	千	百	十	元	角	分	亿	千	百	十	万	千	百	十	元	角	分		亿	千	百	十	万	千	百	十	元	角	分
5	1			月初余额																							平									θ		
	10	记	20	预借差旅费						1	0	0	0	0	0												借						1	0	0	0	0	0
	21	记	44	差旅费结算																	1	0	0	0	0	0	平									θ		
	31			本月合计						1	0	0	0	0	0						1	0	0	0	0	0	平									θ		

其他应收款 明细账

明细科目：韩云　　　　第　页

2016年		凭证		摘要	借方											贷方											借或贷	余额										
月	日	种类	号数		亿	千	百	十	万	千	百	十	元	角	分	亿	千	百	十	万	千	百	十	元	角	分		亿	千	百	十	万	千	百	十	元	角	分
5	1			月初余额																							平									θ		
	31	记	80	承担材料盘亏							5	8	1	0	8												借							5	8	1	0	8
	31			本月合计							5	8	1	0	8												借							5	8	1	0	8

在途物资 明细账

明细科目：电动机250型　　　　第　页

2016年		凭证		摘要	借方																																贷方								余额							
					买价								运费								杂费								合计																							
月	日	种类	号数		十	万	千	百	十	元	角	分	十	万	千	百	十	元	角	分	十	万	千	百	十	元	角	分	十	万	千	百	十	元	角	分	十	万	千	百	十	元	角	分	十	万	千	百	十	元	角	分
5	1			月初余额																																														θ		
	2	记	3	购50台		1	5	5	0	0	0	0				7	0	0	0	0										1	6	2	0	0	0	0										1	6	2	0	0	0	0
	11	记	22	入库																																		1	6	2	0	0	0	0						θ		
	31			本月合计																										1	6	2	0	0	0	0		1	6	2	0	0	0	0						θ		

在途物资 明细账

明细科目：框架 A　　　　第　页

2016 年		凭证		摘要	借方		贷方		贷方	余额
					买价	运费	杂费	合计		
月	日	种类	号数		十万千百十元角分	十万千百十元角分	十万千百十元角分	十万千百十元角分	十万千百十元角分	十万千百十元角分
5	1			月初余额						θ
	3	记	6	购 60 付	5430000			5430000		5430000
	3	记	7	60 付入库					5430000	θ
	31			本月合计				5430000	5430000	θ

在途物资 明细账

明细科目：仪表 A　　　　第　页

2016 年		凭证		摘要	借方		贷方		贷方	余额
					买价	运费	杂费	合计		
月	日	种类	号数		十万千百十元角分	十万千百十元角分	十万千百十元角分	十万千百十元角分	十万千百十元角分	十万千百十元角分
5	1			月初余额						900000
	5	记	10	入库					900000	
	31			本月合计					900000	θ

在途物资 明细账

明细科目:跑带 A　　　　　　　　第　页

2016年 月	日	凭证 种类	号数	摘要	借方 买价 (十万千百十元角分)	借方 运费 (十万千百十元角分)	贷方 杂费 (十万千百十元角分)	贷方 合计 (十万千百十元角分)	贷方 (十万千百十元角分)	余额 (十万千百十元角分)
5	1			月初余额						θ
	3	记	6	购入 200 米	2000000			2000000		2000000
	3	记	7	200 米入库					2000000	θ
	31			本月合计				2000000	2000000	θ

原材料 明细账

明细科目:电动机 250 型

类别______　品名______　计量单位 台　规格______　　　　第　页

2016年 月	日	凭证号 种类	号数	摘要	借方 单价	借方 数量	借方 金额 (百十万千百十元角分)	贷方 单价	贷方 数量	贷方 金额 (百十万千百十元角分)	借或贷	余额 单价	余额 数量	余额 金额 (百十万千百十元角分)
5	1			月初余额							借	300.00	120	3600000
	11	记	22	入库	324.00	50	1620000				借		170	5220000
	31	记	75	领用				307.06	75	2302950	借		95	2917050
	31			本月合计		50	1620000		75	2302950	借	307.06	95	2917050

原材料 明细账

明细科目:电动机 200

类别______ 品名______ 计量单位台 规格______ 第 页

2016年		凭证号		摘要	借方											贷方											借或贷	余额										
月	日	种类	号数		单价	数量	金额									单价	数量	金额										单价	数量	金额								
							百	十	万	千	百	十	元	角	分			百	十	万	千	百	十	元	角	分				百	十	万	千	百	十	元	角	分
5	1			月初余额																							借	260.00	118			3	0	6	8	0	0	0
	31	记	75	领用												260.00	50			1	3	0	0	0	0	0	借		68			1	7	6	8	0	0	0
	31			本月合计													50			1	3	0	0	0	0	0	借	260.00	68			1	7	6	8	0	0	0

原材料 明细账

明细科目:控制总成 A

类别______ 品名______ 计量单位 台 规格______ 第 页

2016年		凭证号		摘要	借方											贷方											借或贷	余额										
月	日	种类	号数		单价	数量	金额									单价	数量	金额										单价	数量	金额								
							百	十	万	千	百	十	元	角	分			百	十	万	千	百	十	元	角	分				百	十	万	千	百	十	元	角	分
5	1			月初余额																							借	200.00	80			1	6	0	0	0	0	0
	14	记	28	32台入库	215.00	32				6	8	8	0	0	0												借		112			2	2	8	8	0	0	0
	31	记	75	领用												204.29	75			1	5	3	2	1	7	5	借		37				7	5	5	8	2	5
	31			月末结存		32				6	8	8	0	0	0		75			1	5	3	2	1	7	5	借	204.28	37				7	5	5	8	2	5

原材料 明细账

明细科目:控制总成 B

类别________ 品名____ 计量单位 台 规格____ 第 页

2016年		凭证号		摘要	借方											贷方											借或贷	余额										
月	日	种类	号数		单价	数量	金额									单价	数量	金额										单价	数量	金额								
							百	十	万	千	百	十	元	角	分			百	十	万	千	百	十	元	角	分				百	十	万	千	百	十	元	角	分
5	1			月初余额																							借	177.00	90			1	5	9	3	0	0	0
	31	记	75	领用												177.00	50				8	8	5	0	0	0	借		40				7	0	8	0	0	0
	31			本月合计													50				8	8	5	0	0	0	借	177.00	40				7	0	8	0	0	0

原材料 明细账

明细科目:仪表 A

类别________ 品名____ 计量单位 台 规格____ 第 页

2016年		凭证号		摘要	借方											贷方											借或贷	余额										
月	日	种类	号数		单价	数量	金额									单价	数量	金额										单价	数量	金额								
							百	十	万	千	百	十	元	角	分			百	十	万	千	百	十	元	角	分				百	十	万	千	百	十	元	角	分
5	1			月初余额																							借	156.00	95			1	4	8	2	0	0	0
	5	记	10	入库	150.00	60				9	0	0	0	0	0												借		155			2	3	8	2	0	0	0
	31	记	75	领用												153.68	75			1	1	5	2	6	0	0	借		80			1	2	2	9	4	0	0
	31			本月合计		60				9	0	0	0	0	0		75			1	1	5	2	6	0	0	借	153.68	80			1	2	2	9	4	0	0

原材料 明细账

明细科目:仪表 B

类别______ 品名______ 计量单位 台 规格______ 第 页

2016年		凭证号		摘要	借方											贷方											借或贷	余额										
月	日	种类	号数		单价	数量	金额									单价	数量	金额										单价	数量	金额								
							百	十	万	千	百	十	元	角	分			百	十	万	千	百	十	元	角	分				百	十	万	千	百	十	元	角	分
5	1			月初余额																							借	146.00	95			1	3	8	7	0	0	0
	31	记	75	领用												95.00	50				4	7	5	0	0	0	借		45				9	1	2	0	0	0
	31			本月合计												95.00	50				4	7	5	0	0	0	借	202.67	45				9	1	2	0	0	0

原材料 明细账

明细科目:框架 A

类别______ 品名______ 计量单位 套 规格______ 第 页

2016年		凭证号		摘要	借方											贷方											借或贷	余额										
月	日	种类	号数		单价	数量	金额									单价	数量	金额										单价	数量	金额								
							百	十	万	千	百	十	元	角	分			百	十	万	千	百	十	元	角	分				百	十	万	千	百	十	元	角	分
5	1			月初余额																							借	900.00	50			4	5	0	0	0	0	0
	3	记	7	入库	905.00	60			5	4	3	0	0	0	0												借		110			9	9	3	0	0	0	0
	31	记	75	领用												902.73	75			6	7	7	0	4	7	5	借		35			3	1	5	9	5	2	5
	31			本月合计		60			5	4	3	0	0	0	0		75			6	7	7	0	4	7	5	借	902.72	35			3	1	5	9	5	2	5

原材料 明细账

明细科目：框架 B

类别______ 品名______ 计量单位 套 规格______ 第 页

2016 年		凭证号		摘要	借方											贷方											借或贷	余额										
月	日	种类	号数		单价	数量	金额									单价	数量	金额										单价	数量	金额								
							百	十	万	千	百	十	元	角	分			百	十	万	千	百	十	元	角	分				百	十	万	千	百	十	元	角	分
5	1			月初余额																							借	800.00	50			4	0	0	0	0	0	0
	14	记	28	入库	820.00	32			2	6	2	4	0	0	0												借		82			6	6	2	4	0	0	0
	31	记	75	领用												807.80	50			4	0	3	9	0	0	0	借		32			2	5	8	5	0	0	0
	31			本月合计		32			2	6	2	4	0	0	0		50			4	0	3	9	0	0	0	借	807.80	32			2	5	8	5	0	0	0

原材料 明细账

明细科目：跑带 A

类别材料 品名 跑带 计量单位 米 规格A 第 页

2016 年		凭证号		摘要	借方											贷方											借或贷	余额										
月	日	种类	号数		单价	数量	金额									单价	数量	金额										单价	数量	金额								
							百	十	万	千	百	十	元	角	分			百	十	万	千	百	十	元	角	分				百	十	万	千	百	十	元	角	分
5	1			月初余额																							借	98.30	130			1	2	7	7	9	0	0
	3	记	7	入库	100.00	200			2	0	0	0	0	0	0												借		330			3	2	7	7	9	0	0
	31	记	75	领用												99.33	300			2	9	7	9	9	0	0	借		30				2	9	8	0	0	0
	31	记	78	毁损												99.33	5					4	9	6	6	5	借		25				2	4	8	3	3	5
	31			本月合计		200			2	0	0	0	0	0	0		305			3	0	2	9	5	6	5	借	99.33	25				2	4	8	3	3	5

原材料 明细账

明细科目:跑带 B

类别________ 品名______ 计量单位 米 规格______ 第 页

2016 年		凭证号		摘要	借方											贷方											借或贷	余额										
月	日	种类	号数		单价	数量	金额									单价	数量	金额										单价	数量	金额								
							百	十	万	千	百	十	元	角	分			百	十	万	千	百	十	元	角	分				百	十	万	千	百	十	元	角	分
5	1			月初余额																							借	87.99	120			1	0	5	5	9	1	0
	14	记	28	入库	85.00	150			1	2	7	5	0	0	0												借		270			2	3	3	0	9	1	0
	31	记	75	领用												86.33	260			2	2	4	4	5	8	0	借		10					8	6	3	3	0
	31	记	86	销售												86.33	10					8	6	3	3	0	平									0		
	31			本月合计		150			1	2	7	5	0	0	0		270			2	3	3	0	9	1	0	平									0		

库存商品 明细账

明细科目:跑步机 25001

类别________ 品名______ 计量单位 台 规格______ 第 页

2016 年		凭证号		摘要	借方											贷方											借或贷	余额										
月	日	种类	号数		单价	数量	金额									单价	数量	金额										单价	数量	金额								
							百	十	万	千	百	十	元	角	分			百	十	万	千	百	十	元	角	分				百	十	万	千	百	十	元	角	分
5	1			月初余额																							借	2 850.00	60		1	7	1	0	0	0	0	0
	31	记	78	入库	2 741.60	80		2	1	9	3	2	8	0	0												借		140		3	9	0	3	2	8	0	0
	31	记	85	销售												2 788.06	80		2	2	3	0	4	4	8	0	借		60		1	6	7	2	8	3	2	0
	31			月末合计		80		2	1	9	3	2	8	0	0		80		2	2	3	0	4	4	8	0	借	2 788.05	60		1	6	7	2	8	3	2	0

库存商品 明细账

明细科目:跑步机 25001

类别______ 品名______ 计量单位 台 规格______ 第 页

2016 年		凭证号		摘要	借方											贷方											借或贷	余额										
月	日	种类	号数		单价	数量	金额									单价	数量	金额										单价	数量	金额								
							百	十	万	千	百	十	元	角	分			百	十	万	千	百	十	元	角	分				百	十	万	千	百	十	元	角	分
5	1			月初余额																							借	2 540.0	50		1	2	7	0	0	0	0	0
	31	记	78	入库	2 491.98	50		1	2	4	5	9	9	4	1												借		100		2	5	1	5	9	9	4	1
	31	记	85	销售												2 515.99	58		1	4	5	9	2	7	4	2	借		42		1	0	5	6	7	1	9	9
	31			月末合计		50		1	2	4	5	9	9	4	1		58		1	4	5	9	2	7	4	2	借	2 515.99	42		1	0	5	6	7	1	9	9

周转材料 明细账

明细科目:包装箱

类别______ 品名包装箱 计量单位 件 规格______ 第 页

2016 年		凭证号		摘要	借方											贷方											借或贷	余额										
月	日	种类	号数		单价	数量	金额									单价	数量	金额										单价	数量	金额								
							百	十	万	千	百	十	元	角	分			百	十	万	千	百	十	元	角	分				百	十	万	千	百	十	元	角	分
5	1			月初余额																							借	25.00	152				3	8	0	0	0	0
	12	记	24	入库	25.00	200				5	0	0	0	0	0												借	25.00	352				8	8	0	0	0	0
	31	记	75	领用												25.00	80				2	0	0	0	0	0	借	25.00	272				6	8	0	0	0	0
	31			本月合计		200				5	0	0	0	0	0		80				2	0	0	0	0	0	借	25.00	272				6	8	0	0	0	0

周转材料 明细账

明细科目：低值易耗品

类别＿＿＿＿ 品名 管钳 计量单位 件 规格＿＿＿ 第 页

2016年		凭证号		摘要	借方											贷方											借或贷	余额										
月	日	种类	号数		单价	数量	金额									单价	数量	金额										单价	数量	金额								
							百	十	万	千	百	十	元	角	分			百	十	万	千	百	十	元	角	分				百	十	万	千	百	十	元	角	分
5	1			月初余额																							借	160.00	20				3	2	0	0	0	0
	31			本月合计																							借	160.00	20				3	2	0	0	0	0

固定资产 明细账

使用部门 生产科 年折旧率 5% 预计将残值 20 000.00 名称 1号车间 总页

使用年限 50年 年折旧额 24 000.00 预计清理费用 10 000.00 财产编号 001号 分页

2016年		凭证号数	摘要	单价	购进或投入										折旧或转出																				余额									
															报废或转出										折旧额																			
					数量	金额									数量	金额																			数量	金额								
月	日					百	拾	万	千	百	拾	元	角	分		百	拾	万	千	百	拾	元	角	分	百	拾	万	千	百	拾	元	角	分		百	拾	万	千	百	拾	元	角	分
5	1		月初余额																																1		4	7	5	2	0	0	0	0
	31		本月合计																																1		4	7	5	2	0	0	0	0

固定资产 明细账

使用部门 行政科　　年折旧率 5%　　预计将残值 10 000.00　　名称 1号办公楼　　总页

使用年限 20年　　年折旧额 14 000.00　　预计清理费用 10 000.00　　财产编号 002号　　分页

2016年		凭证号数	摘要	单价	购进或投入										折旧或转出																			余额									
					数量	金额									报废或转出 数量	金额									折旧额									数量	金额								
月	日					百	拾	万	千	百	拾	元	角	分		百	拾	万	千	百	拾	元	角	分	百	拾	万	千	百	拾	元	角	分		百	拾	万	千	百	拾	元	角	分
5	1		月初余额																															1		2	9	0	0	0	0	0	0
	31		本月合计																															1		2	9	0	0	0	0	0	0

固定资产 明细账

使用部门 生产科　　年折旧率 10%　　预计将残值 2 000.00　　名称 设备1　　总页

使用年限 10年　　年折旧额 5 818.00　　预计清理费用 10 000.00　　财产编号 003号　　分页

2016年		凭证号数	摘要	单价	购进或投入										折旧或转出																			余额									
					数量	金额									报废或转出 数量	金额									折旧额									数量	金额								
月	日					百	拾	万	千	百	拾	元	角	分		百	拾	万	千	百	拾	元	角	分	百	拾	万	千	百	拾	元	角	分		百	拾	万	千	百	拾	元	角	分
5	1		月初余额																															1			6	0	1	8	0	0	0
	31		本月合计																															1			6	0	1	8	0	0	0

固定资产 明细账

使用部门 生产科　　年折旧率 10%　　预计将残值 2 000.00　　名称 设备 2　　总页

使用年限 10 年　　年折旧额 4 500.00　　预计清理费用 　　财产编号 004 号　　分页

2016年		凭证号数	摘要	单价	购进或投入										折旧或转出																			余额									
					数量	金额									报废或转出										折旧额									数量	金额								
月	日					百	拾	万	千	百	拾	元	角	分	数量	百	拾	万	千	百	拾	元	角	分	百	拾	万	千	百	拾	元	角	分		百	拾	万	千	百	拾	元	角	分
5	1		月初余额																															1			4	7	0	0	0	0	0
	31		本月合计																															1			4	7	0	0	0	0	0

固定资产 明细账

使用部门 销售科　　年折旧率 12.5%　　预计将残值 3 000.00　　名称 顺韵货车　　总页

使用年限 8 年　　年折旧额 12 125.00　　预计清理费用 10 000.00　　财产编号 004 号　　分页

2016年		凭证号数	摘要	单价	购进或投入										折旧或转出																			余额									
					数量	金额									报废或转出										折旧额									数量	金额								
月	日					百	拾	万	千	百	拾	元	角	分	数量	百	拾	万	千	百	拾	元	角	分	百	拾	万	千	百	拾	元	角	分		百	拾	万	千	百	拾	元	角	分
5	1		月初余额																															1		1	0	0	0	0	0	0	0
	31		本月合计																															1		1	0	0	0	0	0	0	0

固定资产 明细账

使用部门 生产科　　年折旧率 12.5%　　预计将残值 3 000.00　　名称 电动搬运车　　总页

使用年限 8 年　　年折旧额 12 125.00　　预计清理费用 10 000.00　　财产编号 006 号　　分页

2016年		凭证号数	摘要	单价	购进或投入										折旧或转出																			余额									
															报废或转出										折旧额																		
					数量	金额									数量	金额																		数量	金额								
月	日					百	拾	万	千	百	拾	元	角	分		百	拾	万	千	百	拾	元	角	分	百	拾	万	千	百	拾	元	角	分		百	拾	万	千	百	拾	元	角	分
5	1																																	1			2	4	8	0	0	0	0
	15	32	转售															2	4	8	0	0	0	0			1	8	5	0	0	0	0								0		
	31		本月合计															2	4	8	0	0	0	0			1	8	5	0	0	0	0								0		

固定资产 明细账

使用部门 生产科　　年折旧率 19.33%　　预计将残值 3 000.00　　名称 弯管机　　总页

使用年限 5 年　　年折旧额 5 800.00　　预计清理费用　　财产编号 007 号　　分页

2016年		凭证号数	摘要	单价	购进或投入										折旧或转出																			余额									
															报废或转出										折旧额																		
					数量	金额									数量	金额																		数量	金额								
月	日					百	拾	万	千	百	拾	元	角	分		百	拾	万	千	百	拾	元	角	分	百	拾	万	千	百	拾	元	角	分		百	拾	万	千	百	拾	元	角	分
5	6	13	购入	3000.00	1			3	0	0	0	0	0	0																				1			3	0	0	0	0	0	0
	31		本月合计	3000.00	1			3	0	0	0	0	0	0																				1			3	0	0	0	0	0	0

固定资产 明细账

使用部门 生产科　　年折旧率　　预计将残值 3 000.00　　名称 A5 生产线　　总页

使用年限 5 年　　年折旧额 833.33　　预计清理费用　　财产编号 005 号　　分页

2016年		凭证号		摘要	单价	购进或投入										折旧或转出																			余额									
						数量	金额									报废或转出										折旧额									数量	金额								
月	日	类别	号数				百	拾	万	千	百	拾	元	角	分	数量	百	拾	万	千	百	拾	元	角	分	百	拾	万	千	百	拾	元	角	分		百	拾	万	千	百	拾	元	角	分
5	30	记	67	购入	50 000.00	1			5	0	0	0	0	0	0																				1			5	0	0	0	0	0	0
	31			本月合计	50 000.00	1			5	0	0	0	0	0	0																				1			5	0	0	0	0	0	0

在建工程 明细账

明细科目:厂房　　第　页

2016年		凭证		摘要	借方											贷方											借或贷	余额										
月	日	种类	号数		亿	千	百	十	万	千	百	十	元	角	分	亿	千	百	十	万	千	百	十	元	角	分		亿	千	百	十	万	千	百	十	元	角	分
5	1			月初余额																							借				5	9	2	4	4	2	0	0
	31			本月合计																							借				5	9	2	4	4	2	0	0

工程物资 明细账

明细科目:厂房物资　　　　第　页

2016年		凭证		摘要	借方											贷方											借或贷	余额										
月	日	种类	号数		亿	千	百	十	万	千	百	十	元	角	分	亿	千	百	十	万	千	百	十	元	角	分		亿	千	百	十	万	千	百	十	元	角	分
5	1			月初余额																							借				1	1	5	3	2	5	0	0
	31			本月合计																							借				1	1	5	3	2	5	0	0

固定资产清理 明细账

明细科目:复印机清理　　　　第　页

2016年		凭证		摘要	借方											贷方											借或贷	余额										
月	日	种类	号数		亿	千	百	十	万	千	百	十	元	角	分	亿	千	百	十	万	千	百	十	元	角	分		亿	千	百	十	万	千	百	十	元	角	分
5	1			月初余额																							借						4	8	5	5	0	0
	31			本月合计																							借						4	8	5	5	0	0

固定资产清理 明细账

明细科目：电动搬运车清理　　　　　　第　页

2016年		凭证		摘要	借方											贷方											借或贷	余额										
月	日	种类	号数		亿	千	百	十	万	千	百	十	元	角	分	亿	千	百	十	万	千	百	十	元	角	分		亿	千	百	十	万	千	百	十	元	角	分
5	15	记	32	处置搬运车						6	3	0	0	0	0												借						6	3	0	0	0	0
	15	记	33	支付运费							2	0	0	0	0												借						6	5	0	0	0	0
	15	记	34	售搬运车																	4	0	0	0	0	0	借						2	5	0	0	0	0
	15	记	35	净损失转出																	2	5	0	0	0	0	平									θ		
	31			本月合计						6	5	0	0	0	0						6	5	0	0	0	0	平									θ		

待处理财产损益　明细账

明细科目：待处理流动资产损益　　　　　　第　页

2016年		凭证		摘要	借方											贷方											借或贷	余额										
月	日	种类	号数		亿	千	百	十	万	千	百	十	元	角	分	亿	千	百	十	万	千	百	十	元	角	分		亿	千	百	十	万	千	百	十	元	角	分
5	31	记	79	材料毁损							5	8	1	0	8												借							5	8	1	0	8
	31	记	80	处理毁损																		5	8	1	0	8	平									θ		
	31			本月合计							5	8	1	0	8							5	8	1	0	8	平									θ		

无形资产 明细账

明细科目：土地使用权

第　页

2016 年		凭证		摘要	借方											贷方											借或贷	余额										
月	日	种类	号数		亿	千	百	十	万	千	百	十	元	角	分	亿	千	百	十	万	千	百	十	元	角	分		亿	千	百	十	万	千	百	十	元	角	分
5	1			月初余额																							借				2	0	0	0	0	0	0	0
	31			本月合计																							借				2	0	0	0	0	0	0	0

无形资产 明细账

明细科目：自动控制技术

第　页

2016 年		凭证		摘要	借方											贷方											借或贷	余额										
月	日	种类	号数		亿	千	百	十	万	千	百	十	元	角	分	亿	千	百	十	万	千	百	十	元	角	分		亿	千	百	十	万	千	百	十	元	角	分
5	1			月初余额																							借					6	2	6	5	0	0	0
	31			本月合计																							借					6	2	6	5	0	0	0

无形资产明细账

明细科目:自动检测技术　　　　　　　　　　　　　　　　　　第　页

2016年		凭证		摘要	借方											贷方											借或贷	余额										
月	日	种类	号数		亿	千	百	十	万	千	百	十	元	角	分	亿	千	百	十	万	千	百	十	元	角	分		亿	千	百	十	万	千	百	十	元	角	分
5	1			月初余额																							平									0		
	3	记	5	自动检测技术					2	0	0	0	0	0	0												借					2	0	0	0	0	0	0
	31			本月合计					2	0	0	0	0	0	0												借					2	0	0	0	0	0	0

短期借款 明细账

明细科目:工商银行　　　　　　　　　　　　　　　　　　第　页

2016年		凭证		摘要	借方											贷方											借或贷	余额										
月	日	种类	号数		亿	千	百	十	万	千	百	十	元	角	分	亿	千	百	十	万	千	百	十	元	角	分		亿	千	百	十	万	千	百	十	元	角	分
5	1			月初余额																							贷					8	0	0	0	0	0	0
	2	记	2	借款																5	0	0	0	0	0	0	贷				1	3	0	0	0	0	0	0
	30	记	64	还款					1	0	0	0	0	0	0												贷				1	2	0	0	0	0	0	0
	31			本月合计					1	0	0	0	0	0	0					5	0	0	0	0	0	0	贷				1	2	0	0	0	0	0	0

应付票据 明细账

明细科目:商业承兑汇票(德运公司)　　　　第　页

2016年		凭证		摘要	借方											贷方											借或贷	余额										
月	日	种类	号数		亿	千	百	十	万	千	百	十	元	角	分	亿	千	百	十	万	千	百	十	元	角	分		亿	千	百	十	万	千	百	十	元	角	分
5	1			月初余额																							贷					2	6	0	0	0	0	0
	31			本月合计																							贷					2	6	0	0	0	0	0

应付票据 明细账

明细科目:银行承兑汇票(豪格公司)　　　　第　页

2016年		凭证		摘要	借方											贷方											借或贷	余额										
月	日	种类	号数		亿	千	百	十	万	千	百	十	元	角	分	亿	千	百	十	万	千	百	十	元	角	分		亿	千	百	十	万	千	百	十	元	角	分
5	1			月初余额																							贷					1	8	0	0	0	0	0
	26	记	56	兑现					1	8	0	0	0	0	0												平									θ		
	31			本月合计					1	8	0	0	0	0	0												平									θ		

应付账款 明细账

明细科目:天津神龙公司　　　　第　页

2016年		凭证		摘要	借方											贷方											借或贷	余额										
月	日	种类	号数		亿	千	百	十	万	千	百	十	元	角	分	亿	千	百	十	万	千	百	十	元	角	分		亿	千	百	十	万	千	百	十	元	角	分
5	1			月初余额																							贷					3	2	0	0	0	0	0
	3	记	6	框架A价税款																6	3	5	3	1	0	0	贷					9	5	5	3	1	0	0
	14	记	28	归还货款					6	3	5	3	1	0	0												贷					3	2	0	0	0	0	0
	31			本月合计					6	3	5	3	1	0	0					6	3	5	3	1	0	0	贷					3	2	0	0	0	0	0

应付账款 明细账

明细科目:北京可耐力公司　　　　第　页

2016年		凭证		摘要	借方											贷方											借或贷	余额										
月	日	种类	号数		亿	千	百	十	万	千	百	十	元	角	分	亿	千	百	十	万	千	百	十	元	角	分		亿	千	百	十	万	千	百	十	元	角	分
5	1			月初余额																							贷					5	0	0	0	0	0	0
	3	记	6	跑带A价税款																2	3	4	0	0	0	0	贷					7	3	4	0	0	0	0
	11	记	23	还款					3	0	0	0	0	0	0												贷					4	3	4	0	0	0	0
	31			本月合计					3	0	0	0	0	0	0					2	3	4	0	0	0	0	贷					4	3	4	0	0	0	0

预收账款 明细账

明细科目:凯达公司　　　　第　页

2016 年		凭证		摘要	借方											贷方											借或贷	余额										
月	日	种类	号数		亿	千	百	十	万	千	百	十	元	角	分	亿	千	百	十	万	千	百	十	元	角	分		亿	千	百	十	万	千	百	十	元	角	分
5	1			月初余额																							贷					9	4	6	0	0	0	0
	31			本月合计																							贷					9	4	6	0	0	0	0

预收账款 明细账

明细科目:联康销售公司　　　　第　页

2016 年		凭证		摘要	借方											贷方											借或贷	余额										
月	日	种类	号数		亿	千	百	十	万	千	百	十	元	角	分	亿	千	百	十	万	千	百	十	元	角	分		亿	千	百	十	万	千	百	十	元	角	分
5	1			月初余额																							贷									0		
	8	记	17	预收货款																2	7	0	0	0	0	0	贷					2	7	0	0	0	0	0
	31			本月合计																2	7	0	0	0	0	0	贷					2	7	0	0	0	0	0

应付职工薪酬 明细账

明细科目：工资

第 页

2016年		凭证		摘要	借方											贷方											借或贷	余额										
月	日	种类	号数		亿	千	百	十	万	千	百	十	元	角	分	亿	千	百	十	万	千	百	十	元	角	分		亿	千	百	十	万	千	百	十	元	角	分
5	1			月初余额																							贷					5	9	0	0	0	0	0
	15	记	31	发工资					5	9	0	0	0	0	0												平								θ			
	31	记	76	计提工资费用																8	4	8	3	9	0	0	贷					8	4	8	3	9	0	0
	31			本月合计					5	9	0	0	0	0	0					8	4	8	3	9	0	0	贷					8	4	8	3	9	0	0

应付职工薪酬 明细账

明细科目：福利费

第 页

2016年		凭证		摘要	借方											贷方											借或贷	余额										
月	日	种类	号数		亿	千	百	十	万	千	百	十	元	角	分	亿	千	百	十	万	千	百	十	元	角	分		亿	千	百	十	万	千	百	十	元	角	分
5	1	记		月初余额																							贷						7	0	8	0	0	0
	22	记	48	职工生日蛋糕							1	5	0	0	0												贷						6	9	3	0	0	0
	22	记	49	蛋糕费用分摊																		1	5	0	0	0	贷						7	0	8	0	0	0
	26	记	57	购买旅游年卡							9	8	0	0	0							9	8	0	0	0	贷						7	0	8	0	0	0
	31			本月合计						1	1	3	0	0	0						1	1	3	0	0	0	贷						7	0	8	0	0	0

应付职工薪酬 明细账

明细科目:社会保险费　　　　　　　　　　第　页

2016年		凭证		摘要	借方											贷方											借或贷	余额										
月	日	种类	号数		亿	千	百	十	万	千	百	十	元	角	分	亿	千	百	十	万	千	百	十	元	角	分		亿	千	百	十	万	千	百	十	元	角	分
5	1			月初余额																							平								0			
	24	记	52	社会保险费					1	7	2	2	0	0	0												贷					1	7	2	2	0	0	0
	24	记	53	分摊保险费																1	7	2	2	0	0	0	平								0			
	31			本月合计					1	7	2	2	0	0	0					1	7	2	2	0	0	0	平								0			

应交税费(应交增值税)明细账

2016年		凭证		摘要	借方				贷方				借或贷	余额
月	日	种类	号数		合计	进项税额	已交税金	未交增值税转出	合计	销项税额	进项转出	出口退税		
5	1			月初余额									平	0
	2	记	3	购电动机	2 712.00	2 712.00							借	2 712.00
	3	记	6	购专利	3 912.00	1 200.00							借	3 912.00
	3	记	6	购框架 A 等	16 543.00	12 631.00							借	16 543.00
	4	记	8	销 P25001					14 790.00	14 790.00			借	1 753.00
	4	记	9	宣传费	17 623.00	1 080.00							借	2 833.00
	5	记	11	办公用品	17 759.00	136.00							借	2 969.00

2016年		凭证		摘要	借方				贷方				借或贷	余额
月	日	种类	号数		合计	进项税额	已交税金	未交增值税转出	合计	销项税额	进项转出	出口退税		
	6	记	13	购弯管机	22 859.00	5 100.00							借	8 069.00
	9	记	18	运费	22 936.00	77.00							借	8 146.00
	10	记	19	销跑带 A					14 960.00	170.00			借	7 976.00
	10	记	21	销 P20001					27 506.00	12 546.00			贷	4 570.00
	12	记	24	购包装物	23 786.00	850.00							贷	3 720.00
	13	记	26	购汽油	24 352.66	566.66							贷	3 153.34
	13	记	27	修理费	24 527.02	174.36							贷	2 978.98
	14	记	28	购控制总成	32 324.92	7 797.90							借	4 818.92
	14	记	29	购办公用品	32 338.18	13.26							借	4 832.18
	15	记	33	清理搬运机	32 360.18	22.00							借	4 854.18
	15	记	34	销售搬运机					28 186.00	680.00			借	4 174.18
	17	记	36	购取暖器	32 632.18	272.00							借	4 446.18
	20	记	43	维达客 30 台					50 371.00	22 185.00			贷	17 738.82
	22	记	47	电话费进项	32 818.08	185.90							贷	17 552.92
	25	记	55	汽车商业险	32 987.67	169.59							贷	17 383.33
	27	记	59	财产保险费进项	33 293.67	306.00							贷	17 077.33
	30	记	62	租金销项					50 660.00	289.00			贷	17 366.33
	30	记	63	广告费进项	33 347.67	54.00							贷	17 312.33

2016年		凭证		摘要	借方				贷方				借或贷	余额
月	日	种类	号数		合计	进项税额	已交税金	未交增值税转出	合计	销项税额	进项转出	出口退税		
	30	记	65	咨询费销项					50 738.00	78.00			贷	17 390.33
	30	记	66	售废旧销项					50 764.88	26.88			贷	17 417.21
	30	记	67	购A5生产线	41 847.67	8 500.00							贷	8 917.21
	31	记	72	水电费进项	41 958.69	111.02							贷	8 806.19
	31	记	79	材料短缺					50 849.31		84.43		贷	8 890.62
	31	记	81	跑步机销项					99 129.31	48 280.00			贷	57 170.62
	31	记	83	未交增值税转出	99 129.31		57 170.62						平	0
	31			本月合计	99 129.31				99 129.31				平	0

应交税费 明细账

明细科目:未交增值税 第　页

2016年		凭证号		摘要	借方											贷方											借或贷	余额										
月	日	种类	号数		亿	千	百	十	万	千	百	十	元	角	分	亿	千	百	十	万	千	百	十	元	角	分		亿	千	百	十	万	千	百	十	元	角	分
5	1			月初余额																							贷					2	2	1	2	3	6	4
	8	记	16	交税					2	2	1	2	3	6	4												平									0		
	31	记	83	未交增值税转入																5	7	1	7	0	6	2	贷					5	7	1	7	0	6	2
	31			本月合计					2	2	1	2	3	6	4					5	7	1	7	0	6	2	贷					5	7	1	7	0	6	2

应交税费 明细账

明细科目:应交城建税

第　页

2016年		凭证号		摘要	借方											贷方											借或贷	余额										
月	日	种类	号数		亿	千	百	十	万	千	百	十	元	角	分	亿	千	百	十	万	千	百	十	元	角	分		亿	千	百	十	万	千	百	十	元	角	分
5	1			月初余额																							贷						1	5	4	8	6	6
	8	记	16	交税						1	5	4	8	6	6												平									θ		
	31	记	81	计提城建税																	4	0	0	1	9	4	贷						4	0	0	1	9	4
	31			本月合计																																		

应交税费 明细账

明细科目:应交教育费附加

第　页

2016年		凭证号		摘要	借方											贷方											借或贷	余额										
月	日	种类	号数		亿	千	百	十	万	千	百	十	元	角	分	亿	千	百	十	万	千	百	十	元	角	分		亿	千	百	十	万	千	百	十	元	角	分
5	1			月初余额																							贷							6	6	3	7	1
	8	记	16	交税							6	6	3	7	1												平									θ		
	31	记	82	计提教育费附加																	1	7	1	5	1	2	贷						1	7	1	5	1	2
	31			本月合计							6	6	3	7	1						1	7	1	5	1	2	贷						1	7	1	5	1	2

应交税费 明细账

明细科目:应交企业所得税　　　　第　页

2016年		凭证号		摘要	借方											贷方											借或贷	余额										
月	日	种类	号数		亿	千	百	十	万	千	百	十	元	角	分	亿	千	百	十	万	千	百	十	元	角	分		亿	千	百	十	万	千	百	十	元	角	分
5	1			月初余额																							贷					4	1	2	5	0	0	0
	8	记	16	交税					4	1	2	5	0	0	0												平									θ		
	31	记	87	计提所企业所得税																2	2	6	5	7	3	2	贷					2	2	6	5	7	3	2
	31			本月合计					4	1	2	5	0	0	0					2	2	6	5	7	3	2	贷					2	2	6	5	7	3	2

应付利息 明细账

明细科目:工商银行　　　　第　页

2016年		凭证号		摘要	借方											贷方											借或贷	余额										
月	日	种类	号数		亿	千	百	十	万	千	百	十	元	角	分	亿	千	百	十	万	千	百	十	元	角	分		亿	千	百	十	万	千	百	十	元	角	分
5	1			月初余额																							贷							7	7	3	3	3
	30	记	64	归还2季度利息							7	7	3	3	3												平									θ		
	31	记	70	预提5月份利息																		2	0	8	3	3	贷							2	0	8	3	3
	31			本月合计							7	7	3	3	3							2	0	8	3	3	贷							2	0	8	3	3

应付股利 明细账

明细科目：赵文华

第　页

2016年		凭证号		摘要	借方											贷方											借或贷	余额										
月	日	种类	号数		亿	千	百	十	万	千	百	十	元	角	分	亿	千	百	十	万	千	百	十	元	角	分		亿	千	百	十	万	千	百	十	元	角	分
5	1			月初余额																							贷				1	7	5	0	8	2	3	6
	31	记	68	支付股利				1	0	0	0	0	0	0	0												贷					7	5	0	8	2	3	6
	31			本月合计				1	0	0	0	0	0	0	0												贷					7	5	0	8	2	3	6

应付股利 明细账

明细科目：昌泰公司

第　页

2016年		凭证号		摘要	借方											贷方											借或贷	余额										
月	日	种类	号数		亿	千	百	十	万	千	百	十	元	角	分	亿	千	百	十	万	千	百	十	元	角	分		亿	千	百	十	万	千	百	十	元	角	分
5	1			月初余额																							贷					7	5	0	3	5	3	0
	31			本月合计																							贷					7	5	0	3	5	3	0

其他应付款 明细账

明细科目：张宇　　　　　　　　　　第　页

2016年		凭证号		摘要	借方											贷方											借或贷	余额										
月	日	种类	号数		亿	千	百	十	万	千	百	十	元	角	分	亿	千	百	十	万	千	百	十	元	角	分		亿	千	百	十	万	千	百	十	元	角	分
5	1			月初余额																							贷						8	2	0	0	0	0
	31			本月合计																							贷						8	2	0	0	0	0

其他应付款 明细账

明细科目：新博公司　　　　　　　　　　第　页

2016年		凭证号		摘要	借方											贷方											借或贷	余额										
月	日	种类	号数		亿	千	百	十	万	千	百	十	元	角	分	亿	千	百	十	万	千	百	十	元	角	分		亿	千	百	十	万	千	百	十	元	角	分
5	1			月初余额																							平									θ		
	7	记	15	押金																	2	0	0	0	0	0	贷						2	0	0	0	0	0
	31			本月合计																	2	0	0	0	0	0	贷						2	0	0	0	0	0

长期借款 明细账

明细科目：农业银行　　　　第　页

2016年		凭证号		摘要	借方											贷方											借或贷	余额										
月	日	种类	号数		亿	千	百	十	万	千	百	十	元	角	分	亿	千	百	十	万	千	百	十	元	角	分		亿	千	百	十	万	千	百	十	元	角	分
5	1			月初余额																							贷				2	3	0	0	0	0	0	0
	31			本月合计																							贷				2	3	0	0	0	0	0	0

实收资本 明细账

明细科目：赵文化　　　　第　页

2016年		凭证号		摘要	借方											贷方											借或贷	余额										
月	日	种类	号数		亿	千	百	十	万	千	百	十	元	角	分	亿	千	百	十	万	千	百	十	元	角	分		亿	千	百	十	万	千	百	十	元	角	分
5	1			月初余额																							贷				7	0	0	0	0	0	0	0
	31			本月合计																							贷				7	0	0	0	0	0	0	0

实收资本 明细账

明细科目:昌泰公司　　　　第　页

2016年		凭证号		摘要	借方											贷方											借或贷	余额										
月	日	种类	号数		亿	千	百	十	万	千	百	十	元	角	分	亿	千	百	十	万	千	百	十	元	角	分		亿	千	百	十	万	千	百	十	元	角	分
5	1			月初余额																							贷				3	0	0	0	0	0	0	0
	1	记	1	增加投资															1	0	0	0	0	0	0	0	贷				4	0	0	0	0	0	0	0
	31			本月合计															1	0	0	0	0	0	0	0	贷				4	0	0	0	0	0	0	0

资本公积 明细账

明细科目:其他资本公积　　　　第　页

2016年		凭证号		摘要	借方											贷方											借或贷	余额										
月	日	种类	号数		亿	千	百	十	万	千	百	十	元	角	分	亿	千	百	十	万	千	百	十	元	角	分		亿	千	百	十	万	千	百	十	元	角	分
5	1			月初余额																							贷					9	9	2	8	2	0	0
	31			本月合计																							贷					9	9	2	8	2	0	0

盈余公积 明细账

明细科目:法定盈余公积　　　　第　页

2016年		凭证号		摘要	借方											贷方											借或贷	余额										
月	日	种类	号数		亿	千	百	十	万	千	百	十	元	角	分	亿	千	百	十	万	千	百	十	元	角	分		亿	千	百	十	万	千	百	十	元	角	分
5	1			月初余额																							贷				4	8	7	8	1	0	0	0
	31			本月合计																							贷				4	8	7	8	1	0	0	0

利润分配 明细账

明细科目:未分配利润　　　　第　页

2016年		凭证号		摘要	借方											贷方											借或贷	余额										
月	日	种类	号数		亿	千	百	十	万	千	百	十	元	角	分	亿	千	百	十	万	千	百	十	元	角	分		亿	千	百	十	万	千	百	十	元	角	分
5	1			月初余额																							贷				5	8	2	2	1	7	0	0
	31			本月合计																							贷				5	8	2	2	1	7	0	0

生产成本 明细账

明细科目:跑步机 25001 型　　　　第　页

2016 年		凭证号		摘要	借方				贷方	余额
月	日	种类	号数		直接材料	直接人工	制造费用	合计		
5	1			月初余额	75 078.00	17 042.00	5 980.00	98 100.00		98 100.00
	24	记	53	分摊五险		4 592.00		4 592.00		102 692.00
	31	记	75	原材料	148 281.00			148 281.00		250 973.00
	31	记	76	计提工资费用		28 641.03		28 641.03		279 614.03
	31	记	77	分配制造费用			11 295.51	11 295.51		290 909.54
	31			本月生产费用合计	223 359.00	50 275.03	17 275.51	290 909.54		290 909.54
	31	记	78	完工产品转出	162 443.20	42 336.80	14 548.00		219 328.00	71 581.54
	31			月末在产品成本	60 915.80	7 938.23	2 727.51	71 581.54		71 581.54
	31			本月合计	60 915.80	7 938.23	2 727.51	71 581.54	219 328.00	71 581.54

生产成本 明细账

明细科目:跑步机 20001 型　　　　第　页

2016 年		凭证号		摘要	借方				贷方	余额
月	日	种类	号数		直接材料	直接人工	制造费用	合计		
5	1			月初余额						0
	24	记	53	五险分摊		4 592.00		4 592.00		4 592.00
	31	记	74	原材料	90 185.80			90 185.80		94 777.80
	31	记	76	计提工资费用		21 386.97		21 386.97		116 164.77

2016年		凭证号		摘要	借方				贷方	余额
月	日	种类	号数		直接材料	直接人工	制造费用	合计		
	31	记	77	分配制造费用			8 434.64	8 434.64		124 599.41
	31			本月费用合计	90 185.80	25 978.97	8 434.64	124 599.41		124 599.41
	31	记	78	完工产品转出	90 185.80	25 978.97	8 434.64		124 599.41	~~0~~
	31			本月合计						~~0~~

制造费用 明细账

第　页

2016年		凭证号		摘要	借方								贷方	余额
月	日	种类	号数		工资及福利费	办公费	水电费	物料消耗	劳保费	机修费	折旧	合计		
5	1			月初余额										~~0~~
	17	记	36	2台取暖器		1 600.00						1 600.00		1 600.00
	22	记	49	奖励蛋糕摊销	150.00							150.00		1 750.00
	24	记	53	五险分摊	1 837.00							1 837.00		3 587.00
	26	记	57	年票费用分摊	980.00							980.00		4 567.00
	31	记	72	水电费			397.15					397.15		4 964.15
	31	记	73	折旧费							5 166.00	5 166.00		10 130.15
	31	记	75	原材料				50.00				50.00		10 180.15
	31	记	76	计提工资	9 550.00							9 550.00		19 730.15
	31			制造费用合计	12 517.00		397.15	1 650.00			5 166.00	19730.15		19 730.15
	31	记	77	分配制造费用	12 517.00		397.15	1 650.00			5 166.00		19 730.15	~~0~~
	31			本月合计								19 730.15	19 730.15	~~0~~

主营业务收入 明细账

明细科目:跑 25001

第 页

2016年		凭证号		摘要	借方											贷方											借或贷	余额										
月	日	种类	号数		亿	千	百	十	万	千	百	十	元	角	分	亿	千	百	十	万	千	百	十	元	角	分		亿	千	百	十	万	千	百	十	元	角	分
5	1			月初余额																							平									θ		
	4	记	8	售20台																8	7	0	0	0	0	0	贷					8	7	0	0	0	0	0
	20	记	43	售维客达30台															1	3	0	5	0	0	0	0	贷				2	1	7	5	0	0	0	0
	31	记	81	售豪强30台															1	2	6	0	0	0	0	0	贷				3	4	3	5	0	0	0	0
	31	记	88	结转损益				3	4	3	5	0	0	0	0												平									θ		
	31			本月合计				3	4	3	5	0	0	0	0				3	4	3	5	0	0	0	0	平									θ		

主营业务收入 明细账

明细科目:跑 20001

第 页

2016年		凭证号		摘要	借方											贷方											借或贷	余额										
月	日	种类	号数		亿	千	百	十	万	千	百	十	元	角	分	亿	千	百	十	万	千	百	十	元	角	分		亿	千	百	十	万	千	百	十	元	角	分
5	1			月初余额																							平									θ		
	10	记	21	售宏大18台																7	3	8	0	0	0	0	贷					7	3	8	0	0	0	0
	31	记	81	售豪强40台															1	5	8	0	0	0	0	0	贷				2	3	1	8	0	0	0	0
	31	记	88	结转损益				2	3	1	8	0	0	0	0												平									θ		
	31			本月合计				2	3	1	8	0	0	0	0				2	3	1	8	0	0	0	0	平									θ		

其他业务收入 明细账

第　页

2016 年		凭证号		摘要	借方	贷方	借或贷	余额	借贷金额分析					
月	日	种类	号数						提供劳务	销售材料	出租房屋	销售不动产		其他
5	1			月初余额			平	0						
	9	记	19	售跑带 A 10 米		1 000.00	贷	1 000.00		1 000.00				
	30	记	62	新博设备租金		1 700.00	贷	2 700.00			1 700.00			
	30	记	65	大通技术咨询费		1 300.00	贷	4 000.00	1 300.00					
	30	记	87	结转损益	4 000.00		平	0	1 300.00	1 000.00	1 700.00			
	31			本月合计	4 000.00	4 000.00	平	0						

投资收益 明细账

第　页

2016 年		凭证号		摘要	借方	贷方	借或贷	余额	借贷金额分析					
月	日	种类	号数						股票投资收益	债券投资收益				其他
5	1			月初余额			平	0						
	6	记	12	股票佣金税费	95.00		借	95.00	95.00					
	27	记	58	出售国基 5000 股		3 300.00	贷	3 205.00	3 300.00					
	31	记	88	结转损益	3 205.00		平	0	3 205.00					
	31			本月合计	3 300.00	3 300.00	平	0						

营业外收入 明细账

第 页

2016年 月	日	凭证号 种类	号数	摘要	借方	贷方	借或贷	余额	借贷金额分析 债务重组利得	处置固定资产利得	违约金罚款收入	销售废旧物品			其他
5	1			月初余额			平	0							
	22	记	46	收王颖罚款		60.00	贷	60.00			60.00				
	28	记	60	高科违约金		300.00	贷	360.00			300.00				
	30	记	66	出售废旧物品		158.12	贷	518.12				158.12			
	31	记	88	结转损益	518.12		贷	0			360.00	158.12			
	31			本月合计	518.12	518.12	平	0							

主营业务成本明细账

明细科目:跑 25001

第 页

2016年 月	日	凭证号 种类	号数	摘要	借方 亿	千	百	十	万	千	百	十	元	角	分	贷方 亿	千	百	十	万	千	百	十	元	角	分	借或贷	余额 亿	千	百	十	万	千	百	十	元	角	分
5	1			月初余额																							平									0		
	31	记	85	结转销售成本				2	2	3	0	4	4	8	0												借				2	2	3	0	4	4	8	0
	31	记	89	结转损益															2	2	3	0	4	4	8	0	平									0		
	31			本月合计				2	2	3	0	4	4	8	0				2	2	3	0	4	4	8	0	平									0		

主营业务成本明细账

明细科目:跑 20001

第　页

2016 年		凭证号		摘要	借方											贷方											借或贷	余额										
月	日	种类	号数		亿	千	百	十	万	千	百	十	元	角	分	亿	千	百	十	万	千	百	十	元	角	分		亿	千	百	十	万	千	百	十	元	角	分
5	1			月初余额																							平									0		
	31	记	85	结转销售成本				1	4	5	9	2	7	4	2												借				1	4	5	9	2	7	4	2
	31	记	89	结转损益															1	4	5	9	2	7	4	2	平									0		
	31			本月合计				1	4	5	9	2	7	4	2				1	4	5	9	2	7	4	2	平									0		

其他业务成本明细账

第　页

2016 年		凭证号		摘要	借方	贷方	借或贷	余额	借贷金额分析					
月	日	种类	号数						提供劳务	销售材料	出租	销售不动产		其他
5	1			月初余额			平	0						
	31	记	86	结转其他业务成本	863.30		借	863.30		863.30				
	31	记	89	结转损益		863.30	平	0		863.30				
	31			本月合计	863.30	863.30	平	0						

营业税金及附加 明细账

第　页

2016年		凭证号		摘要	借方	贷方	借或贷	余额	借贷金额分析					
月	日	种类	号数						消费税	城建税	教育费附加			其他
5	1			月初余额			平	0						
	31	记	82	城建税与教育费附加	5 717.06		借	5 717.06		4 001.94	1 715.12			
	31	记	89	结转损益		5 717.06	平	0		4 001.94	1 715.12			
	31			本月合计	5 717.06	5 717.06	平	0						

销售费用　多栏式明细账

第　页

2016年		凭证号		摘要	借方	贷方	借或贷	余额	借贷金额分析								
月	日	种类	号数						工资及福利费	办公费	招待费	水电费	运费与保险费	宣传费	通信费	折旧费	机修与汽油费
5	1	记		月初余额			平	0									
	4	记	9	广告费	18 000.00		借	18 000.00						18 000.00			
	5	记	11	办公费	500.00		借	18 500.00		500.00							
	9	记	18	运费	700.00		借	19 200.00					700.00				
	13	记	26	修理和汽油费	3 333.34		借	22 533.34									3 333.34
	22	记	47	电话费	1 300.00		借	23 833.34							1 300.00		
	24	记	53	五险分费	3 444.00		借	27 277.34					3 444.00				

2016年		凭证号		摘要	借方	贷方	借或贷	余额	借贷金额分析								
月	日	种类	号数						工资及福利费	办公费	招待费	水电费	运费与保险费	宣传费	通信费	折旧费	机修与汽油费
	27	记	59	财产保险费	2 800.00		借	30 077.34					2 800.00				
	30	记	63	会展摊位费	900.00		借	30 977.34						900.00			
	31	记	69	招待费	3 040.00		借	34 017.34			3 040.00						
	31	记	72	水电费	122.20		借	34 139.54				122.20					
	31	记	73	折旧费	3 228.00		借	37 367.54								3 228.00	
	31	记	75	原材料	250.00		借	37 617.54		250.00							
	31	记	76	计提工资	15 461.00		借	53 078.54	15 461.00								
	31	记	89	结转损益		53 078.54	平	0	15 461.00	750.00	3 040.00	122.20	6 944.00	18 900.00	1 300.00	3 228.00	3 333.34
	31			本月合计	53 078.54	53 078.54	平	0									

管理费用　多栏式明细账

第　页

2016年		凭证号		摘要	借方	贷方	借或贷	余额	借贷金额分析										
月	日	种类	号数						工资及福利费	办公费	招待费	水电费	通信费	差旅费	物料消耗	维修费	保险费与税费	折旧摊销	其他
5	1			月初余额			平	0											
	5	记	11	办公用品	300.00		借	300.00		300.00									
	13	记	27	车间修理费	1 025.64		借	1 325.64								1 025.64			
	14	记	29	办公用品	78.00		借	1 403.64		78.00									

2016年		凭证号		摘要	借方	贷方	借或贷	余额	借贷金额分析										
月	日	种类	号数						工资及福利费	办公费	招待费	水电费	通信费	差旅费	物料消耗	维修费	保险费与税费	折旧摊销	其他
	18	记	38	购礼品卡	1 000.00		借	2 403.64											1 000.00
	21	记	44	差旅费	700.00		借	3 103.64						700.00					
	22	记	47	电话费	390.00		借	3 493.64					390.00						
	22	记	50	充墨	50.00		借	3 543.64		50.00									
	24	记	51	企业年审费等	1 000.00		借	4 543.64		1 000.00									
	24	记	53	五险分摊	2 755.00		借	7 298.64									2 755.00		
	25	记	55	汽车保险费等	4 221.50		借	11 520.14		120.00							4 101.50		
	27	记	59	财产保险费	2 300.00		借	13 820.14									2 300.00		
	29	记	61	残疾人保障金等	700.00		借	14 520.14									700.00		
	31	记	69	招待费	1 200.00		借	15 720.14			1 200.00								
	31	记	72	水电费	146.65		借	15 866.79				146.65							
	31	记	73	折旧费	1 384.00		借	17 250.79										1 374.00	
	31	记	74	无形资产摊销	1 721.00		借	18 971.79										1 721.00	
	31	记	75	原材料	50.00		借	19 021.79							50.00				
	31	记	76	计提工资	9 800.00		借	28 821.79	9 800.00										
	31	记	89	结转损益		28 821.79	平	0	9800.00	1 548.00	1 200.00	146.65	390.00	700.00	50.00	1 025.64	9 856.50	3 105.50	1 000.00
	31	记		本月合计	28 821.79	28 821.79	平	0											

财务费用　多栏式明细账

第　页

2016年		凭证号		摘要	借方	贷方	借或贷	余额	借贷金额分析							
月	日	种类	号数						利息支出	利息收入	手续费	工本费				其他
5	1			月初余额			平	0								
	7	记	14	工本费	15.00		借	15.00				15.00				
	12	记	25	电汇手续费	20.00		借	35.00			20.00					
	15	记	31	代发工资手续费	25.00		借	60.00			25.00					
	20	记	42	季度存款利息		1 680.00	贷	1 620.00		1 680.00						
	24	记	54	贴现息	265.92		贷	1 354.08	265.92							
	30	记	64	支付借款利息	386.67		贷	967.41	386.67							
	31	记	70	予提借款利息	208.33		贷	759.08	208.33							
	31	记	88	结转损益	759.08		平	0	860.92	1 680.00	45.00	15.00				
	30			本月合计	1 680.00	1 680.00	平	0								

营业外支出　多栏式明细账

第　页

2016 年		凭证号		摘要	借方	贷方	借或贷	余额	借贷金额分析						
月	日	种类	号数						债务重组净损失	处置固定资产净损失	罚没及违约金支出	捐赠支出			其他
5	1			月初余额			平	0							
	15	记	35	处置设备净损失	2 500.00		借	2 500.00		2 500.00					
	19	记	40	向希望工程捐赠	4 000.00		借	6 500.00				4 000.00			
	21	记	45	汽车违章罚款	200.00		借	6700.00			200.00				
	31	记	88	结转损益		6 700.00	平	0		2 500.00	200.00	4 000.00			
	31			本月合计	6 700.00	6 700.00	平	0							

资产减值损失　多栏式明细账

第　页

2016 年		凭证号		摘要	借方	贷方	借或贷	余额	借贷金额分析						
月	日	种类	号数						计提的坏账准备	存货跌价损失					其他
5	1			月初余额			平	0							
	31	记	84	计提存货跌价损失	35 000.00		借	35 000.00		35 000.00					
	31	记	89	损益结转		35 000.00	平	0		35 000.00					
	31			本月合计	35 000.00	35 000.00	平	0							

科目汇总表

编号 1/3

日期：自 2016 年 5 月 1 日 至 2016 年 5 月 10 日　　凭证 1 号至 21 号

会计科目	本期发生额																			
	借方金额										贷方金额									
	千	百	拾	万	千	百	拾	元	角	分	千	百	拾	万	千	百	拾	元	角	分
库存现金				1	3	1	7	0	0	0				2	1	7	9	3	0	0
银行存款			2	7	8	7	9	0	0	0			1	5	0	8	1	3	0	1
其他货币资金														6	5	0	9	5	0	0
交易性金融资产				5	8	9	0	0	0	0										
应收票据				8	6	3	4	6	0	0										
应收账款																				
预付账款																				
应收股利					6	1	0	0	0	0										
应收利息																				
其他应收款					1	0	0	0	0	0										
坏账准备																				
在途物资				9	0	5	0	0	0	0				8	3	3	0	0	0	0
原材料				8	3	3	0	0	0	0										
周转材料																				
库存商品																				
存货跌价准备																				
在建工程																				
固定资产				3	0	0	0	0	0	0										
累计折旧																				
固定资产减值准备																				
固定资产清理																				
无形资产				2	0	0	0	0	0	0										
累计摊销																				
长期待摊费用																				
待处理财产损溢																				
短期借款														5	0	0	0	0	0	0
应付票据																				
应付账款														8	6	9	3	1	0	0
预收账款														2	7	0	0	0	0	0

会计科目	本期发生额																			
	借方金额										贷方金额									
	千	百	拾	万	千	百	拾	元	角	分	千	百	拾	万	千	百	拾	元	角	分
应付职工薪酬																				
应交税费				8	8	5	2	2	0	1				2	7	5	0	6	0	0
应付利息																				
其他应付款															2	0	0	0	0	0
长期借款																				
实收资本													1	0	0	0	0	0	0	0
资本公积																				
盈余公积																				
利润分配																				
本年利润																				
生产成本																				
制造费用																				
主营业务收入													1	6	0	8	0	0	0	0
其他业务收入															1	0	0	0	0	0
公允价值变动损溢																				
投资收益							9	5	0	0										
营业外收入																				
主营业务成本																				
其他业务成本																				
营业税金及附加																				
销售费用				1	9	2	0	0	0	0										
管理费用						3	0	0	0	0										
财务费用							1	5	0	0										
资产减值损失																				
营业外支出																				
合计			7	7	6	2	3	8	0	1			7	7	6	2	3	8	0	1

科目汇总表

编号 2/3

日期：自 2016 年 5 月 11 日 至 2016 年 5 月 20 日　　凭证 22 号至 43 号

会计科目	本期发生额																			
	借方金额										贷方金额									
	千	百	拾	万	千	百	拾	元	角	分	千	百	拾	万	千	百	拾	元	角	分
库存现金					9	6	8	0	0	0					8	2	8	5	2	6
银行存款				4	3	6	8	0	0	0			1	8	9	1	4	4	9	0
其他货币资金																				
交易性金融资产																				
应收票据														2	2	0	0	0	0	0
应收账款			1	5	2	6	8	5	0	0				2	3	0	0	0	0	0
预付账款															5	8	5	0	0	0
应收股利																				
应收利息																				
其他应收款														2	6	0	9	9	0	0
坏账准备																				
在途物资														1	6	2	0	0	0	0
原材料				6	2	0	7	0	0	0										
周转材料					5	0	0	0	0	0										
库存商品																				
存货跌价准备																				
在建工程																				
固定资产														2	4	8	0	0	0	0
累计折旧				1	8	5	0	0	0	0										
固定资产减值准备																				
固定资产清理					6	5	0	0	0	0					6	5	0	0	0	0
无形资产																				
累计摊销																				
长期待摊费用																				
待处理财产损溢																				
短期借款																				
应付票据																				
应付账款				9	3	5	3	1	0	0										
预收账款																				

会计科目	本期发生额																			
	借方金额										贷方金额									
	千	百	拾	万	千	百	拾	元	角	分	千	百	拾	万	千	百	拾	元	角	分
应付职工薪酬				5	9	0	0	0	0	0										
应交税费					9	6	9	6	1	8				2	2	8	6	5	0	0
应付利息																				
其他应付款																				
长期借款																				
实收资本																				
资本公积																				
盈余公积																				
利润分配																				
本年利润																				
生产成本																				
制造费用					1	6	0	0	0	0										
主营业务收入													1	3	0	5	0	0	0	0
其他业务收入																				
公允价值变动损溢																				
投资收益																				
营业外收入																				
主营业务成本																				
其他业务成本																				
营业税金及附加																				
销售费用					3	3	3	3	3	4										
管理费用					2	1	0	3	6	4										
财务费用							4	5	0	0					1	6	8	0	0	0
资产减值损失																				
营业外支出					6	5	0	0	0	0										
合计			4	7	6	9	2	4	1	6			4	7	6	9	2	4	1	6

科目汇总表

编号 3/3

日期：自 2016 年 5 月 21 日 至 2016 年 5 月 31 日　　凭证 44 号至 89 号

会计科目	本期发生额																			
	借方金额										贷方金额									
	千	百	拾	万	千	百	拾	元	角	分	千	百	拾	万	千	百	拾	元	角	分
库存现金					2	8	3	4	0	0					3	1	3	4	0	0
银行存款			3	9	1	4	1	2	0	8			2	2	5	7	9	4	1	1
其他货币资金				3	2	7	5	0	0	0					2	0	7	5	9	0
交易性金融资产					6	0	0	0	0	0				2	9	4	5	0	0	0
应收票据														5	8	0	2	0	0	0
应收账款																				
预付账款																				
应收股利																				
应收利息																				
其他应收款					5	9	8	1	0	8					1	0	0	0	0	0
坏账准备																				
在途物资																				
原材料													2	3	8	1	7	6	7	5
周转材料															2	0	0	0	0	0
库存商品			3	4	3	9	2	7	4	1			3	6	8	9	7	2	2	2
存货跌价准备														3	5	0	0	0	0	0
在建工程																				
固定资产				5	0	0	0	0	0	0										
累计折旧															9	7	7	8	0	0
固定资产减值准备																				
无形资产																				
累计摊销															1	7	2	1	0	0
长期待摊费用																				
待处理财产损溢						5	8	1	0	8						5	8	1	0	8
短期借款				1	0	0	0	0	0	0										
应付票据				1	8	0	0	0	0	0										
应付账款																				
预收账款																				
应付职工薪酬				1	8	3	5	0	0	0			1	0	3	1	8	9	0	0

会计科目	本期发生额																			
	借方金额										贷方金额									
	千	百	拾	万	千	百	拾	元	角	分	千	百	拾	万	千	百	拾	元	角	分
应交税费				6	6	4	9	7	1	3			1	3	4	3	0	3	3	1
应付利息						7	7	3	3	3						2	0	8	3	3
应付股利			1	0	0	0	0	0	0	0										
其他应付款																				
长期借款																				
实收资本																				
资本公积																				
盈余公积																				
利润分配																				
本年利润			5	2	1	8	1	0	2	3			5	8	9	7	8	2	2	0
生产成本			3	1	7	4	0	8	9	5			3	4	3	9	2	7	4	1
制造费用				1	8	1	3	0	1	5				1	9	7	3	0	1	5
主营业务收入			5	7	5	3	0	0	0	0			2	8	4	0	0	0	0	0
其他业务收入					4	0	0	0	0	0					3	0	0	0	0	0
公允价值变动损溢					6	0	0	0	0	0					6	0	0	0	0	0
投资收益					3	2	0	5	0	0					3	3	0	0	0	0
营业外收入						5	1	8	1	2						5	1	8	1	2
主营业务成本			3	6	8	9	7	2	2	2			3	6	8	9	7	2	2	2
其他业务成本						8	6	3	3	0						8	6	3	3	0
营业税金及附加					5	7	1	7	0	6					5	7	1	7	0	6
销售费用				3	0	5	4	5	2	0				5	3	0	7	8	5	4
管理费用				2	6	4	1	8	1	5				2	8	8	2	1	7	9
财务费用					1	6	2	0	0	0										
资产减值损失				3	5	0	0	0	0	0				3	5	0	0	0	0	0
营业外支出						2	0	0	0	0					6	7	0	0	0	0
所得税费用				2	2	6	5	7	3	2				2	2	6	5	7	3	2
合计		2	9	8	5	4	7	1	8	1		2	9	8	5	4	7	1	8	1

总 账

科目：库存现金　　　　第　页

2016 年		凭证		摘要	借方											贷方											借或贷	余额										
月	日	种类	号数		亿	千	百	十	万	千	百	十	元	角	分	亿	千	百	十	万	千	百	十	元	角	分		亿	千	百	十	万	千	百	十	元	角	分
5	1			期初余额																							借					3	5	3	1	5	0	0
	10	科汇	1/3	1～10 日汇总					1	3	1	7	0	0	0					2	1	7	9	3	0	0	借					2	6	6	9	2	0	0
	20	科汇	2/3	11～20 日汇总						9	6	8	0	0	0						8	2	8	5	2	6	借					2	8	0	8	6	7	4
	31	科汇	3/3	21～31 日汇总						2	8	3	4	0	0						3	1	3	4	0	0	借					2	7	7	8	6	7	4
	31			本期发生额及期末余额					2	5	6	8	4	0	0					3	3	2	1	2	2	6	借					2	7	7	8	6	7	4

总 账

科目：银行存款　　　　第　页

2016 年		凭证		摘要	借方											贷方											借或贷	余额										
月	日	种类	号数		亿	千	百	十	万	千	百	十	元	角	分	亿	千	百	十	万	千	百	十	元	角	分		亿	千	百	十	万	千	百	十	元	角	分
5	1			期初余额																							借				3	9	7	6	8	6	9	0
	10	科汇	1/3	1～10 日汇总				2	7	8	7	9	0	0	0				1	5	0	8	1	3	0	1	借				5	2	5	6	6	3	8	9
	20	科汇	2/3	11～20 日汇总					4	3	6	8	0	0	0				1	8	9	1	4	4	9	0	借				3	8	0	1	9	8	9	9
	31	科汇	3/3	21～31 日汇总				3	9	1	4	1	2	0	8				2	2	5	7	9	4	1	1	借				5	4	5	8	1	6	9	6
	31			本期发生额及期末余额				7	1	3	8	8	2	0	8				5	6	5	7	5	2	0	2	借				5	4	5	8	1	6	9	6

总　账

科目:其他货币资金　　　　第　页

2016年		凭证		摘要	借方											贷方											借或贷	余额										
月	日	种类	号数		亿	千	百	十	万	千	百	十	元	角	分	亿	千	百	十	万	千	百	十	元	角	分		亿	千	百	十	万	千	百	十	元	角	分
5	1			期初余额																							借					8	7	0	0	0	0	0
	10	科汇	1/3	1～10日汇总																6	5	0	9	5	0	0	借					2	1	9	0	5	0	0
	31	科汇	3/3	21～31日汇总					3	2	7	5	0	0	0						2	0	7	5	9	0	借					5	2	5	7	9	1	0
	31			本期发生额及期末余额					3	2	7	5	0	0	0					6	7	1	7	0	9	0	借					5	2	5	7	9	1	0

总　账

科目:交易性金融资产　　　　第　页

2016年		凭证		摘要	借方											贷方											借或贷	余额										
月	日	种类	号数		亿	千	百	十	万	千	百	十	元	角	分	亿	千	百	十	万	千	百	十	元	角	分		亿	千	百	十	万	千	百	十	元	角	分
5	1			期初余额																							借				1	2	8	2	0	0	0	0
	10	科汇	1/3	1～10日汇总					5	8	9	0	0	0	0												借				1	8	7	1	0	0	0	0
	30	科汇	3/3	21～31日汇总						6	0	0	0	0	0					2	9	4	5	0	0	0	借				1	6	3	6	5	0	0	0
	31			本期发生额及期末余额					6	4	9	0	0	0	0					2	9	4	5	0	0	0	借				1	6	3	6	5	0	0	0

总 账

科目:应收票据　　　　　　　　第　页

2016 年		凭证		摘要	借方											贷方											借或贷	余额										
月	日	种类	号数		亿	千	百	十	万	千	百	十	元	角	分	亿	千	百	十	万	千	百	十	元	角	分		亿	千	百	十	万	千	百	十	元	角	分
5	1			期初余额																							借					8	0	0	2	0	0	0
	10	科汇	1/3	1～10 日汇总					8	6	3	4	6	0	0												借				1	6	6	3	6	6	0	0
	20	科汇	2/3	11～20 日汇总																2	2	0	0	0	0	0	借				1	4	4	3	6	6	0	0
	30	科汇	3/3	21～31 日汇总																5	8	0	2	0	0	0	借					8	6	3	4	6	0	0
	31			本期发生额及期末余额					8	6	3	4	6	0	0					8	0	0	2	0	0	0	借					8	6	3	4	6	0	0

总 账

科目:应收账款　　　　　　　　第　页

2016 年		凭证		摘要	借方											贷方											借或贷	余额										
月	日	种类	号数		亿	千	百	十	万	千	百	十	元	角	分	亿	千	百	十	万	千	百	十	元	角	分		亿	千	百	十	万	千	百	十	元	角	分
5	1			期初余额																							借				1	0	1	7	0	5	0	0
	20	科汇	2/3	11～20 日汇总				1	5	2	6	8	5	0	0					2	3	0	0	0	0	0	借				2	3	1	3	9	0	0	0
	31			本期发生额及期末余额				1	5	2	6	8	5	0	0					2	3	0	0	0	0	0	借				2	3	1	3	9	0	0	0

总账

科目:预付账款　　　　　　　　　　第　页

2016年		凭证		摘要	借方											贷方											借或贷	余额										
月	日	种类	号数		亿	千	百	十	万	千	百	十	元	角	分	亿	千	百	十	万	千	百	十	元	角	分		亿	千	百	十	万	千	百	十	元	角	分
5	1			期初余额																							借						7	5	0	0	0	0
	20	科汇	2/3	11～20日汇总																	5	8	5	0	0	0	借						1	6	5	0	0	0
	31			本期发生额及期末余额																	5	8	5	0	0	0	借						1	6	5	0	0	0

总账

科目:应收股利　　　　　　　　　　第　页

2016年		凭证		摘要	借方											贷方											借或贷	余额										
月	日	种类	号数		亿	千	百	十	万	千	百	十	元	角	分	亿	千	百	十	万	千	百	十	元	角	分		亿	千	百	十	万	千	百	十	元	角	分
5	1			期初余额																							借									0		
	10	科汇	1/3	1～10日汇总						6	1	0	0	0	0												借						6	1	0	0	0	0
	31			本期发生额及期末余额						6	1	0	0	0	0												借						6	1	0	0	0	0

总　账

科目:其他应收款　　　　第　页

2016年		凭证		摘要	借方											贷方											借或贷	余额										
月	日	种类	号数		亿	千	百	十	万	千	百	十	元	角	分	亿	千	百	十	万	千	百	十	元	角	分		亿	千	百	十	万	千	百	十	元	角	分
5	1			期初余额																							借					3	5	5	4	9	0	0
	10	科汇	1/3	1～10日汇总						1	0	0	0	0	0												借					3	6	5	4	9	0	0
	20	科汇	2/3	11～20日汇总																2	6	0	9	9	0	0	借					1	0	4	5	0	0	0
	31	科汇	3/3	21～31日汇总						5	9	8	1	0	8						1	0	0	0	0	0	借					1	5	4	3	1	0	8
	31			本期发生额及期末余额						6	9	8	1	0	8					2	7	0	9	9	0	0	借					1	5	4	3	1	0	8

总　账

科目:坏账准备　　　　第　页

2016年		凭证		摘要	借方											贷方											借或贷	余额										
月	日	种类	号数		亿	千	百	十	万	千	百	十	元	角	分	亿	千	百	十	万	千	百	十	元	角	分		亿	千	百	十	万	千	百	十	元	角	分
5	1			期初余额																							贷					1	5	0	0	0	0	0
	20	科汇	2/3	11～20日汇总						3	0	0	0	0	0												贷					1	2	0	0	0	0	0
	31			本期发生额及期末余额						3	0	0	0	0	0												贷					1	2	0	0	0	0	0

总　账

科目:在途物资　　　　　　　　　　　　　　　　第　页

2016 年		凭证		摘要	借方											贷方											借或贷	余额										
月	日	种类	号数		亿	千	百	十	万	千	百	十	元	角	分	亿	千	百	十	万	千	百	十	元	角	分		亿	千	百	十	万	千	百	十	元	角	分
5	1			期初余额																							借						9	0	0	0	0	0
	10	科汇	1/3	1～10 日汇总					9	0	5	0	0	0	0					8	3	3	0	0	0	0	借					1	6	2	0	0	0	0
	20	科汇	2/3	11～20 日汇总																1	6	2	0	0	0	0	平									θ		
	31			本期发生额及期末余额					9	0	5	0	0	0	0					9	9	5	0	0	0	0	平									θ		

总　账

科目:原材料　　　　　　　　　　　　　　　　第　页

2016 年		凭证		摘要	借方											贷方											借或贷	余额										
月	日	种类	号数		亿	千	百	十	万	千	百	十	元	角	分	亿	千	百	十	万	千	百	十	元	角	分		亿	千	百	十	万	千	百	十	元	角	分
5	1			期初余额																							借				2	3	5	6	3	8	1	0
	10	科汇	1/3	1～10 日汇总					8	3	3	0	0	0	0												借				3	1	8	9	3	8	1	0
	20	科汇	2/3	11～20 日汇总					6	2	0	7	0	0	0												借				3	8	1	0	0	8	1	0
	31	科汇	3/3	21～31 日汇总															2	3	8	1	7	6	7	5	借				1	4	2	8	3	1	3	5
	31			本期发生额及期末余额				1	4	5	3	7	0	0	0				2	3	8	1	7	6	7	5	借				1	4	2	8	3	1	3	5

总　账

科目:周转材料　　　　第　页

2016年		凭证		摘要	借方											贷方											借或贷	余额										
月	日	种类	号数		亿	千	百	十	万	千	百	十	元	角	分	亿	千	百	十	万	千	百	十	元	角	分		亿	千	百	十	万	千	百	十	元	角	分
5	1			期初余额																							借						7	0	0	0	0	0
	20	科汇	2/3	11～20日汇总						5	0	0	0	0	0												借					1	2	0	0	0	0	0
	31	科汇	3/3	21～31日汇总																	2	0	0	0	0	0	借					1	0	0	0	0	0	0
	31			本期发生额及期末余额						5	0	0	0	0	0						2	0	0	0	0	0	借					1	0	0	0	0	0	0

总　账

科目:库存商品　　　　第　页

2016年		凭证		摘要	借方											贷方											借或贷	余额										
月	日	种类	号数		亿	千	百	十	万	千	百	十	元	角	分	亿	千	百	十	万	千	百	十	元	角	分		亿	千	百	十	万	千	百	十	元	角	分
5	1			期初余额																							借				2	9	8	0	0	0	0	0
	30	科汇	3/3	21～31日汇总				3	4	3	9	2	7	4	1				3	6	8	9	7	2	2	2	借				2	7	2	9	5	5	1	9
	31			本期发生额及期末余额				3	4	3	9	2	7	4	1				3	6	8	9	7	2	2	2	借				2	7	2	9	5	5	1	9

总　账

科目:存货跌价准备　　　　第　页

2016年		凭证		摘要	借方											贷方											借或贷	余额										
月	日	种类	号数		亿	千	百	十	万	千	百	十	元	角	分	亿	千	百	十	万	千	百	十	元	角	分		亿	千	百	十	万	千	百	十	元	角	分
5	1			期初余额																							平									-0-		
	31	科汇	3/3	21～31日汇总																3	5	0	0	0	0	0	贷					3	5	0	0	0	0	0
	31			本期发生额及期末余额																3	5	0	0	0	0	0	贷					3	5	0	0	0	0	0

总　账

科目:固定资产　　　　第　页

2016年		凭证		摘要	借方											贷方											借或贷	余额										
月	日	种类	号数		亿	千	百	十	万	千	百	十	元	角	分	亿	千	百	十	万	千	百	十	元	角	分		亿	千	百	十	万	千	百	十	元	角	分
5	1			期初余额																							借				9	9	7	1	8	0	0	0
	10	科汇	1/3	1～10日汇总					3	0	0	0	0	0	0												借			1	0	2	7	1	8	0	0	0
	20	科汇	2/3	11～20日汇总																2	4	8	0	0	0	0	借			1	0	0	2	3	8	0	0	0
	31	科汇	3/3	21～31日汇总					5	0	0	0	0	0	0												借			1	0	5	2	3	8	0	0	0
	31			本期发生额及期末余额					8	0	0	0	0	0	0					2	4	8	0	0	0	0	借			1	0	5	2	3	8	0	0	0

总　账

科目:累计折旧　　　　第　页

2016年		凭证		摘要	借方											贷方											借或贷	余额										
月	日	种类	号数		亿	千	百	十	万	千	百	十	元	角	分	亿	千	百	十	万	千	百	十	元	角	分		亿	千	百	十	万	千	百	十	元	角	分
5	1			期初余额																							贷					6	7	0	0	0	0	0
	20	科汇	2/3	11～20日汇总					1	8	5	0	0	0	0												贷					4	8	5	0	0	0	0
	31	科汇	3/3	21～31日汇总																	9	7	7	8	0	0	贷					5	8	2	7	8	0	0
	31			本期发生额及期末余额					1	8	5	0	0	0	0						9	7	7	8	0	0	贷					5	8	2	7	8	0	0

总　账

科目:在建工程　　　　第　页

2016年		凭证		摘要	借方											贷方											借或贷	余额										
月	日	种类	号数		亿	千	百	十	万	千	百	十	元	角	分	亿	千	百	十	万	千	百	十	元	角	分		亿	千	百	十	万	千	百	十	元	角	分
5	1			期初余额																							借				5	9	2	4	4	2	0	0
	31			本期发生额及期末余额																							借				5	9	2	4	4	2	0	0

总 账

科目:工程物资　　　　　　　　　　　　　　第　页

2016年		凭证		摘要	借方											贷方											借或贷	余额										
月	日	种类	号数		亿	千	百	十	万	千	百	十	元	角	分	亿	千	百	十	万	千	百	十	元	角	分		亿	千	百	十	万	千	百	十	元	角	分
5	1			期初余额																							借				1	1	5	3	2	5	0	0
	31			本期发生额及期末余额																							借				1	1	5	3	2	5	0	0

总 账

科目:固定资产清理　　　　　　　　　　　　　第　页

2016年		凭证		摘要	借方											贷方											借或贷	余额										
月	日	种类	号数		亿	千	百	十	万	千	百	十	元	角	分	亿	千	百	十	万	千	百	十	元	角	分		亿	千	百	十	万	千	百	十	元	角	分
5	1			期初余额																							借						4	8	5	5	0	0
	20	科汇	2/3	11～20日汇总						6	5	0	0	0	0						6	5	0	0	0	0	借						4	8	5	5	0	0
	31			本期发生额及期末余额						6	5	0	0	0	0						6	5	0	0	0	0	借						4	8	5	5	0	0

总账

科目:无形资产　　　　第　页

2016年		凭证		摘要	借方											贷方											借或贷	余额										
月	日	种类	号数		亿	千	百	十	万	千	百	十	元	角	分	亿	千	百	十	万	千	百	十	元	角	分		亿	千	百	十	万	千	百	十	元	角	分
5	1			期初余额																							借				2	6	2	6	5	0	0	0
	10	科汇	1/3	1~10日汇总					2	0	0	0	0	0	0												借				2	8	2	6	5	0	0	0
	31			本期发生额及期末余额					2	0	0	0	0	0	0												借				2	8	2	6	5	0	0	0

总账

科目:累计摊销　　　　第　页

2016年		凭证		摘要	借方											贷方											借或贷	余额										
月	日	种类	号数		亿	千	百	十	万	千	百	十	元	角	分	亿	千	百	十	万	千	百	十	元	角	分		亿	千	百	十	万	千	百	十	元	角	分
5	1			期初余额																							贷					2	6	5	0	0	0	0
	31	科汇	3/3	21~31日汇总																	1	7	2	1	0	0	贷					2	8	2	2	1	0	0
	31			本期发生额及期末余额																	1	7	2	1	0	0	贷					2	8	2	2	1	0	0

总 账

科目:待处理财产损益　　　　第　页

2016年		凭证		摘要	借方											贷方											借或贷	余额										
月	日	种类	号数		亿	千	百	十	万	千	百	十	元	角	分	亿	千	百	十	万	千	百	十	元	角	分		亿	千	百	十	万	千	百	十	元	角	分
5	1			期初余额																							平									0		
	31	科汇	3/3	21～31日汇总							5	8	1	0	8							5	8	1	0	8	平									0		
	31			本期发生额及期末余额							5	8	1	0	8							5	8	1	0	8	平									0		

总 账

科目:短期借款　　　　第　页

2016年		凭证		摘要	借方											贷方											借或贷	余额										
月	日	种类	号数		亿	千	百	十	万	千	百	十	元	角	分	亿	千	百	十	万	千	百	十	元	角	分		亿	千	百	十	万	千	百	十	元	角	分
5	1			期初余额																							贷					8	0	0	0	0	0	0
	10	科汇	1/3	1～10日汇总																5	0	0	0	0	0	0	贷				1	3	0	0	0	0	0	0
	31	科汇	3/3	21～31日汇总					1	0	0	0	0	0	0												贷				1	2	0	0	0	0	0	0
	31			本期发生额及期末余额					1	0	0	0	0	0	0					5	0	0	0	0	0	0	贷				1	2	0	0	0	0	0	0

总　账

科目:应付票据　　　　　　　　　　　　　　　　　　第　页

2016年		凭证		摘要	借方											贷方											借或贷	余额										
月	日	种类	号数		亿	千	百	十	万	千	百	十	元	角	分	亿	千	百	十	万	千	百	十	元	角	分		亿	千	百	十	万	千	百	十	元	角	分
5	1			期初余额																							贷					4	4	0	0	0	0	0
	31	科汇	3/3	21～31日汇总					1	8	0	0	0	0	0												贷					2	6	0	0	0	0	0
	31			本期发生额及期末余额					1	8	0	0	0	0	0												贷					2	6	0	0	0	0	0

总　账

科目:应付账款　　　　　　　　　　　　　　　　　　第　页

2016年		凭证		摘要	借方											贷方											借或贷	余额										
月	日	种类	号数		亿	千	百	十	万	千	百	十	元	角	分	亿	千	百	十	万	千	百	十	元	角	分		亿	千	百	十	万	千	百	十	元	角	分
5	1			期初余额																							贷					8	2	0	0	0	0	0
	10	科汇	1/3	1～10日汇总																8	6	9	3	1	0	0	贷				1	6	8	9	3	1	0	0
	20	科汇	2/3	11～20日汇总					9	3	5	3	1	0	0												贷					7	5	4	0	0	0	0
	31			本期发生额及期末余额					9	3	5	3	1	0	0					8	6	9	3	1	0	0	贷					7	5	4	0	0	0	0

总 账

科目:预收账款　　　　　　　　　　第　页

2016年		凭证		摘要	借方											贷方											借或贷	余额										
月	日	种类	号数		亿	千	百	十	万	千	百	十	元	角	分	亿	千	百	十	万	千	百	十	元	角	分		亿	千	百	十	万	千	百	十	元	角	分
5	1			期初余额																							贷					9	4	6	0	0	0	0
	10	科汇	1/3	1～10日汇总																2	7	0	0	0	0	0	贷				1	2	1	6	0	0	0	0
	31			本期发生额及期末余额																2	7	0	0	0	0	0	贷				1	2	1	6	0	0	0	0

总 账

科目:应付职工薪酬　　　　　　　　　　第　页

2016年		凭证		摘要	借方											贷方											借或贷	余额										
月	日	种类	号数		亿	千	百	十	万	千	百	十	元	角	分	亿	千	百	十	万	千	百	十	元	角	分		亿	千	百	十	万	千	百	十	元	角	分
5	1			期初余额																							贷					6	6	0	8	0	0	0
	20	科汇	2/3	11～20日汇总					5	9	0	0	0	0	0												贷						7	0	8	0	0	0
	31	科汇	3/3	21～31日汇总					1	8	3	5	0	0	0				1	0	3	1	8	9	0	0	贷					9	1	9	1	9	0	0
	31			本期发生额及期末余额					7	7	3	5	0	0	0				1	0	3	1	8	9	0	0	贷					9	1	9	1	9	0	0

总 账

科目:应交税费　　　　第　页

2016年		凭证		摘要	借方											贷方											借或贷	余额										
月	日	种类	号数		亿	千	百	十	万	千	百	十	元	角	分	亿	千	百	十	万	千	百	十	元	角	分		亿	千	百	十	万	千	百	十	元	角	分
5	1			期初余额																							贷					6	5	5	8	6	0	1
	10	科汇	1/3	1～10日汇总					8	8	5	2	2	0	1					2	7	5	0	6	0	0	贷						4	5	7	0	0	0
	20	科汇	2/3	11～20日汇总						9	6	9	6	1	8					2	2	8	6	5	0	0	贷					1	7	7	3	8	8	2
	31	科汇	3/3	21～31日汇总					6	6	4	9	7	1	3				1	3	4	3	0	3	3	1	贷					8	5	5	4	5	0	0
	31			本期发生额及期末余额				1	6	4	7	1	5	3	2				1	8	4	6	7	4	3	1	贷					8	5	5	4	5	0	0

总 账

科目:应付利息　　　　第　页

2016年		凭证		摘要	借方											贷方											借或贷	余额										
月	日	种类	号数		亿	千	百	十	万	千	百	十	元	角	分	亿	千	百	十	万	千	百	十	元	角	分		亿	千	百	十	万	千	百	十	元	角	分
5	1			期初余额																							贷							7	7	3	3	3
	31	科汇	3/3	21～31日汇总							7	7	3	3	3							2	0	8	3	3	贷							2	0	8	3	3
	31			本期发生额及期末余额							7	7	3	3	3							2	0	8	3	3	贷							2	0	8	3	3

总账

科目:应付股利　　　　第　页

2016年		凭证		摘要	借方											贷方											借或贷	余额										
月	日	种类	号数		亿	千	百	十	万	千	百	十	元	角	分	亿	千	百	十	万	千	百	十	元	角	分		亿	千	百	十	万	千	百	十	元	角	分
5	1			期初余额																							贷				2	5	0	1	1	7	6	6
	31	科汇	3/3	21～30日汇总				1	0	0	0	0	0	0	0												贷				1	5	0	1	1	7	6	6
	31			本期发生额及期末余额				1	0	0	0	0	0	0	0												贷				1	5	0	1	1	7	6	6

总账

科目:其他应付款　　　　第　页

2016年		凭证		摘要	借方											贷方											借或贷	余额										
月	日	种类	号数		亿	千	百	十	万	千	百	十	元	角	分	亿	千	百	十	万	千	百	十	元	角	分		亿	千	百	十	万	千	百	十	元	角	分
5	1			期初余额																							贷						8	2	0	0	0	0
	10	科汇	1/3	1～10日汇总																	2	0	0	0	0	0	贷					1	0	2	0	0	0	0
	31			本期发生额及期末余额																	2	0	0	0	0	0	贷					1	0	2	0	0	0	0

总　账

科目:长期借款　　　　　　　　　　　　　　　　　　　　　　　　　　　　　　第　页

2016年		凭证		摘要	借方											贷方											借或贷	余额										
月	日	种类	号数		亿	千	百	十	万	千	百	十	元	角	分	亿	千	百	十	万	千	百	十	元	角	分		亿	千	百	十	万	千	百	十	元	角	分
5	1			期初余额																							贷				2	3	0	0	0	0	0	0
	31			本期发生额及期末余额																							贷				2	3	0	0	0	0	0	0

总　账

科目:实收资本　　　　　　　　　　　　　　　　　　　　　　　　　　　　　　第　页

2016年		凭证		摘要	借方											贷方											借或贷	余额										
月	日	种类	号数		亿	千	百	十	万	千	百	十	元	角	分	亿	千	百	十	万	千	百	十	元	角	分		亿	千	百	十	万	千	百	十	元	角	分
5	1			期初余额																							贷			1	0	0	0	0	0	0	0	0
	10	科汇	1/3	1～10日汇总															1	0	0	0	0	0	0	0	贷			1	1	0	0	0	0	0	0	0
	31			本期发生额及期末余额															1	0	0	0	0	0	0	0	贷			1	1	0	0	0	0	0	0	0

总 账

科目:资本公积　　　　　　　　第 页

2016年		凭证		摘要	借方											贷方											借或贷	余额										
月	日	种类	号数		亿	千	百	十	万	千	百	十	元	角	分	亿	千	百	十	万	千	百	十	元	角	分		亿	千	百	十	万	千	百	十	元	角	分
5	1			期初余额																							贷					9	9	2	8	2	0	0
	31			本期发生额及期末余额																							贷					9	9	2	8	2	0	0

总 账

科目:盈余公积　　　　　　　　第 页

2016年		凭证		摘要	借方											贷方											借或贷	余额										
月	日	种类	号数		亿	千	百	十	万	千	百	十	元	角	分	亿	千	百	十	万	千	百	十	元	角	分		亿	千	百	十	万	千	百	十	元	角	分
5	1			期初余额																							贷				4	8	7	8	1	0	0	0
	31			本期发生额及期末余额																							贷				4	8	7	8	1	0	0	0

总 账

科目:本年利润　　　　第　页

2016 年		凭证		摘要	借方											贷方											借或贷	余额										
月	日	种类	号数		亿	千	百	十	万	千	百	十	元	角	分	亿	千	百	十	万	千	百	十	元	角	分		亿	千	百	十	万	千	百	十	元	角	分
5	1			期初余额																							贷				2	9	4	0	0	0	0	0
	31	科汇	3/3	21～31 日汇总				5	2	1	8	1	0	2	3				5	8	9	7	8	2	2	0	贷				3	6	1	9	7	1	9	7
	31			本期发生额及期末余额				5	2	1	8	1	0	2	3				5	8	9	7	8	2	2	0	贷				3	6	1	9	7	1	9	7

总 账

科目:利润分配　　　　第　页

2016 年		凭证		摘要	借方											贷方											借或贷	余额										
月	日	种类	号数		亿	千	百	十	万	千	百	十	元	角	分	亿	千	百	十	万	千	百	十	元	角	分		亿	千	百	十	万	千	百	十	元	角	分
5	1			期初余额																							贷				5	8	2	2	1	7	0	0
	31			本期发生额及期末余额																							贷				5	8	2	2	1	7	0	0

总 账

科目:生产成本　　　　　　　　　　　　　　　　　　　　　　第　页

2016年		凭证		摘要	借方											贷方											借或贷	余额										
月	日	种类	号数		亿	千	百	十	万	千	百	十	元	角	分	亿	千	百	十	万	千	百	十	元	角	分		亿	千	百	十	万	千	百	十	元	角	分
5	1			期初余额																							借					9	8	1	0	0	0	0
	31	科汇	3/3	21～31日汇总				3	1	7	4	0	8	9	5				3	4	3	9	2	7	4	1	借					7	1	5	8	1	5	4
	31			本期发生额及期末余额				3	1	7	4	0	8	9	5				3	4	3	9	2	7	4	1	借					7	1	5	8	1	5	4

总 账

科目:制造费用　　　　　　　　　　　　　　　　　　　　　　第　页

2016年		凭证		摘要	借方											贷方											借或贷	余额										
月	日	种类	号数		亿	千	百	十	万	千	百	十	元	角	分	亿	千	百	十	万	千	百	十	元	角	分		亿	千	百	十	万	千	百	十	元	角	分
5	1			期初余额																							平									θ		
	20	科汇	2/3	11～20日汇总						1	6	0	0	0	0												借						1	6	0	0	0	0
	31	科汇	3/3	21～31日汇总					1	8	1	3	0	1	5					1	9	7	3	0	1	5	平									θ		
	31			本期发生额及期末余额					1	9	7	3	0	1	5					1	9	7	3	0	1	5	平									θ		

总 账

科目:主营业务收入　　　　　　第　页

2016 年		凭证		摘要	借方											贷方											借或贷	余额										
月	日	种类	号数		亿	千	百	十	万	千	百	十	元	角	分	亿	千	百	十	万	千	百	十	元	角	分		亿	千	百	十	万	千	百	十	元	角	分
5	1			期初余额																							平								θ			
	10	科汇	1/3	1～10 日汇总															1	6	0	8	0	0	0	0	贷				1	6	0	8	0	0	0	0
	20	科汇	2/3	11～20 日汇总															1	3	0	5	0	0	0	0	贷				2	9	1	0	0	0	0	0
	31	科汇	3/3	21～31 日汇总				5	7	5	3	0	0	0	0				2	8	4	0	0	0	0	0	平								θ			
	31			本期发生额及期末余额				5	7	5	3	0	0	0	0				5	7	5	3	0	0	0	0	平								θ			

总 账

科目:其他业务收入　　　　　　第　页

2016 年		凭证		摘要	借方											贷方											借或贷	余额										
月	日	种类	号数		亿	千	百	十	万	千	百	十	元	角	分	亿	千	百	十	万	千	百	十	元	角	分		亿	千	百	十	万	千	百	十	元	角	分
5	1			期初余额																							平									θ		
	10	科汇	1/3	1～10 日汇总																	1	0	0	0	0	0	贷						1	0	0	0	0	0
	31	科汇	3/3	21～31 日汇总						4	0	0	0	0	0						3	0	0	0	0	0	平									θ		
	31			本期发生额及期末余额						4	0	0	0	0	0						4	0	0	0	0	0	平									θ		

总 账

科目:投资收益 第 页

2016年		凭证		摘要	借方											贷方											借或贷	余额										
月	日	种类	号数		亿	千	百	十	万	千	百	十	元	角	分	亿	千	百	十	万	千	百	十	元	角	分		亿	千	百	十	万	千	百	十	元	角	分
5	1			期初余额																							平									θ		
	10	科汇	1/3	1～10日汇总								9	5	0	0												贷								9	5	0	0
	31	科汇	3/3	21～31日汇总						3	2	0	5	0	0						3	3	0	0	0	0	平									θ		
	31			本期发生额及期末余额						3	3	0	0	0	0						3	3	0	0	0	0	平									θ		

总 账

科目:公允价值变动损溢 第 页

2016年		凭证		摘要	借方											贷方											借或贷	余额										
月	日	种类	号数		亿	千	百	十	万	千	百	十	元	角	分	亿	千	百	十	万	千	百	十	元	角	分		亿	千	百	十	万	千	百	十	元	角	分
5	1			期初余额																							平									θ		
	31	科汇	3/3	21～31日汇总						6	0	0	0	0	0						6	0	0	0	0	0	平									θ		
	31			本期发生额及期末余额						6	0	0	0	0	0						6	0	0	0	0	0	平									θ		

总账

科目：营业外收入　　　　第　页

2016年		凭证		摘要	借方											贷方											借或贷	余额										
月	日	种类	号数		亿	千	百	十	万	千	百	十	元	角	分	亿	千	百	十	万	千	百	十	元	角	分		亿	千	百	十	万	千	百	十	元	角	分
5	1			期初余额																							平									0		
	31	科汇	3/3	21～31日汇总							5	1	8	1	2							5	1	8	1	2	平									0		
	31			本期发生额及期末余额							5	1	8	1	2							5	1	8	1	2	平									0		

总账

科目：主营业务成本　　　　第　页

2016年		凭证		摘要	借方											贷方											借或贷	余额										
月	日	种类	号数		亿	千	百	十	万	千	百	十	元	角	分	亿	千	百	十	万	千	百	十	元	角	分		亿	千	百	十	万	千	百	十	元	角	分
5	1			期初余额																							平									0		
	31	科汇	3/3	21～31日汇总				3	6	8	9	7	2	2	2				3	6	8	9	7	2	2	2	平									0		
	31			本期发生额及期末余额				3	6	8	9	7	2	2	2				3	6	8	9	7	2	2	2	平									0		

总账

科目:其他业务成本　　　　第　页

2016年		凭证		摘要	借方											贷方											借或贷	余额										
月	日	种类	号数		亿	千	百	十	万	千	百	十	元	角	分	亿	千	百	十	万	千	百	十	元	角	分		亿	千	百	十	万	千	百	十	元	角	分
5	1			期初余额																							平									0		
	31	科汇	3/3	21～31日汇总							8	6	3	3	0							8	6	3	3	0	平									0		
	31			本期发生额及期末余额							8	6	3	3	0							8	6	3	3	0	平									0		

总账

科目:营业税金及附加　　　　第　页

2016年		凭证		摘要	借方											贷方											借或贷	余额										
月	日	种类	号数		亿	千	百	十	万	千	百	十	元	角	分	亿	千	百	十	万	千	百	十	元	角	分		亿	千	百	十	万	千	百	十	元	角	分
5	1			期初余额																							平									0		
	31	科汇	3/3	21～31日汇总						5	7	1	7	0	6						5	7	1	7	0	6	平									0		
	31			本期发生额及期末余额						5	7	1	7	0	6						5	7	1	7	0	6	平									0		

总 账

科目:销售费用　　　　第　页

2016年		凭证		摘要	借方											贷方											借或贷	余额										
月	日	种类	号数		亿	千	百	十	万	千	百	十	元	角	分	亿	千	百	十	万	千	百	十	元	角	分		亿	千	百	十	万	千	百	十	元	角	分
5	1			期初余额																							平									0		
	10	科汇	1/3	1～10日汇总					1	9	2	0	0	0	0												借					1	9	2	0	0	0	0
	20	科汇	2/3	11～20日汇总						3	3	3	3	3	4												借					2	2	5	3	3	3	4
	31	科汇	3/3	21～31日汇总					3	0	5	4	5	2	0					5	3	0	7	8	5	4	平									0		
	31			本期发生额及期末余额					5	3	0	7	8	5	4					5	3	0	7	8	5	4	平									0		

总 账

科目:管理费用　　　　第　页

2016年		凭证		摘要	借方											贷方											借或贷	余额										
月	日	种类	号数		亿	千	百	十	万	千	百	十	元	角	分	亿	千	百	十	万	千	百	十	元	角	分		亿	千	百	十	万	千	百	十	元	角	分
5	1			期初余额																							平									0		
	10	科汇	1/3	1～10日汇总							3	0	0	0	0												借							3	0	0	0	0
	20	科汇	2/3	11～20日汇总						2	1	0	3	6	4												借						2	4	0	3	6	4
	31	科汇	3/3	21～31日汇总					2	6	4	1	8	1	5					2	8	8	2	1	7	9	平									0		
	31			本期发生额及期末余额					2	8	8	2	1	7	9					2	8	8	2	1	7	9	平									0		

总 账

科目:财务费用　　　　　　　　　　　　　　　　　　　　　　　　第　页

2016年		凭证		摘要	借方											贷方											借或贷	余额										
月	日	种类	号数		亿	千	百	十	万	千	百	十	元	角	分	亿	千	百	十	万	千	百	十	元	角	分		亿	千	百	十	万	千	百	十	元	角	分
5	1			期初余额																							平									-0-		
	10	科汇	1/3	1~10日汇总								1	5	0	0												借								1	5	0	0
	20	科汇	2/3	11~20日汇总								4	5	0	0						1	6	8	0	0	0	贷						1	6	2	0	0	0
	31	科汇	3/3	21~31日汇总						1	6	2	0	0	0												平									-0-		
	31			本期发生额及期末余额						1	6	8	0	0	0						1	6	8	0	0	0	平									-0-		

总 账

科目:资产减值损失　　　　　　　　　　　　　　　　　　　　　　　第　页

2016年		凭证		摘要	借方											贷方											借或贷	余额										
月	日	种类	号数		亿	千	百	十	万	千	百	十	元	角	分	亿	千	百	十	万	千	百	十	元	角	分		亿	千	百	十	万	千	百	十	元	角	分
5	1			期初余额																							平									-0-		
	31	科汇	3/3	21~31日汇总					3	5	0	0	0	0	0					3	5	0	0	0	0	0	平									-0-		
	31			本期发生额及期末余额					3	5	0	0	0	0	0					3	5	0	0	0	0	0	平									-0-		

总账

科目：营业外支出　　　　第　页

2016年		凭证		摘要	借方											贷方											借或贷	余额										
月	日	种类	号数		亿	千	百	十	万	千	百	十	元	角	分	亿	千	百	十	万	千	百	十	元	角	分		亿	千	百	十	万	千	百	十	元	角	分
5	1			期初余额																							平									θ		
	20	科汇	2/3	11～20日汇总						6	5	0	0	0	0												借						6	5	0	0	0	0
	31	科汇	3/3	21～31日汇总							2	0	0	0	0						6	7	0	0	0	0	平									θ		
	31			本期发生额及期末余额						6	7	0	0	0	0						6	7	0	0	0	0	平									θ		

总账

科目：所得税费用　　　　第　页

2016年		凭证		摘要	借方											贷方											借或贷	余额										
月	日	种类	号数		亿	千	百	十	万	千	百	十	元	角	分	亿	千	百	十	万	千	百	十	元	角	分		亿	千	百	十	万	千	百	十	元	角	分
5	1			期初余额																							平									θ		
	31	科汇	3/3	21～31日汇总					2	2	6	5	7	3	2					2	2	6	5	7	3	2	平									θ		
	31			本期发生额及期末余额					2	2	6	5	7	3	2					2	2	6	5	7	3	2	平									θ		

试算平衡表

公司名称:北京市健武健身器材有限公司　　2016 年 5 月 31 日　　单位:元

总账科目	期初余额		本期发生额		期末余额	
	借方	贷方	借方	贷方	借方	贷方
库存现金	35 315.00		25 684.00	33 212.26	27 786.74	
银行存款	397 686.9		713 882.08	565 752.02	545 816.96	
其他货币资金	87 000		32 750.00	67 170.90	52 579.10	
交易性金融资产	128 200		64 900.00	29 450.00	163 650.00	
应收票据	80 020		86 346.00	80 020.00	86 346.00	
应收账款	101 705		152 685.00	23 000.00	231 390.00	
预付账款	7 500			5 850.00	1 650.00	
应收股利			6 100.00		6 100.00	
应收利息						
其他应收款	3 5549		6 981.08	27 099.00	15 431.08	
坏账准备	－15 000		3 000.00		－12 000.00	
在途物资	9 000		90 500.00	99 500.00		
原材料	235 638.10		145 370.00	238 176.75	142 831.35	
周转材料	7 000		5 000.00	2 000.00	10 000.00	
库存商品	298 000		343 927.41	368 972.22	272 955.19	
存货跌价准备				35 000.00	－35 000.00	
固定资产	997 180		80 000.00	24 800.00	1 052 380.00	
累计折旧	－67 000		18 500.00	9 778.00	－58 278.00	
固定资产减值准备						
在建工程	592 442				592 442.00	
工程物资	115 325				115 325.00	
固定资产清理	4 855		6 500.00	6 500.00	4 855.00	
无形资产	262 650		20 000.00		282 650.00	
累计摊销	－26 500			1 721.00	－28 221.00	
待处理财产损溢			581.08	581.08		
短期借款		80 000	10 000.00	50 000.00		120 000.00
应付票据		44 000	18 000.00			26 000.00
应付账款		82 000	93 531.00	86 931.00		75 400.00
预收账款		94 600		27 000.00		121 600.00
应付职工薪酬		66 080	77 350.00	103 189.00		91 919.00

总账科目	期初余额		本期发生额		期末余额	
	借方	贷方	借方	贷方	借方	贷方
应交税费		65 586.01	164 715.32	185 734.31		85 545.00
应付股利		250 117.66	100 000.00			150 117.66
应付利息		773.33	773.33	208.33		208.33
其他应付款		8200		2 000.00		10 200.00
长期借款		230 000				230 000.00
实收资本		1 000 000		100 000.00		1 100 000.00
资本公积		99 282				99 282.00
盈余公积		487 810				487 810.00
本年利润		294 000	518 630.23	589 782.20		365 151.97
利润分配		582 217				582 217.00
生产成本	98 100		317 408.95	343 927.41	71 581.54	
制造费用			19 730.15	19 730.15		
主营业务收入			575 300.00	575 300.00		
其他业务收入			4 000.00	4 000.00		
公允价值变动损溢			6 000.00	6 000.00		
投资收益			3 300.00	3 300.00		
营业外收入			518.12	518.12		
主营业务成本			368 972.22	368 972.22		
其他业务成本			863.30	863.30		
营业税金及附加			5 717.06	5 717.06		
销售费用			53 078.54	53 078.54		
管理费用			28 821.79	28 821.79		
财务费用			1 680.00	1 680.00		
资产减值损失			35 000.00	35 000.00		
营业外支出			6 700.00	6 700.00		
所得税费用			22 657.32	22 657.32		
合计	3 384 666.00	3 384 666.00	4 238 633.98	4 238 633.98	3 542 270.96	3 542 270.96

资产负债表

会企01表

单位名称:北京市健武健身器材有限公司　2016年年5月31日　单位:元

资　产	期初余额	期末余额	负债和所有者权益	期初余额	期末余额
流动资产			流动负债		
货币资金		626 182.80	短期借款		120 000.00
交易性金融资产		163 650.00	交易性金融负债		
应收票据		86 346.00	应付票据		26 000.00
应收账款		219 390.00	应付账款		75 400.00
预付账款		1 650.00	预收账款		121 600.00
应收利息			应付职工薪酬		91 919.00
应收股利		6 100.00	应交税费		85 545.00
其他应收款		15 431.08	应付利息		208.33
存货		462 368.08	应付股利		150 117.66
一年内到期的非流动资产			其他应付款		10 200.00
其他流动资产			预计负债		
流动资产合计		1 581 117.96	一年内到期的非流动负债		
非流动资产			其他流动资产		
可供出售金融资产			流动负债合计		680 989.99
持有至到期投资			非流动负债		
长期应收款			长期借款		230 000.00
长期股权投资			应付债券		
投资性房地产			长期应付款		
固定资产原值		1 052 380.00	预计负债		
减:累计折旧		58 278.00	递延所得税负债		
固定资产账面价值		994 102.00	其他非流动负债		
在建工程		592 442.00	非流动负债合计		230 000.00
工程物资		115 325.00	负债合计		910 989.99
固定资产清理		4 855.00			
无形资产		25 4429.00	所有者权益(或股东权益)		
开发支出			实收资本(或股本)		1 100 000.00
商誉			资本公积		99 282.00
长期待摊费用			减:库存股		
递延所得税资产			盈余公积		487 810.00
其他非流动资产			未分配利润		944 188.97
非流动资产合计		1 961 153.00	所有者权益(或股东权益)合计		2 631 280.97
资产合计		3 542 270.96	负债和所有者权益(或股东权益)合计		3 542 270.96

利润表

会企 02 表

公司名称:北京市健武健身器材有限公司　　2016 年 5 月份　　单位:元

项　目	本月发生额	本年累计发生额
一、营业收入	579 300.00	
减:营业成本	369 835.52	
营业税金及附加	5 717.06	
销售费用	53 078.54	
管理费用	28 821.79	
财务费用(收益以"—"号填列)	—759.08	
资产减值损失	35 000.00	
加:公允价值变动收益(损失以"—"号填列)	6 000.00	
投资收益(损失以"—"号填列)	3 205.00	
二、营业利润(亏损以"—"号填列)	96 811.17	
加:营业外收入	518.12	
减:营业外支出	6 700.00	
加:以前年度损溢		
三、利润总额(亏损以"—"号填列)	90 629.29	
减:所得税费用	22 657.32	
四、净利润(亏损以"—"号填列)	67 971.97	
五、每股收益		
(一)基本每股收益		
(二)稀释每股收益		

现金流量表

会企 03 表

编制单位:北京市健武健身器材有限公司　　2016 年 5 月份　　单位:元

项目	本期金额
一、经营活动产生的现金流量	
销售商品、提供劳务收到的现金	566 333.88
收到的税费返还	
收到的其他与经营活动有关的现金	9 498.12
经营活动现金流入小计	575 832.00
购买商品、接受劳务支付的现金	209 108.22
支付给职工以及为职工支付的现金	60 671.00
支付的各项税费	65 586.01
支付其他与经营活动有关的现金	44 580.87
经营活动现金流出小计	379 946.10
经营活动产生的现金流量净额	195 885.90
二、投资活动产生的现金流量	
收回投资收到的现金	29 450.00
取得投资收益收到的现金	3 300.00
处置固定资产、无形资产和其他长期资产收回的现金净额	3 800.00
处置子公司及其他营业单位收到的现金净额	
收到的其他与投资活动有关的现金	
投资活动流入现金小计	36 550.00
购建固定资产、无形资产和其他长期资产支付的现金	100 000.00
投资支付的现金	58 995.00
取得子公司及其他营业单位支付的现金净额	
支付与其他投资活动有关的现金	6 100.00
投资活动现金流出小计	165 095.00
投资活动产生的现金流量净额	－128 545.00
三、筹资活动产生的现金流量	
吸收投资收到的现金	100 000.00
取得借款收到的现金	50 000.00
收到其他与筹资活动有关的现金	
筹资活动现金流入小计	150 000.00

项目	本期金额
偿还债务支付的现金	10 000.00
分配股利、利润或偿付利息支付的现金	101 160.00
支出的其他与筹资活动有关的现金	
筹资活动现金流出小计	111 160.00
筹资活动产生的现金流量净额	38 840.00
四、汇率变动对现金及现金等价物的影响	
五、现金及现金等价物净增加额	106 180.90
加:期初现金及现金等价物余额	520 001.90
六、期末现金及现金等价物余额	626 182.80

本月现金流量表编制说明:

编制现金流量表主表,其中“经营活动现金流量”部分的计算列报方法有直接法和间接法。直接法是指直接按照现金流入流出的主要类别直接反映企业经营活动产生的现金流量。在直接法下,依据利润表和资产负债表,以利润表中的营业收入为起算点,逐项调整计算经营活动中各种现金流入与流出的实际发生额,最终汇总出经营活动中产生的现金净流量。间接法则是以净利润为起算点,通过调整不涉及现金收入与费用等项目,据此计算出经营活动中所产生的现金净流量。我国会计制度规定使用直接法编制现金流量表主表,使用间接法编制现金流量表附表,即补充资料。

在直接法下,既可以采用“工作底稿法”,也可以采用“T 形账法”。如果企业经济业务不复杂,还可以直接根据会计分录来归纳与计算现金流量表中不同项目的发生额,这种方法简单易操作,不仅在工作中多有采用,对初学者来讲,也是直观易懂,可为将来学习使用“工作底稿法”或“T 形账法”打下良好基础。下述现金流量表主表的编制即采用该方法。

一、经营活动产生的现金流量

1. 销售商品、提供劳务收到的现金

该项目本期数包括:

【例 7】收到货款 87 000 元,销项税 14 790 元,合计 10 1790 元、【例 17】预收联康公司货款 27 000 元、【例 19】售跑带 1 000 元,销项税额 170 元,合计 1 170 元、【例 30】华明公司归还原欠货款 20 000 元、【例 32】销售搬运机销项税额 680 元、【例 37】阳光公司商业汇票变现 22 000 元、【例 50】天骄公司银行承兑汇票贴现 58 020 元、【例 60】收到新博公司设备租赁费 1700 元,销项税 289 元,合计 1 989 元、【例 63】收到大通公司技术咨询费 1300 元,销项税 78 元,合计 1 378 元、【例 64】销售废旧销项税 26.88 元、【例 78】销售跑步机收入 284 000 元,销项税 48 280 元,合计 332 280 元。

共计:566 333.88 元。

2. 收到的税收返还

该项目本期无发生额。

3. 收到的其他与经营活动有关的现金

该项目本期数包括:

【例 15】新博公司押金 2 000 元、【例 39】收回李聪暂借款现金 5 000 元、【例 40】收到银行存款季度结息 1 680 元、【例 42】郭晓梅退回预借差旅费 300 元、【例 44】收到王莹罚款 60 元、【例 57】收到高科公司违约金 300 元、【例 64】销售废旧物品 158.12 元。

共计:9498.12 元。

4. 购买商品、接受劳务支付的现金

该项目本期数包括:

【例 3】支付货款 16 200 元,进项税额 2 712 元,合计 18 912 元、【例 5】进项税额 1 200 元、【例 8】进项税额 1 080 元、【例 11】进项税额 136 元、【例 13】进项税额 5 100 元、【例 18】进项税额 77 元、【例 23】偿还可耐力应付账款 30 000 元、【例 26】购买汽油等支付进项税 566.66 元、【例 28】购买原材料(控制总成、框架、跑带)45 870 元;进项税 7 797.90;归还原欠货款 63 531.00 元,合计 117 198.90 元、【例 32】转售搬运机运费进项税额 22 元、【例 34】车间购买取暖器 1600 元;进项税 272 元,合计 1 872 元、【例 45】通信费进项税 185.9 元、【例 51】购买汽车保险进项税 169.59 元、【例 52】豪格票据兑付 18 000 元、【例 53】购买年票 10 张 980 元、【例 55】购买财产保险进项税 306 元、【例 61】宣传摊位费用的进项税 54 元、【例 65】购买 A5 生产线进项税 8 500 元、【例 67】支付招待费 4 240 元、【例 70】支付车间水电费 397.15 元、水电费进项税 111.02 元。

共计:209 108.22 元。

5. 支付给职工以及为职工支付的现金

该项目本期数包括:

【例 31】支出工资 37 901 元、【例 46】购买生日蛋糕 150 元、【例 49】支付职工保险费 22 620 元。

共计:60 671 元。

6. 支付的各项税费

该项目本期数包括:

【例 16】交纳 4 月份税费款 65 586.01 元。

共计 65 586.01 元。

7. 支付其他与经营活动有关的现金

该项目本期数包括:

【例 8】广告费 18 000 元、【例 11】办公费 800 元、【例 14】手续费 15 元、【例 18】运费 700 元、【例 20】郭晓梅预借差旅费 1 000 元、【例 25】支付电汇手续费 20 元、【例 26】支付汽油费等 3 333.34 元、【例 27】车间日常修理费 1 025.64;进项税额 174.36,合计 1 200 元、【例 29】购买肥皂等 78 元,进项税 13.26 元,合计 91.26 元、【例 31】发放工资手续费

25 元、【例 36】购买购物卡 1 000 元、【例 38】向基金会捐赠 4 000 元、【例 43】用现金支付汽车违章罚款 200 元、【例 45】支付通信费 1 690 元、【例 47】墨盒充墨 50 元、【例 48】企业年审费用 1 000 元、【例 50】天骄公司票据贴现息 265.92 元、【例 51】汽车年审保险费等 4221.5 元、【例 55】支付企业财产保险费 5 100 元、【例 58】支付残保金等 700 元、【例 61】支付宣传摊位费用 900 元、【例 69】支付水电费 268.85 元。

共计 44 580.87 元。

二、投资活动产生的现金流量

1. 收回投资收到的现金

该项目本期数包括：

【例 54】出售国基商贸股票 29 450 元。

共计:29 450 元。

2. 取得投资收益收到的现金

该项目本期数包括：

【例 54】出售国基商贸股票时实际收到的投资收益 3 300 元。

共计:3 300 元。

3. 处置固定资产、无形资产和其他长期资产收回的现金净额

该项目本期数包括：

【例 32】出售搬运机收到现金 4 000.00 元，支出运费 200.00 元，收到现金净额 3 800.00 元。

共计:3 800 元

4. 处置子公司及其他营业单位收到的现金净额

该项目本期无发生额。

5. 收到的其他与投资活动有关的现金

该项目本期无发生额。

6. 购建固定资产、无形资产和其他长期资产支付的现金

该项目本期数包括：

【例 5】购买数控技术 20 000.00 元、【例 13】购买 U 形弯管机 30 000.00 元、【例 65】购买 A5 生产线 50 000.00 元。

共计:100 000 元。

7. 投资支付的现金

该项目本期数包括：

【例 12】购买国基商贸股票 58 900.00 元，佣金 95 元。合计 58 995 元。

共计:58 995 元

8. 取得子公司及其他营业单位支付的现金净额

该项目本期无发生额。

9. 支付与其他投资活动有关的现金

该项目本期数包括：

【例 12】应收股利 6 100 元。

共计 6 100 元。

三、筹资活动产生的现金流量

1. 吸收投资收到的现金

该项目本期数包括：

【例 1】收到昌泰公司追加投资 100 000.00 元存入银行。

共计 100 000.00 元。

2. 取得借款收到的现金

该项目本期数包括：

【例 2】从工商银行北京市分行朝阳分理处取得借款 50 000.00 元。

共计 50 000.00 元。

3. 收到的其他与筹资活动有关的现金

该项目本期无发生额。

4. 偿还债务支付的现金

该项目本期数包括：

【例 62】归还工商银行借款 10 000.00 元。

共计 10 000.00 元。

5. 分配股利、利润或偿付利息支付的现金

该项目本期数包括：

【例 62】支付工商银行短期借款利息 1 160.00 元、【例 66】支付业主赵文华现金股利 100 000.00 元。

共计：101 160.00 元。

6. 支出的其他与筹资活动有关的现金

该项目本期无发生额。

四、汇率变动对现金及现金等价物的影响

该项目本期无发生额。

（现金流量表附表 略）

图书在版编目(CIP)数据

会计实务速成/王善禄著．—济南：山东大学出版社，2016.11
ISBN 978-7-5607-5649-3

Ⅰ.①会…　Ⅱ.①王…　Ⅲ.①会计实务　Ⅳ.①F23

中国版本图书馆 CIP 数据核字(2016)第 264784 号

责任编辑：王桂琴
封面设计：张　荔

出版发行：山东大学出版社
社　址　山东省济南市山大南路 20 号
邮　编　250100
电　话　市场部(0531)88364466
经　销：山东省新华书店
印　刷：济南新科印务有限公司
规　格：787 毫米×1092 毫米　1/16
21.5 印张　470 千字
版　次：2016 年 11 月第 1 版
印　次：2016 年 11 月第 1 次印刷
定　价：38.00 元
